ALBERT SOREL

DE L'ACADÉMIE FRANÇAISE

LECTURES HISTORIQUES

MÉMOIRES DE SOLDATS — LE DRAME DE VINCENNES
TALLEYRAND ET SES MÉMOIRES
UNE AGENCE D'ESPIONNAGE SOUS LE CONSULAT — STENDHAL
NAPOLÉON ET ALEXANDRE
DEUX PRÉCURSEURS DE L'ALLIANCE RUSSE — M. THOUVENEL
BOSSUET HISTORIEN DE LA RÉFORME — TOLSTOÏ HISTORIEN

Quatrième édition

PARIS
LIBRAIRIE PLON
PLON-NOURRIT et Cie, IMPRIMEURS-ÉDITEURS
8, RUE GARANCIÈRE — 6e

1913

LECTURES HISTORIQUES

DU MÊME AUTEUR, A LA MÊME LIBRAIRIE

Histoire diplomatique de la guerre franco-allemande.
Deux vol. in-8°. *(Epuisé.)*

La Question d'Orient au dix-huitième siècle : le partage de la Pologne et le traité de Kaïnardji.
4° édition revue par l'auteur. Un vol. in-18........ 3 fr. 50.

Essais d'histoire et de critique. *Metternich; — Talleyrand; — Mirabeau; — Elisabeth et Catherine II; — l'Angleterre et l'émigration française; — la Diplomatie de Louis XV; — les Colonies prussiennes; — l'Alliance russe et la Restauration; — la Politique française en 1866 et 1867; — la Diplomatie et le progrès.* 3° édition. Un vol. in-18............... 3 fr. 50

Nouveaux Essais d'histoire et de critique. *Vues sur l'histoire; — les Sciences politiques et les sciences sociales; — Taine; — le Duc d'Aumale; — la Papauté au moyen âge et au dix-neuvième siècle; — la Jeunese de Richelieu; — le Père Joseph; — la Jeunesse de Frédéric; — la Guerre des Calabres; — Norvins; — le Roi de Rome; — le Procès du maréchal Ney; — Souvenirs de 1871.* 3° édition. Un vol. in-18..... 3 fr. 50

L'Europe et la Révolution française.
PREMIÈRE PARTIE : *Les Mœurs politiques et les traditions.* 13° édition. Un vol. in-8°.............................. 8 fr.
DEUXIÈME PARTIE : *La Chute de la royauté (1789-1792).* 12° édition. Un vol. in-8°.. 8 fr.
Ouvrage couronné deux fois par l'Académie française, grand prix Gobert, et par l'Institut de France, prix Osiris (1906).
TROISIÈME PARTIE : *La Guerre aux rois (1792-1793).* 11° édition. Un vol. in-8°.. 8 fr.
QUATRIÈME PARTIE : *Les Limites naturelles (1794-1795).* 11° édition. Un vol. in-8°................................ 8 fr.
CINQUIÈME PARTIE : *Bonaparte et le Directoire (1795-1799).* 10° édition. Un vol. in-8°........................... 8 fr.
SIXIÈME PARTIE : *La Trêve — Lunéville et Amiens (1800-1805).* 10° édition. Un vol. in-8°....................... 8 fr.
SEPTIÈME PARTIE : *Le Blocus continental — Le Grand Empire* (1806-1812). 9° édition. Un volume in-8°............. 8 fr.
HUITIÈME PARTIE : *La Coalition, les traités de 1815 (1812-1815).* 9° édition. Un vol. in-8°......................... 8 fr.

Bonaparte et Hoche en 1797. 2° édit. Un vol. in-8°. 7 fr. 50

Études de littérature et d'histoire. Un vol. in-16. 3 fr. 50

ALBERT SOREL

DE L'ACADÉMIE FRANÇAISE

LECTURES HISTORIQUES

MÉMOIRES DE SOLDATS — LE DRAME DE VINCENNES
TALLEYRAND ET SES MÉMOIRES
UNE AGENCE D'ESPIONNAGE SOUS LE CONSULAT — STENDHAL
NAPOLÉON ET ALEXANDRE
DEUX PRÉCURSEURS DE L'ALLIANCE RUSSE — M. THOUVENEL
BOSSUET HISTORIEN DE LA RÉFORME — TOLSTOÏ HISTORIEN

Quatrième édition

PARIS

LIBRAIRIE PLON

PLON-NOURRIT et Cⁱᵉ, IMPRIMEURS-ÉDITEURS

8, RUE GARANCIÈRE — 6ᵉ

1913

Tous droits réservés

LECTURES HISTORIQUES

UN PARTISAN [1]

Louis de Frotté avait vingt-trois ans lorsque l'Assemblée nationale, le 4 août 1789, supprima les privilèges de la noblesse. Sa famille, originaire du Bourbonnais, s'était établie dans le pays d'Alençon au quinzième

[1] J'ai emprunté tous les traits de cette étude à un ouvrage considérable de M. de La Sicotière : *Louis de Frotté et les Insurrections normandes,* 1793-1832 (3 vol. Paris, Plon, 1889). C'est un livre digne non seulement d'estime, mais de respect. L'auteur y a consacré une vie de collectionneur, d'investigateur, de savant. Il a voulu tout savoir, tout voir et tout tirer à clair dans cet inextricable fouillis de la chouannerie normande. Il a voulu aussi tout dire, et il l'a dit. L'immensité des détails en cache la valeur. Cette valeur est inestimable. Il y a des noms de villages perdus, des noms de chouans ignorés ou de républicains inconnus qui ont coûté des semaines de recherches. M. de La Sicotière a ouvert aux historiens et aux romanciers, il a disposé et aménagé une mine inépuisable. Le livre est plein d'aventures et de caractères. L'auteur, très érudit, y a semé la poésie dans les épisodes et répandu partout un noble sentiment d'humanité. J'ai suivi la vie du personnage autour duquel il a groupé les hommes et les événements. Je ne juge point les gens et les choses tout à fait comme lui ; je les considère d'un autre point de vue, sous un autre angle, à une autre heure aussi et dans

1

siècle. Fils d'un officier, il était « bouillant, indiscipliné, opiniâtre, fier, sensible ». Il bataillait avec les polissons du pays. Dès qu'il fut hors des lisières, il rêva les aventures et voua aux Anglais une haine qui était dans sa race, mais qui, malheureusement pour sa destinée, ne fut point éternelle. Duguesclin était son héros. La gloire de ce fameux partisan échauffa toujours son imagination. Les temps étaient bien changés : en croyant ressusciter Duguesclin, Frotté prit à rebours son siècle et l'histoire de France que Duguesclin avait prise dans le bon sens.

Frotté reçut l'éducation des gentilshommes de son temps : peu de latin, de l'allemand, quelques mathématiques, de l'histoire. Il affectionnait les romans de chevalerie, et c'est ainsi que, dès son adolescence, commença l'anachronisme de sa carrière. On l'envoya compléter à Versailles, chez Gorsas, le futur conventionnel, ses études commencées dans la famille. Il entra très vite dans l'armée et fut, à quinze ans, placé comme sous-lieutenant sous le commandement du prince du Condé. Il se dissipa quelque peu dans une société très frivole ; cette dissipation précoce n'altéra en rien son bon cœur. Il n'y eut jamais en lui rien du roué ni du libertin : le fond demeura simple et sain. Il étudiait encore plus qu'il ne se distrayait, lisant beaucoup, Rousseau en particulier, qui lui donna de la rhétorique, mais ne le

une autre lumière. M. de La Sicotière tient à honneur et à conscience d'être impartial entre les blancs et les bleus ; mais il les traite comme des belligérants, entre lesquels la neutralité est possible à l'arbitre. Je ne saurais lui faire cette concession. Quelques excès que les révolutionnaires aient commis, dans cette guerre, au nom de la patrie et au nom de l'État, la République reste l'État même et la patrie ; quelques nobles motifs qu'aient pu invoquer les chefs des chouans, ils restent les meneurs d'une faction alliée à l'étranger.

rendit nullement républicain. C'est qu'il avait appris la
fidélité dans sa famille, et à une rude école.

Cette famille avait embrassé la Réforme, et la plupart
y avaient persisté. Le père de Louis de Frotté était de
la branche catholique, encore épousa-t-il en secondes
noces une protestante. Lorsque Louis eut l'âge d'homme,
il alla voir son cousin, le chef de la famille, M. de Cou-
terne. Il le trouva vivant dans la retraite; M. de Cou-
terne lui en donna les raisons. « Depuis près de cent
cinquante ans, dit-il à Louis de Frotté, notre religion
nous a malheureusement exclus des bontés du monarque... Le grand-oncle de votre père, qui avait bien
fait la guerre, fut obligé de quitter le service pour s'en-
fuir en Irlande. Votre grand-père et vos grands-oncles
ont été enfermés après avoir été enlevés des bras de leur
mère. Mon grand-père et mon père l'ont été également.
Pour éviter de l'être, j'ai été habillé en fille et caché
jusqu'à quatorze ans... Repoussés par notre famille,
humiliés par des défiances injustes, nous aurions pu,
comme tant d'autres familles, chercher un refuge à
l'étranger ou quitter notre religion pour prendre celle
du prince; mais nous étions trop attachés à notre pays
et à nos principes pour en changer. » Lorsque le dévouement survit à de telles épreuves, il entre dans les moelles.
C'est ainsi que Louis de Frotté fut conduit à prendre les
armes pour défendre cet ancien régime qui avait « per-
sécuté à outrance » ses ancêtres et qui leur barrait jusqu'au chemin de l'armée. Il ne comprit point l'enseignement profond et admirable que renfermaient ces paroles
de son cousin : « Vous verrez que, sans emploi dans
l'État, on peut encore servir utilement sa famille et sa
patrie. Je l'ai peut-être mieux servie en souffrant ici en
silence et en donnant les conseils et l'exemple de la sou-

mission aux protestants qui sont restés dans le pays, où
je suis le seul gentilhomme un peu marquant qui ait
persévéré dans leur religion. » Loin de moi de rabaisser
les batailleurs, Jean Cavalier, pas plus que Louis de
Frotté, son émule catholique! Mais de ces illustres partisans qui ont dissipé tant d'intelligence dans les complots et tant de sang dans les guerres civiles, qui ont
égaré tant d'ardeurs dans les alliances étrangères; de
ces partisans, ou de l'austère gentilhomme qui conserve,
au désert, sa foi religieuse et sa foi politique, qui reste
fidèle à l'État et soumis jusque dans la persécution,
lequel est le vrai chrétien et lequel, pour la force et la
moralité de la patrie, le vrai citoyen?

La Révolution trouva Louis de Frotté violemment
hostile. L'amour chez lui passionna la politique. Il était
reçu à Lille, chez une Anglaise, madame Atkyns, qu'il
appelle son « héroïque amie ». Elle méritait ce nom :
elle tenta de délivrer Marie-Antoinette, et c'est elle
qui conçut l'audacieux projet d'évasion dont Alexandre
Dumas a tiré une des scènes les plus dramatiques de
son *Chevalier de Maison-Rouge*. Frotté émigra et
passa à l'armée des princes. Après la dispersion de
cette armée, à la fin de 1792, il commença sa vie de
chevalier errant du trône et de l'autel. Dès qu'il enten-
dit parler de la Vendée, il s'y sentit attiré. Il s'embar-
qua sur la flotte anglaise qui devait porter à l'armée
« catholique et royale » le secours d'un corps d'émigrés,
des armes, des munitions et de l'argent. Les Vendéens
furent battus à Granville; les Anglais arrivèrent trop
tard. Frotté se rendit à Londres. Il y retrouva madame
Atkyns; n'ayant pu sauver la reine, elle entraîna son ami à
tenter la délivrance du dauphin. Frotté se jeta de tout son
cœur et de toute son imagination dans cette entreprise.

Elle était noble, elle était poétique, et c'est, au fond, le moins romanesque des desseins qu'il a formés. Mais ce ne fut, dans sa pensée même, qu'un épisode. Son grand dessein, celui auquel il consacra et sacrifia sa vie, se précisait alors dans son esprit. Il cherchait une œuvre à accomplir et un rôle à jouer. Il se trompa sur l'œuvre et sur le rôle. Le rôle ne pouvait être que celui d'un aventurier, ou d'un partisan; l'œuvre, une œuvre de conjurations, de sang, de guerre civile, insensée dans son objet, qui était le rétablissement de l'ancien régime, condamnable dans ses moyens, qui étaient l'alliance étrangère, funeste dans ses effets et, qui plus est, contradictoire dans ses données essentielles.

L'éminent biographe de Frotté résume ainsi ses vues : « Des troupes étrangères menaçant les frontières, une flotte anglaise jetant sur les côtes de Bretagne ou de Normandie des hommes, des canons et des approvisionnements de toute sorte, seconderaient les mouvements de l'intérieur; la présence d'un prince du sang royal en assurerait le succès. Mais le rétablissement de la royauté des Bourbons, le respect absolu des anciennes frontières et de l'ancienne puissance de la France devaient être le mot d'ordre des gouvernements alliés, aussi bien que des royalistes eux-mêmes. Tous les plans, toutes les correspondances de Frotté révèlent chez lui cette pensée dominante. » Ce n'était qu'une immense illusion : les alliés de Frotté conjuraient le démembrement et la ruine de l'ancienne France. Frotté fit la connaissance de Puisaye qui, sans le goûter beaucoup, — il y eut toujours entre eux de la rivalité, — le mit en rapport avec le ministre anglais, Windham, et avec le comte d'Artois. Chez les agents du prétendant, Frotté trouva, dès l'abord, une méfiance dont il eut à souffrir jusqu'à la

fin. On jugea qu'il faisait trop de zèle; on le tenait pour
indiscret et gênant, sinon pour intrus. Ses parentés pro-
testantes, d'ailleurs, le rendaient suspect. Les émigrés
recevaient volontiers des roubles schismatiques, des
guinées anglicanes et des thalers luthériens; mais l'épée
d'un petit-fils des huguenots français, encore qu'il fût
bon catholique lui-même, ne semblait pas aux augustes
byzantins de l'émigration d'une trempe assez pure.

Frotté obtint cependant une commission de lieute-
nant-colonel, débarqua à Saint-Brieuc au commencement de février 1795 et se rendit près des chefs vendéens. Il arriva au moment où l'insurrection s'usait sous
la main de Hoche, et il assista, dans la coulisse, aux
conférences de la pacification. Il vit de près le jeune
général républicain et le jugea bien : « Je lui trouvai de
l'élévation dans l'âme, un grand amour de la gloire, de
la pénétration et de la fierté. » Les républicains discer-
nèrent en Frotté un vrai soldat et un Français de race.
Ils lui offrirent d'aller servir aux frontières. Il répondit
qu'il serait fier de servir sous un nouveau et plus glorieux Monk. Ce propos s'adressait à Hoche, et Hoche
était le dernier homme du monde à qui l'on dût adresser
ce propos. Hoche et Frotté se quittèrent avec estime,
déplorant de combattre dans des rangs opposés. La
guerre de Vendée était suspendue jusqu'à ce que les
secours de l'Angleterre permissent de la reprendre et
que les fautes de la République y rejetassent les populations. Frotté se rendit en Basse-Normandie. Son objet
était de soulever cette province, ou plutôt d'organiser
l'insurrection qui y couvait depuis plusieurs mois.

Elle avait pour théâtre le Bocage, et pour acteurs les
chouans. M. de La Sicotière fait du Bocage une description pleine de couleur, et des habitants du pays une

étude pleine de pénétration. « Sol schisteux ou graniti-
que, onduleux comme des vagues, hérissé d'âpres mon-
ticules », morcelé en prairies « baignées de rosées éternelles », séparées par des haies de grands arbres qui, de
loin, forment « une immense nappe de verdure, tachetée,
çà et là, par l'or des blés, l'éclatante blancheur des sar-
rasins en fleur, les tuiles rougeâtres d'une chaumière ».
« Peu de grandes routes, et ces routes mal entretenues;
en revanche, un labyrinthe véritable de chemins creusés
souvent à la profondeur de trois ou quatre mètres,
resserrés entre de hauts talus, recouverts comme d'un
berceau par les branches des arbres et des haies, boueux en
hiver, et gardant même en été des fondrières d'eau crou-
pissante et verdâtre. » Pays d'embuscade, où habite
un peuple qui tient de son origine normande l'art de
« masquer les mouvements » à la guerre, d'attaquer
par surprise et de se dérober dans la retraite. Ces Nor-
mands ne sont point belliqueux; ils ne résisteront à la
République que par haine de la conscription et par horreur
de la guerre. Ils n'ont point de fanatisme. Ils tiennent
à la religion et aux prêtres, mais d'un attachement moins
naïf que les Vendéens et les Bretons. Le Normand veut
que les choses soient faites avec ordre et selon la loi,
dans ce monde comme dans l'autre. Il lui faut de vrais
notaires, de vrais juges, de vrais prêtres. De plus, il
déteste l'injustice et la persécution; il les déteste d'instinct, comme une gêne au labeur, et de réflexion, comme
le pire des désordres. Il a le sentiment du droit et de
l'autorité. Ce sont ses belles facultés civiques et politiques. Elles sont froissées, en même temps que ses
intérêts, par le gouverment révolutionnaire. De là, non
pas précisément sa révolte, mais sa complaisance aux
insurgés, bien que ces insurgés combattent pour une

cause qu'il déteste, l'ancien régime, et par des moyens
qu'il abhorre, le vol, l'incendie, le guet-apens, le pillage. En définitive, un peuple impatient de voir finir la
Révolution, exécrant les révolutionnaires, sans attachement aux royalistes, et qui se soumit dès qu'on voulut
bien, en le laissant libre de travailler, lui garantir la
sécurité des personnes et des biens.

Quant aux chouans qui mènent sourdement la guerre
civile en ces contrées, M. de La Sicotière, sans dissimuler
ni pallier aucun de leurs actes, cherche à en atténuer la
couleur par le reflet constant des excès des révolutionnaires. Je ne nie en aucune façon ni ne prétends justifier
ces excès; mais si les terroristes de Basse-Normandie,
leurs chefs et leurs suppôts, demeurent, en ce livre, ce
que l'histoire les a faits, c'est-à-dire des terroristes, les
chouans gardent aussi leur caractère consacré par l'histoire : ce sont d'horribles bandits, — des brigands, —
comme disait le peuple. Quelques-uns de leurs chefs
apportent dans la guerre civile une certaine poésie d'aventures et de costumes, à la Rob-Roy et à la Carl Moor;
leurs soldats y apportent l'esprit des brigands de tous
les temps et de tous les pays, l'esprit des révoltés parmi
lesquels ils se recrutent : réfractaires, déserteurs, faux
sauniers, braconniers et rôdeurs de grand chemin.

Les plus fréquents et les moins criminels de leurs
exploits sont d'arrêter les diligences, de détrousser les
courriers, de faire main basse sur les fonds publics,
d'abattre les arbres de la Liberté, de brûler les archives,
de tondre les municipaux, d'enlever les armes des gardes
nationales. Le pillage s'ensuit vite, et souvent il est l'objet direct de l'expédition. Les chouans s'adressent de
préférence aux patriotes; mais ils ne s'adressent qu'aux
patriotes riches, et ils se donnent pour prétexte de châ-

tier les acquéreurs de biens nationaux. Ils mettent leurs
logis à sac, tuent les habitants et brûlent la maison. Ils
arrivent le visage barbouillé de suie, exigent l'argent,
et, s'ils ne trouvent pas la cachette, ils « chauffent »,
jusqu'à ce que la cachette se découvre ou que mort s'en-
suive. Les « chauffeurs » ont le dos large : à entendre
les avocats des chouans, ils portent seuls la responsabilité des méfaits de la chouannerie. Entre chauffeurs et
chouans la limite est malaisée à marquer, je ne la discerne nulle part. Pendant la guerre de 1870, quand on
se plaignait à certains Allemands de leurs violences, ils
répondaient invariablement : « Ce sont des Allemands
d'à côté. » Pour les Bavarois, c'étaient les Prussiens;
pour les gens du Nord, ceux du Sud; pour les Saxons,
les Badois, et ainsi de suite. Je ne connais que les Hessois sur lesquels tout le monde fût d'accord; cependant
ces Hessois mêmes ne se rendaient point au suffrage
unanime de leurs compatriotes. Ainsi des chouans et
des chauffeurs : le chouan, c'est le chauffeur qui se bat;
le chauffeur, c'est le chouan qui réquisitionne.

Encore chouans et chauffeurs ne s'en tiennent-ils pas
aux seuls bourgeois patriotes. La naissance n'est point
une protection contre ces sauvages séides de la noblesse,
plus pillards au fond que fanatiques. Il y a tel manoir,
comme celui de la Haye, où une famille de gentilshommes fut traitée en famille bourgeoise, parce que le
père, un peu médecin, était suspect de philosophie. Les
prêtres insermentés sont les victimes habituelles. On les
tue où on les prend, même à l'autel, au milieu de leurs
ouailles. Quand les chouans ont besoin d'argent, ils
frappent une « contribution » sur les acquéreurs de
biens nationaux; au lieu d'infliger des garnisaires au
« contribuable », ils l'enlèvent en personne « pour assu-

rer le recouvrement ». Le prisonnier, les yeux bandés, est emmené, par de longs détours, dans les caves d'un château abandonné, dans quelque carrière, dans les « souterrains ». On l'attache à un pieu avec une chaîne un peu longue pour qu'il puisse se mouvoir; il a un lit, une bonne nourriture, de quoi écrire surtout, et il demeure là jusqu'à ce que la famille et les amis aient répondu à son appel et payé la rançon. « Nous eûmes, dit Moulin, le chef d'état-major de Frotté, jusqu'à vingt prisonniers en même temps dans divers souterrains. Nous ne les arrêtions jamais sans leur avoir préalablement signifié de verser dans la caisse du Trésor la somme requise... » C'est Ducray-Duminil réalisé (1). On s'explique que le peuple de nos provinces s'intéresse encore à ces rapsodies : elles revivent pour lui confusément avec les souvenirs encore troublants des guerres civiles. Ainsi, quand le brigandage aura disparu des Deux-Siciles, le peuple lira longtemps encore les hauts faits des brigands; il y mêlera les noms d'illustres gentilshommes, il y soupçonnera la complicité du clergé et y découvrira de noirs secrets d'État. Peut-être n'aura-t-il pas tort?

Lorsque Frotté arriva en Normandie, rien n'y était organisé. Des bandes disséminées battaient le pays. Frotté réussit à leur donner de la cohésion et à faire marcher de concert jusqu'à cinq mille hommes. Il y déploya une rare fécondité de ressources; hardi, prudent, facile,

---

(1) C'est aussi et surtout, pour nous, Balzac prouvé et commenté. Balzac, dans ses courts séjours à Alençon et dans le Cotentin, a recueilli les lambeaux de cette histoire. Son génie a ressuscité l'époque et le milieu avec une puissance d'évocation et une profondeur d'intelligence qu'aucun historien n'a égalées. Voir *Les Chouans, Une ténébreuse affaire, l'Envers de l'histoire contemporaine*. Pour l'épisode qui a fourni à Balzac l'*Histoire de madame de La Chanterie,* voir LA SICOTIÈRE, t. II, p. 669 et suiv

généreux, prodigue même, il avait tous les dons d'un chef de partisans. Il avait davantage. Intelligence, valeur, ténacité, invention, il déploya dans cette lutte de surprises les qualités d'un grand aventurier, de ceux qui dans l'autre hémisphère ont conquis des empires. Il était très supérieur, par l'esprit, à la politique qu'il servait, et par le caractère, aux gens qu'il avait à conduire. Il se présenta dans le pays en redresseur de torts, et il y répandit la terreur. Il trouva les traces toutes sanglantes de la Révolution, il y marcha de plain-pied et provoqua d'épouvantables représailles. Cette guerre est toute en épisodes. Les épisodes sont sinistres. A peine si, çà et là, quelque aventure galante, quelque trait héroïque en relève la monotone horreur.

Pour sortir de la « chouannerie » et de son équivoque, transformer les brigands de Basse-Normandie en « l'armée catholique et royale » naguère dispersée en Vendée, pour y attirer les gentilshommes et pour entraîner la masse du peuple autour de « sa grande compagnie », le Duguesclin de l'émigration avait besoin d'argent, surtout d'un prince. L'argent, Frotté le demanda aux Anglais; il en obtint 1,000 livres par mois, qu'il toucha peu à peu et très difficilement. Le prince, il ne l'obtint jamais : « Depuis quatre ans, écrivait-il en 1796, parlant de ses compagnons, ils combattent, et pas un seul fils de Henry n'a paru à leur tête!... Une poignée de Français combattent pour un roi, n'ont-ils pas le droit de demander où est leur maître? » Le maître était en Allemagne, où il conservait la dignité du trône. Le comte d'Artois, qui s'était attribué le domaine de la gloire et de la chevalerie, séjournait dans l'Écosse, qui est, en effet, un pays plein de légendes chevaleresques. Il s'en pénétrait sur place. « Ils ont soif d'un Bourbon! » s'écriait

Frotté, au milieu de ces chouans déguenillés, hâves, éreintés. — Bois ton sang, Beaumanoir! — Ses appels de combat ne furent jamais entendus. Soyons justes : le comte d'Artois daigna le nommer... *colonel... à la suite de l'infanterie française.* Il s'agit, bien entendu, de la suite macabre de l'infanterie que le prince commandait à Édimbourg (1).

Cependant les bandes normandes se dispersaient. Les paysans avaient assez de la chouannerie, qui terrorisait le pays sous prétexte d'anéantir une république qui ne terrorisait plus. Frotté lui-même, réduit aux extrémités, fuyait. Un jour, il se coucha dans un fossé, exténué, un fusil d'une main, un pistolet de l'autre : le fusil pour tuer le premier assaillant qui se présenterait, le pistolet pour se tuer ensuite. Il se sauva. Ses lieutenants se soumirent. Réfugié en Angleterre, il connut qu'une chose est plus ardue que de mener la guerre civile, c'est d'y intéresser ceux pour qui on la mène. Après s'être plus fatigué à piétiner dans les antichambres des ministres anglais, et dans celles du comte d'Artois, qu'à courir la nuit dans les chemins creux et les genêts du Bocage; après avoir perdu son temps et son encre pour attirer

(1) Vaudreuil, dans le même temps, perdait ses illusions non seulement sur la politique, mais sur l'intrépidité même de ce prince. Il l'avait adjuré souvent de se montrer héroïque; il l'avait supplié maintes fois d'éloigner madame de Polastron ou de ne la point appeler auprès de lui. Le prince répétait toujours la même phrase : « Nous sommes deux : l'aîné sera au parti de décence et de convenance... le cadet doit être à celui d'attente, pour arriver promptement à celui de l'activité et du danger. » Et il attendait en compagnie de sa maîtresse. Cette veillée des armes n'était pas celle que lui souhaitait Vaudreuil, qui finit par se lasser. « Il me mande, écrit-il en octobre 1793 : *Dans peu de temps tu seras content de moi.* Mais il s'est tant bercé, il m'a tant bercé d'illusions que j'ai perdu une grande partie de ma confiance... » *Correspondance intime du comte de Vaudreuil et du comte d'Artois,* publiée par M. Léonce Pingaud, 2 vol. Paris, Plon, 1889.

Hoche dans une défection analogue à celle où Roques de Montgaillard et Condé avaient entraîné Pichegru, il obtint une nouvelle commission. Il repart pour Paris et y arrive au moment où se prépare le coup d'État de Fructidor. Il compte bien, avec ses chouans, pêcher pour le roi, en cette eau trouble directoriale. Le 17 fructidor, il dîne dans un cabaret, au coin de la rue du Bac et du quai d'Orsay, avec plusieurs chefs royalistes, et ils y conspirent le renversement de la République par les discordes des républicains. Au-dessus d'eux, un général, qui arrive d'Italie, dîne avec son état-major : c'est Augereau, et le lendemain il accomplit le coup d'État qui proscrit quelques-uns des meilleurs citoyens français, entame la Constitution, ébranle la République, mais contraint les royalistes à la retraite et rompt encore une fois leurs complots. Frotté retourne en Angleterre.

Alors le découragement le prit : découragement poignant, celui de l'homme d'action à qui l'action échappe, celui du serviteur à qui son maître manque : trahison de la cause, bien pire aux cœurs vaillants que celle de la fortune. Il rencontre Sydney-Smith, échappé de la prison du Temple, qui lui rend quelque confiance, le met à la mode à Londres et lui propose d'aller en Orient. Frotté refuse. La terre promise n'était pour lui qu'en Normandie. « Il faut, écrivait-il, que j'avale le calice d'amertume jusqu'à la lie. Tout le bonheur de ma vie s'est épuisé dans la guerre que j'ai faite. — Je sens mon âme qui se pétrifie pour tout... » Il y restait encore de la flamme, et il suffit, hélas! d'une étincelle jetée par les Anglais, d'un seul geste d'une main royale pour ranimer toute la chaleur du partisan. La seconde coalition se nouait. La France était en grand péril, en péril plus grand peut-être qu'en 1793. « Jamais, écrit Frotté,

nous n'avons eu de plus belles chances. » Le cabinet
anglais décida une diversion, et le comte d'Artois prit
un conseil digne de son caractère : il rassembla les chefs
royalistes à Édimbourg, leur assigna à chacun son poste
de combat, et leur déclara qu'il aurait le courage, difficile pour un prince de son sang, de demeurer à son
poste d'Écosse jusqu'à ce que les événements de France
fussent assez mûrs pour mériter sa présence. Frotté
avait le commandement supérieur de l'insurrection de
Normandie.

Il débarqua, le 23 septembre 1799, près de Bayeux,
fit une proclamation, rassembla ses chouans, recommença la guerre et annonça que le comte d'Artois viendrait aussitôt que l'on aurait conquis un port où le faire
débarquer. « Henri IV, écrivait naguère Frotté à un
confident des princes, a conquis une couronne à la pointe
de l'épée. » La couronne, en effet, appartenait à l'épée ;
mais ce ne fut point l'épée du comte d'Artois qui la
conquit. Le général Bonaparte n'avait pas mis à prendre
la mer et à traverser les croisières anglaises autant de
façons que le comte d'Artois à affronter les corsaires
républicains. Frotté n'était pas en France depuis quinze
jours que Bonaparte débarquait à Fréjus, et que tout
changeait. Le 18 brumaire ruina les combinaisons des
royalistes et enleva toute cause à la guerre civile de
l'Ouest. Les gens de ce pays n'attendaient qu'un gouvernement qui leur assurât la sécurité, la liberté religieuse et la liberté civile. Bonaparte les promit, ses actes
confirmèrent ses promesses. Le pays passa à la République. La chouannerie désormais n'était plus qu'un brigandage démasqué. Les chefs royalistes n'avaient plus
d'autres ressources que les complots contre le Premier
Consul

Bonaparte les traita en conséquence. Il les mit en demeure de se soumettre et prit ses mesures pour les écraser s'ils ne se soumettaient pas. La première condition de la paix qu'il leur offrit était le désarmement de leurs bandes. « L'indulgence, dit-il, sera entière et absolue; mais le gouvernement frappera quiconque, après cette déclaration, oserait résister à la souveraineté nationale. » Le discours est du 28 décembre 1799. Les chefs royalistes eurent huit jours pour désarmer. Des commissions prévôtales se formèrent pour juger, sans appel, les rebelles, et Lefebvre, soldat républicain, soudard autant que soldat, et encore plus directement ennemi des nobles que partisan de la République, reçut le commandement en chef des départements de l'Ouest. Les principaux royalistes se soumirent : Bourmont pour entrer dans d'équivoques intrigues de police avec Fouché, Cadoudal, pour nouer de nouvelles conjurations. Frotté refusa des capitulations que sa loyauté réprouvait et repoussa des arrière-pensées d'assassinat que son honneur ne tolérait pas. Il resta seul à continuer la guerre. Il se trouva bientôt sans ressources, au milieu d'une troupe découragée et de populations hostiles, en face d'un gouvernement capable de grandes mesures et sachant frapper.

La première préoccupation de Bonaparte était d'en finir très vite, la seconde de n'être point dupe des prétextes que prendraient les royalistes pour se dérober au désarmement. « Hâtez-vous, écrit-il au général Gardanne, de porter la terreur et la mort dans les rangs de ces brigands. » Le 8 janvier 1800, il se flatte que Frotté, poursuivi par Chambarlhac, va être pris d'un instant à l'autre. « Il faut, mande-t-il, le 10, à Lefebvre, détruire enfin Frotté et ses bandes. » Le 11, à Gardanne · « Vous pouvez promettre 1,000 louis à ceux qui tueront ou prendront Frotté... Il faut qu'au plus tard, le 10 ventôse (1er mars), aucun de ces hommes n'existe plus. »

Frotté était aux abois. Dans la première semaine de février, il écrivit au général Guidal, le plus proche de ses ennemis, puis, le 8, à Hédouville, pour demander une suspension d'armes. « Je fais, disait-il, abnégation de toute prétention personnelle. » Il réclamait le pardon pour ses hommes : « C'est moi qui leur ai mis les armes à la main. » Mais il refusait d'opérer le désarmement : « Je n'aurais ni la volonté ni le pouvoir de le faire faire. » Hédouville répond que les armes doivent être rendues dans les trois jours qui suivront le licenciement. Guidal, qui a pris les ordres de Gardanne, est autorisé à recevoir « provisoirement » la soumission de Frotté. Chambarlhac écrit directement au chef royaliste : « Des ordres de mon gouvernement me défendent de correspondre avec vous. Cependant, rendez d'abord vos armes, et je solliciterai pour vous. » Puis, tous ces généraux en réfèrent à Paris. Bonaparte n'admet point que l'on parlemente. « Frotté, écrit-il, le 10 février, a demandé à se soumettre : ma seule réponse a été qu'il eût à se rendre à discrétion. » Le 14, il fait mander à Guidal de « mettre de bons espions en campagne et de marcher sur le lieu où Frotté et ses principaux officiers pourraient se réfugier, à moins que ce chef de rebelles ne consente au désarmement absolu de ses bandes ». « Qu'il se rende à discrétion; il peut alors compter sur la générosité du gouvernement. »

Frotté, le 12 février, n'avait point encore reçu de réponse à ses lettres. Il s'attend à des conditions rigoureuses; mais il est toujours résolu à refuser le désarmement. Il l'écrit à un de ses lieutenants, Hugon : « Il faut

bien souscrire à tout, mais jamais au désarmement. .
du moins ce ne sera jamais sur mon ordre. » Le 14,
trois de ses officiers ont à Alençon une entrevue avec
Guidal et Chambarlhac. Ces généraux répètent, vraisemblablement, ce que Chambarlhac écrit : « Déposez vos
armes, rendez **votre** personne à discrétion et nous sol-
liciterons pour vous. » Les instructions de Frotté étant
contraires, l'accord ne peut s'établir. Alors les généraux
offrent aux officiers royalistes de faire venir Frotté en
personne; ils leur remettent un sauf-conduit valable
pour trois jours. Les généraux crurent-ils réellement que
Frotté se soumettrait aux conditions qu'ils avaient ordre
de lui imposer? Chambarlhac l'écrivit à Paris : il n'avait
aucun intérêt à tromper, sur ce point, le ministre de la
guerre, et l'on peut présumer qu'il ne le trompa point.
Guidal au contraire — tout le dénonce — ne donna le
sauf-conduit qu'avec une arrière-pensée de guet-apens.
Ce Guidal, qui finit en 1812, dans la plaine de Grenelle,
comme complice de Mallet, était alors fort suspect de
trahison et d'espionnage, tant avec les Anglais lors du
siège de Toulon qu'avec les royalistes, en Normandie
même. Il sent le soupçon sur sa tête, il devine qu'avec
le nouveau maître il faut s'en laver très vite et très à
fond : ces lavages ne s'opèrent que dans le sang. Le Premier Consul veut la soumission ou l'anéantissement de
Frotté. Guidal se dit que si Frotté ne se soumet pas;
celui qui l'anéantira s'acquerra des titres. Le tout est de
le prendre. Le sauf-conduit servira aux deux fins.

Frotté se méfiait. « Ils m'auront! » dit-il à ses amis.
Cependant il décida d'aller à l'entrevue, afin de sauver
ses hommes. Il savait que les généraux exigeraient de lui
qu'il opérât le désarmement, et il n'y consentait pas.
« L'humanité, écrit-il à un ami, réclame le comble du

dévouement... En proposant des ouvertures... mon devoir sera, je crois, rempli. Je sais qu'étant le dernier, on peut me préparer un sort plus rigoureux. Je me repose alors sur mon sauf-conduit... — Je ne m'abuse pas, dit-il en partant. Je sais que je vais à la mort, mais je me sacrifie de bon cœur... » Il arriva à Alençon le 15 février à dix heures du soir, avec six de ses officiers, entre autres Hugon.

Guidal et Chambarlhac avaient reçu les ordres du Premier Consul, du 13 février : il fallait que Frotté se rendît à discrétion. Gardanne avait d'ailleurs écrit à Guidal de l'avoir mort ou vif. Guidal n'hésita plus, et Chambarlhac le laissa faire. Conduit chez Guidal, Frotté y eut avec ce général une courte discussion sur l'affaire du désarmement; puis Guidal se retira. Il avait pris toutes ses mesures. Des soldats se saisirent de Frotté et de ses compagnons. On les fouilla. On trouva sur Hugon les lettres où Frotté déclarait qu'il ne consentirait jamais à désarmer ses troupes. On avait non seulement des accusés, mais une pièce à conviction. Chambarlhac emmena les prisonniers, le 16, vers Paris. Le 18 ils arrivèrent à Verneuil. Ils y furent rejoints par un aide de camp de Lefebvre, apportant l'ordre de juger immédiatement Frotté et ses compagnons. Bonaparte commandait un exemple terrible et décisif. « Ce misérable Frotté, écrivait-il ce jour-là même, a préféré se faire prendre à rendre les armes. » — « Frotté a été pris avec tout son état-major, je m'étais refusé à aucun traité. Dans le moment actuel il doit être fusillé. »

Un conseil de guerre se réunit et, « sans désemparer », comme plus tard celui de Vincennes, jugea et condamna les chefs royalistes. Ils furent exécutés le soir même. Les dossiers du procès ont disparu : ils sont

inutiles. L'arrêt était tracé d'avance par le Premier
Consul. Deux jours après, le 20, Bonaparte savait que
ses ordres étaient accomplis, et il manda au ministre
de la guerre : « Je vous prie d'écrire aux généraux
Chambarlhac et Guidal une lettre de satisfaction sur la
conduite qu'ils ont tenue dans la XIV° division militaire. »

Ainsi périt Frotté, l'un des plus vaillants, l'un des
plus malheureux et l'un des plus sympathiques parmi
les émigrés français. C'était sa destinée; il l'eût subie de
tout temps et en tout lieu. La Révolution ne lui fournit
que les épisodes et ne dessina que le cadre de la tragédie. L'esprit de Frotté le poussait aux aventures; son
caractère le vouait aux déceptions; la disproportion de
ses entreprises et de ses moyens le destinait aux catastrophes. On a cherché souvent à se représenter ce que
seraient devenus, sans la Révolution, les hommes que la
Révolution a jetés busquement dans l'histoire. On se
figure Robespierre composant des petits vers pour les
femmes sensibles et les beaux esprits d'Arras; Danton
présidant un dîner de disciples de Diderot; Hoche
mourant obscurément de phtisie à l'hôpital de Versailles;
Bonaparte entrant au service turc pour régénérer
l'empire ottoman. Je m'imagine Frotté, las du vide des
garnisons, plus las encore des intrigues des bureaux et
des cabales de cour, partant pour les Indes, y poursuivre
les Anglais et rêvant d'y fonder un empire pour son roi.
Les intrigues l'y eussent suivi, les cabales l'y eussent
paralysé. Il eût fini, s'il avait vraiment du génie, par
l'indigence désespérée de Dupleix, sinon, s'il n'avait que
de l'aventure, par l'échafaud de Lally.

J'achève avec amertume cette esquisse d'une vie que
je n'ai pu étudier sans émotion. Je ne crois pas, dans ce
que je vais dire, rabaisser le chef de la chouannerie nor-

mande; je crois au contraire le placer dans son propre idéal. En suivant Frotté dans le poignant contresens de sa carrière, j'ai pensé, malgré moi et continuellement, à l'immortel patron des illusionnés de tous les mondes. Je me représente le chevalier de la Manche enrôlant, au lieu de les délivrer, « les malheureux que l'on conduisait, contre leur gré, où ils eussent été bien aises de ne point aller »; je l'entends tenant à ces malandrins, batteurs d'estrade et soldats libres de la grande cause des vagabonds, ce langage magnifique : « Il n'y a que quatre choses pour lesquelles les républiques bien gouvernées et les hommes prudents doivent prendre les armes... La première, c'est la défense de la foi catholique; la seconde, la défense de leur vie, qui est de droit naturel et divin; la troisième, la défense de leur honneur, de leur famille et de leur fortune; la quatrième, le service de leur roi dans une guerre juste... » Ainsi parle don Quichotte. Les Ginès de Passamont et autres gentilshommes d'embuscade qui l'écoutent, l'applaudissent, le suivent et recommencent leurs exploits. Ces exploits conduisent le chevalier dans une cage de bois où on l'enferme comme un malfaiteur. Il proteste de sa qualité chevaleresque. — « Seigneur, lui répond le gardien, les chevaliers errants doivent entreprendre les aventures qui offrent quelque chance de succès, mais non celles qui ôtent toute espérance. » Le chevalier s'obstine, il s'attaque à un lion qui le déchire de sa griffe, et on l'emmène en captivité : « O chevalier! n'éprouve aucun déconfort de la prison où l'on t'emporte; il doit en être ainsi pour que tu achèves promptement l'aventure que ton grand cœur t'a fait entreprendre (1)! »

(1) *Don Quichotte*, 1re partie, ch. XXII, XLVI; 2e partie, ch. XXVII.

UN ÉMIGRÉ [1]

Parmi tant de mémoires publiés dans ces derniers temps, j'en connais peu qui, par l'intérêt des aventures et la sincérité du récit, surpassent ceux du comte de Rochechouart. Aide de camp du duc de Richelieu à Odessa, aide de camp d'Alexandre Ier dans la campagne de 1812-1814, commandant de la place de Paris sous Louis XVIII, Rochechouart a vu de près plusieurs des premiers personnages et observé, dans la mêlée même, quelques-uns des grands événements de son temps. Le volume de souvenirs que publie son fils a un double objet. Cette complexité nuit un peu à l'enchaînement de l'ouvrage; elle n'en diminue pas le prix. Rochechouart retrace ses souvenirs personnels, qu'il a, dès sa première jeunesse, pris le soin de noter. Il ajoute à ses propres souvenirs les renseignements qu'il a recueillis sur son protecteur, maître et ami, le duc de Richelieu. C'est un juste tribut de reconnaissance et d'admiration pour ce grand homme de bien dans les affaires d'État; c'est aussi pour la biographie du duc de Richelieu un document de première main et de premier ordre.

(1) Le comte DE ROCHECHOUART, *Souvenirs sur la Révolution, l'Empire et la Restauration*. 1 vol. Paris, Plon, 1889

Rochechouart écrit comme il a dû parler, d'instinct ;
il avait le bon français dans les moelles, car il n'a guère
eu occasion de l'apprendre au collège. L'éducation de ce
gentilhomme de haute souche a été aussi décousue,
hasardeuse, improvisée que celle des illustres soldats de
fortune, ses contemporains. On s'étonne parfois à voir
ces héros, les Hoche, les Marceau, les Gouvion, arriver
comme d'eux-mêmes et par le flux du génie à penser
avec tant de largeur, à écrire avec tant de style, sans
avoir eu d'autre précepteur que la vie, d'autre guide que
des livres dépareillés, parcourus dans les heures dérobées
au sommeil. Voici un enfant perdu de l'ancien monde,
réduit par cette révolution qui mit la société sens dessus
dessous, à faire dans l'Europe carrière de parvenu. Son
éducation s'est faite au cours de la traversée, pendant les
accalmies. C'était alors l'école de tout le monde. Il ne
faut pas être surpris que, dans cette extraordinaire génération, il y eût si peu de disparates entre des hommes
venus de points si éloignés. Dans les états-majors de
Napoléon, dans ceux des coalisés, plus tard dans la
Chambre des pairs de la Restauration, des hommes qui
auraient été, en d'autres temps, étrangers, presque impé-
nétrables les uns aux autres, possédaient un fonds commun d'expérience, une sorte d'identité de tempérament
acquis : c'est qu'ils avaient, comme les marins, grandi
dans la tempête et pris cette affinité singulière qui
donne à tous, du mousse, fils de pêcheur, à l'amiral, fils
d'officier de vaisseau, un air de famille — l'air de la
mer.

Louis-Victor de Rochechouart naquit en 1788, le cinquième, du mariage de Louis de Rochechouart avec Élisabeth de Morsan. Ménage plus fécond que tendre, mais
plutôt divisé de goûts que désuni, ainsi que cela se voyait

fréquemment alors dans le grand monde. Il n'en aurait peut-être rien paru sans la Révolution, qui, en secouant le sol, ouvrit, en déchirures profondes, les lézardes des vieilles demeures. Le comte de Rochechouart se retira dans son château : sa famille s'était fait vénérer, sa personne était aimée; il vécut en repos. Se soucia-t-il beaucoup de ses enfants? Les *Souvenirs* ne le disent point. L'aîné des fils servait à l'armée des princes; les autres restèrent à la garde de leur mère, qui les entraîna dans son tourbillon. Elle avait été une des femmes les plus brillantes et les plus fêtées de l'ancienne cour; elle se jeta passionnément dans les agitations politiques. Elle y apportait tout ce qu'il fallait pour s'y perdre et y perdre les siens avec elle, du dévouement, de l'intrigue et de la témérité.

Louis-Victor fut mis en nourrice et resta chez des paysans jusqu'à sa sixième année. Ce séjour à la campagne contribua à lui donner la merveilleuse santé dont il jouit et qui le servit mieux, dans ses aventures, que n'eussent fait tous les enseignements des pédagogues. En 1793, sa mère le rappela près d'elle. Elle habitait Passy et conspirait, avec le baron de Batz, la délivrance de Marie-Antoinette. Louis-Victor trouva chez elle son frère Louis, qui avait douze ans, et sa sœur Cornélie, qui en avait dix. Le complot fut découvert. On vint arrêter la comtesse. Le sang-froid de Louis la sauva. Elle s'enfuit à Caen avec ses deux fils. La petite Cornélie resta dans une pension à Passy. La pension fut licenciée. L'enfant essaya de rejoindre sa grand'mère, qui vivait à Grosbois, dans son château. Elle ne gagna cet asile que pour y expirer : « La peur, la faim, la fatigue l'avaient frappée à mort. »

Les frères n'échappèrent au même sort que grâce à la

vigueur de leur complexion et au ressort extraordinaire
de leur caractère. Dénoncée de nouveau, la comtesse
quitta précipitamment Caen, laissant les deux enfants
chez un baigneur qui les logeait. Le baigneur les garda
et les employa au service de ses bains. Il confisqua leur
linge, les relégua dans un grenier et les laissa au lit toute
la matinée pour éviter de les nourrir. Vint une inondation : le baigneur déserta, abandonnant les malheureux
enfants dans leur grenier. Il y laissait, par fortune, une
provision de pommes. Les enfants en vécurent, et dans les
loisirs qui leur étaient faits, l'aîné apprit au cadet ce qu'il
savait de lecture, de calcul, de grammaire et d'histoire.
Leur père, averti de leur détresse, les délivra. L'aîné fut
gardé par la grand'mère, à Grosbois, le cadet par le père,
à Montigny. Il y rencontra le bien-être, de l'affection,
des soins. Ces deux demeures comptaient parmi les rares
oasis qui subsistèrent pendant la Terreur. Mais l'humeur
inquiète de madame de Rochechouart n'y laissa point
longtemps ses fils. Elle leur donna rendez-vous en Suisse.
Ils l'y attendirent longtemps; heureusement, ils y trouvèrent de bonnes parentes et un excellent prêtre qui les
recueillit et leur donna des leçons.

Ils traversent la France en 1798, vont en Angleterre
et y arrivent pour en voir expulser la comtesse : ses indiscrétions avaient irrité le ministère anglais. Elle s'en
alla chercher un asile en Pologne, et les deux garçons
recommencèrent à errer sur les chemins. L'aîné de la
famille avait passé de l'armée des princes au service de
l'Espagne. Il engagea Louis-Victor à le rejoindre, et voilà
notre héros soldat à douze ans et demi! « Ma vie, déjà
si mouvementée, avait eu pour résultat de vieillir ma
figure, et ma taille dépassait cinq pieds. » A treize ans,
il voit le feu et le soutient vaillamment; à treize ans et

deux mois, il est distingué par une jeune religieuse portugaise qui lui lance un billet doux, à travers la grille de la chapelle, pendant la messe. Le soir, avec un camarade, il pénètre dans le couvent. L'aimable nonne avait une compagne. L'une et l'autre étaient lasses du monastère et voulaient se faire enlever. « Convaincues qu'aucun Portugais n'oserait les secourir, elles m'avaient choisi comme le plus jeune officier étranger qu'elles voyaient à la messe. » Mais nos deux pages jugèrent plus pratique de visiter les belles au couvent; les belles se montrèrent d'ailleurs accommodantes, et les couples s'égaraient dans les bosquets du jardin. « Nous étions au comble du bonheur. » Une nuit, quelqu'un vint; nos héros, pris de panique, s'enfuirent à toutes jambes, sans se soucier des pauvres nonnes, et ils ne revinrent plus. L'aventure, dit Louis-Victor, me laissait « un violent chagrin, des regrets infinis et des remords cuisants ». Mais sa vie l'emporta à l'autre bout de l'Europe, et d'autres aventures lui firent oublier celle-là.

Un voyage plein de péripéties le conduisit à Odessa, où le duc de Richelieu, allié aux Rochechouart par sa femme, l'attacha à sa personne et l'associa à son gouvernement. C'était en 1805. Louis-Victor apprit que sa mère était à Cherson. Il essaya de la rejoindre. Il la trouva morte dans un misérable cabaret juif, surprise en route par une fièvre putride, achevant, dans la misère et l'abandon, son existence déroutée. Son fils, qui l'admirait, la plaignait et l'aimait, s'était flatté de la recueillir auprès de lui. « Mon affliction fut profonde, dit-il, quoique j'eusse passé peu de temps auprès d'elle, les événements nous séparant à chaque instant. »

A partir d'ici les souvenirs de Rochechouart bifurquent, en quelque sorte : Richelieu, son caractère, son

œuvre, ses campagnes contre les Turcs et les Cosaques
empiètent partout, et Rochechouart s'efface devant son
bienfaiteur. Il se reprend en 1812. Richelieu est alors
retenu à Odessa par la peste qui y sévit furieusement :
ce fléau lui procure l'occasion de déployer ses vertus
civiques et le dispense de porter les armes contre la
France. Rochechouart va servir dans l'armée russe. Son
livre se rencontre avec ceux de Ségur, de Fezensac et de
Marbot. Il soutient le rapprochement; mais, pour le lire
comme il convient et l'apprécier à son prix, il faut
oublier que l'auteur est dans les rangs ennemis. Rochechouart y aide le lecteur par la parfaite simplicité de ses
idées. Le lecteur le doit prendre comme il se donne et se
placer dans son état d'esprit, qui est fort différent du nôtre.

Rochechouart a fait, dans l'Europe de la Révolution,
carrière d'ancien régime. L'armée française était, sous
ce régime, remplie d'Allemands; Louis XIV, en proscri-
vant les Réformés, avait peuplé de Français les armées
d'Allemagne et de Hollande. Ainsi Rochechouart sert
dans l'armée russe, sans réfléchir le moins du monde,
sans soupçonner même que les temps changent et que,
pas plus que sa patrie, l'homme n'emporte son devoir
avec son épée et son armure. Chevaliers errants et con-
dottieri, ils sont encore légion en 1812. C'est le pêle-
mêle des peuples, l'histoire à rebours, le Midi heureux
et civilisé qui se rue vers le Nord barbare et glacé.
Autour de l'empereur, ce ne sont que Polonais, Allemands, Italiens; les Français se parent de noms sonores,
ramassés sur tous les champs de bataille de l'Europe; à
côté des parvenus de la Révolution, chamarrés de cor-
dons et encombrés de titres, on reconnaît d'anciens
nobles, rentrés de l'émigration et rebaptisés selon la formule napoléonienne.

Dans l'autre camp, autour d'Alexandre, d'autres émigrés et de toute provenance : des gentilshommes irréconciliables, comme Rochechouart ou Langeron; auprès d'eux, des proscrits de la République et des transfuges. Il y a un Rapatel, qui a un frère dans les rangs français, tout comme s'il était noble. L'ancien ministre de la guerre de Louis XVI, un noble et un homme de cour, Narbonne, sert dans l'armée de Napoléon; l'ancien ministre de la guerre du Directoire, un roturier et un officier de fortune, Bernadotte, commande un corps de l'armée des rois. Le héros de Hohenlinden, le républicain de 1804, Moreau, est frappé par un boulet français au milieu des souverains coalisés. On se succède dans les gites. Langeron couche dans le lit de l'empereur et Rochechouart occupe celui de son cousin, le duc de Mortemart, aide de camp de Napoléon, comme lui l'est d'Alexandre. Jomini, Suisse au service de Napoléon, passe aux alliés parce qu'il n'avance pas assez vite et se croit victime d'injustices, Moreau parce qu'il n'est pas devenu président de la République, Bernadotte parce qu'il est devenu prince royal et prétend être roi. A Stargard, Rochechouart rencontre un major de place au service de la Prusse, Dumoulin, qui refuse de laisser débarquer le comte d'Artois, se vengeant du traitement que les Bourbons ont infligé aux Réformés ses ancêtres.

Rochechouart admire Napoléon, « le plus grand capitaine des temps modernes ». Il loue ses combinaisons, toujours supérieures : « Le plan de Napoléon était digne de son génie... Il était admirable et la réussite certaine selon toute probabilité humaine. » Il vante l'armée française, « la plus belle et la plus vaillante armée du monde ». Il la combat sans doute, mais il n'admet pas qu'on la trahisse. C'est ici qu'il faut voir la nuance signi-

ficative et discerner le tournant des idées. Rochechouart
s'en tient, comme beaucoup de contemporains de sa
caste, à l'honneur féodal. Avoué par le roi, le gentilhomme peut s'engager où il veut, mais une fois engagé,
il n'est plus maître de reprendre sa parole. Il n'y a point
de casuistique qui tourne les serments militaires. Rochechouart ne comprend point le patriotisme moderne, cet
honneur populaire qui tient dans nos démocraties la
place que l'honneur chevaleresque occupait dans les
sociétés aristocratiques; il est peu sensible à l'exaltation
de l'esprit national; il est impitoyable au fanatisme de
la nationalité.

Ce Français au service russe est parfaitement logique
et conséquent avec ses principes lorsqu'il flétrit la défection des Bavarois, Wurtembergeois, Saxons auxiliaires
de Napoléon, « défection qu'on peut qualifier d'infâme
trahison, d'action indigne, sans précédent dans les
annales militaires des armées des temps modernes ».
Il ne parle point de la fameuse défection du général
York; on peut être sûr qu'il l'aurait qualifiée de félonie
et qu'il a jugé ce Prussien tout aussi sévèrement qu'il se
serait jugé lui-même, s'il avait quitté l'armée d'Alexandre
pour passer dans les rangs de l'armée française.

Il rend hommage au patriotisme des Russes; mais
pour combattre avec eux, il ne se ferme point les yeux
sur les horreurs de la guerre qu'ils font. Il ajoute, s'il
est possible, quelques traits effroyables à la chronique de
Ségur. A Oschmia, « j'aperçus deux hommes d'une mai-
greur incompréhensible, ayant pour tous vêtements un
caleçon, des bas déchirés, pas de chaussures, un mauvais gilet, pas de chemise et pour coiffure un bas de soie
noire dont le pied pendait négligemment derrière la
tête. » C'étaient deux gentilshommes portugais; les

Cosaques les avaient dépouillés. Rochechouart les rha-
bille et les sauve. Il sauve des blessés français qu'on jetait
par les fenêtres d'un hôpital pour faire place aux blessés
russes. Une fois, « un squelette habillé en femme se présenta à nos yeux, nous demandant à manger; après avoir
dévoré tout ce qu'on put lui donner, elle s'écria :
« Messieurs, prenez-moi, je suis jeune et belle, je ferai
« ce que vous voudrez. » Ils se contentèrent de lui rendre
la vie. Balzac a eu la vision de cet enfer de boue glacée,
de ce marécage sinistre de la Bérésina, qui fut la vallée
de Josaphat de la Grande Armée. Mais il n'y a pas dans
Adieu de tableau plus poignant que celui-ci : « Des
richesses immenses gisaient éparses sur cette plage de
mort; les paysans, les Cosaques rôdaient autour de ces
monceaux de cadavres, enlevant les objets les plus précieux. Je trouvai mon domestique fouillant les coffres
d'une calèche; il cherchait, me dit-il, à remonter ma
garde-robe. Je vis sur le pont une malheureuse femme
assise, ses jambes pendaient en dehors du pont, prises
dans la glace, elle tenait collé à son sein un enfant gelé
depuis vingt-quatre heures; elle me supplia de sauver
cet enfant, ne s'apercevant pas qu'elle me présentait un
cadavre! Elle-même ne pouvait mourir malgré ses souffrances; un Cosaque lui rendit le service de lui tirer un
coup de pistolet dans l'oreille pour faire cesser cette
déchirante agonie. »

La guerre d'Allemagne fournit à l'auteur des souvenirs moins tragiques, mais non moins intéressants. Il est
envoyé par le tsar auprès de Bernadotte : les alliés
jugent que ce républicain couronné ménage trop ses
Suédois. Rochechouart a pour mission de l'amener à se
compromettre et à s'engager davantage. Madame de
Staël, à qui sa haine pour Napoléon faisait trouver de la

grandeur à tous les adversaires de son persécuteur, rencontra Bernadotte à la même époque, s'éprit pour lui d'enthousiasme et le peignit en grand homme. Rochechouart, pur légitimiste, de sens rassis et de sang-froid, sans inimitié personnelle d'ailleurs contre l'empereur, ne découvre dans l'ancien ministre du Directoire qu'un soldat parvenu, mais un soldat d'élite et un parvenu de large envergure. Bernadotte a quarante-neuf ans. Il est grand, élancé; une figure d'aigle qui rappelle les traits du grand Condé; une chevelure épaisse et noire; le teint mat des Béarnais; de la chamarrure et des colifichets à la Murat : une pelisse de velours violet chargée de brandebourgs d'or, un chapeau à plumes blanches avec un immense panache; un bâton à couronne royale dans la main; superbe à cheval; un vrai tableau vivant d'histoire, et nulle part mieux dans son cadre qu'au milieu du feu : il y est admirable de valeur, de présence d'esprit, de conception, de connaissance des choses. Quand il cause, il a du charme, des expressions choisies, un léger accent de Gascogne.

Il n'en a pas seulement l'accent. Il en a tout l'esprit, un des plus politiques du monde et qui ne se pipe point à son propre appât. « Entendez-vous, mon ami, dit-il à Rochechouart, qui est-ce qui aurait dit, il y a vingt ans, au pauvre sergent Bernadotte : Tu seras traité de Monsieur mon frère et ami par l'empereur de Russie, l'empereur d'Autriche et le roi de Prusse? » Rochechouart lui remet l'ordre de Saint-Georges, qu'on ne donne qu'aux plus illustres généraux vainqueurs. L'ancien sergent perce alors une minute : « Cela m'honore infiniment, je suis à la vie à la mort avec l'empereur Alexandre. » Mais le Gascon devenu prince reprend aussitôt le dessus. Rochechouart le presse d'agir : « Ah! entendez-vous bien, mon ami, il faut beaucoup de prudence dans ma position, elle est si délicate, si difficile; outre la répugnance bien naturelle que j'ai à verser le sang français, j'ai ma réputation à soutenir. Je ne m'abuse pas : mon sort tient à une bataille; si je la perds, je demanderai un écu de six francs à l'Europe, personne ne me le prêtera. » Murat eut moins qu'un écu : il eut des balles. Bernadotte nourrit un autre rêve, et il finit par s'en ouvrir : « Si je ne pouvais m'en prendre qu'à Napoléon, cela serait bientôt fait. Bonaparte est un coquin, il faut le tuer; tant qu'il vivra, il sera le fléau du monde; il ne faut plus d'empereur, ce titre n'est pas français; il faut à la France un roi, mais un roi soldat; la race des Bourbons est une race usée qui ne remontera jamais sur l'eau. Quel est l'homme qui convient mieux que moi aux Français? »

Ce n'était point l'avis de Rochechouart. Dès qu'il put travailler pour les Bourbons, il le fit, et ce sont encore là des pages fort curieuses dans ses souvenirs. A le lire, on croirait que ses amis et lui ont tout fait. Il ne dit pas un mot de Vitrolles. Vitrolles, de son côté, donne à entendre qu'il fut seul à concevoir le plan et à l'exécuter. D'autres attribuent la Restauration à la magnanimité d'Alexandre, d'autres au machiavélisme de Talleyrand. L'observateur superficiel s'arrête aux anecdoctes et conclut de la petite mécanique de chacun à l'intrigue de tous. Il se trompe. Les grands jeux de scène, les intrigues qui se croisent ne sont que le spectacle de l'événement. Quand une révolution est aussi inattendue, aussi peu concertée, aussi peu désirée de ceux qui la subissent, je veux dire les Français, aussi peu voulue par ceux qui la disposent, je veux dire les alliés, c'est qu'elle a des causes profondes qui échappent aux hommes mêmes qui l'accomplissent. Tous les acteurs qui s'y empressent, même les plus fastueux, ne sont que les comparses de la force des choses. « Plus on prouvera, a dit Guizot, qu'aucune volonté générale, aucune grande force, intérieure ou extérieure, n'appelait ou n'a fait la Restauration, plus on mettra en lumière sa force propre et intime et cette nécessité supérieure qui détermina l'événement. » Voilà le jugement de l'historien, et c'est à titre de commentaires qu'il faut recevoir ces témoignages comme ceux de Vitrolles et de Rochechouart.

Rochechouart, revenu en France, entra aussitôt au service du roi. Il avait vu mourir Moreau, d'un boulet perdu; il vit mourir le maréchal Ney sous des balles commandées. Il présida même à l'exécution. Je le trouve trop indifférent, pour ne pas dire plus, dans toute cette dernière partie de ses récits. Il me semblait, si je puis parler ainsi, plus Français, plus avec nous de cœur quand il était au milieu de nos ennemis. Ce n'est pas un proscrit qui rentre dans sa patrie, c'est un vainqueur qui occupe une place conquise. Au fond l'auteur s'efface. Rochechouart n'est pas, comme Hyde de Neuville, un personnage de drame et un caractère. Son originalité propre est de n'être ni l'un ni l'autre. Il est un témoin. Il y a roman et roman d'ailleurs, et si Hyde de Neuville a ses parentés dans Walter Scott, Rochechouart a ses liens aussi dans la littérature romanesque. Stendhal l'aurait goûté et Mérimée l'aurait lu avec un plaisir ineffable. Ils n'ont pas fait leurs héros aussi naturels que lui. Il n'affecte rien, pas même l'ironie ou l'impassibilité.

MÉMOIRES DE SOLDATS

SÉGUR — MARBOT — MACDONALD

CLERMONT-TONNERRE

I

Le marquis Aimé de Clermont-Tonnerre, qui a été
ministre de la marine et ministre de la guerre de 1822
à 1827, est peu connu de nos contemporains (1). Il s'était
volontairement retiré de la vie publique après 1830, et
il apparaissait à ceux qui s'occupaient de l'histoire de
son temps comme une figure digne, effacée, un peu indécise. Son profil raide et austère se détachait à peine dans
la pénombre ; les traits de la physionomie échappaient.
Cette physionomie était cependant très accusée et très
personnelle. M. Camille Rousset a rencontré le marquis
de Clermont-Tonnerre au cours des magistrales études

(1) *Le marquis de Clermont-Tonnerre,* par M. Camille ROUSSET, de
l'Académie française. 1 vol. Paris, Plon. — *Mémoires du général baron de
Marbot,* 3 vol. Plon. — *Souvenirs du maréchal Macdonald.* 1 vol., *id.*
— *Histoire et mémoire,* par le général comte DE SÉGUR. 7 vol. Paris,
Didot, 1873.

3

qu'il a consacrées à la conquête de l'Algérie. C'est, en effet, à ce ministre que revient le mérite de la première conception de l'entreprise et des préparatifs essentiels. Clermont-Tonnerre avait laissé des mémoires et des notes; M. Camille Rousset en a eu communication. « J'ai été frappé, dit-il, de leur intérêt et de leur importance : c'était la déposition d'un témoin considérable devant l'histoire. Il m'a paru que je ne devais pas la garder pour moi seul; j'ai obtenu l'autorisation de la faire connaître au public ». Ce témoignage, M. Rousset n'a voulu que le résumer. Malgré le constant souci qu'il a eu de s'effacer dans cet ouvrage, on y retrouve, à la fermeté de la composition et à la précision saillante de l'exposition, les rares qualités de l'historien de Louvois. Il juge en quelques mots le personnage qu'il présente au public : « Depuis l'ancien régime jusqu'au second empire, à travers toutes les formes de gouvernement qu'il a vues se succéder et tomber tour à tour, Clermont-Tonnerre est demeuré constamment fidèle à l'idée monarchique. Ses opinions sont nettes, ses doctrines arrêtées; soit qu'on y acquiesce, soit qu'on y résiste, on ne peut contester qu'elles soient loyales et sincères... C'est un caractère. » Ce caractère, — je ne parle ici, bien entendu, que de l'homme public, — ce caractère est net, ferme et arrêté, mais il a les inconvénients de ce qui est ferme, net et arrêté, des angles aigus et des côtés tranchants. Par ses origines, Clermont-Tonnerre est un homme d'ancien régime, et, par ses convictions, un catholique convaincu : il n'est relié à la France nouvelle que par l'École polytechnique. Ce militaire que Monge jugeait, dans sa jeunesse, fait pour enseigner les mathématiques, a occupé les loisirs de sa vieillesse par une traduction d'Isocrate. Il y avait

en lui, non dans la doctrine, mais dans la conception de
la vie et la direction de la pensée, beaucoup de Port-
Royal. Sa carrièrese dessine et se développe comme une
belle épure politique.

Nous avions déjà les Mémoires de Fezensac, dignes
des anciens par la sobriété supérieure, et ceux de Mar-
mont, trop politiques et trop personnels; ceux de Ségur,
l'épopée vécue, qui se déroulent avec toute la grandeur d'un poème héroïque; depuis, ceux de Marbot
et ceux de Macdonald ont paru. Il serait intéressant de suivre la comparaison entre les caractères très
divers de ces jeunes Français, appartenant par leur
naissance au monde royaliste, et jetés dans les armées
républicaines et impériales. En les groupant d'après les
affinités, on rapprocherait Ségur et Marbot, narra-
teurs de race, Macdonal et Clermont-Tonnerre, témoins
et critiques, qui déposent et ne se livrent point.

Marbot, conteur admirable, a le souffle des grands chroniqueurs, et ce souffle a gardé chez lui le montant et le
piquant des brises qui, venues du pays de don Quichotte,
traversent nos pays de Gascogne. Macdonald est de
l'Écosse où les lacs, les montagnes, les bois et les plaines
sont noyés de brume humide. Si Marbot est cousin de
d'Artagnan, Macdonald l'est de Wawerley. Il se montre
plus méditatif que Marbot; je crois, cependant, que ses
Souvenirs sont moins savamment composés et beaucoup
plus écrits au courant de la plume que les *Mémoires* de
son brillant émule. Ce Gascon très avisé et très adroit
s'est élevé à la perfection de l'art : l'aisance complète,
l'abandon et l'entrain de la causerie dans des récits
fort travaillés en la forme et apprêtés au fond avec infiniment d'étude.

On ne peut guère rencontrer de caractères plus dis-

semblables. Marbot raconte ce qu'il a vu. Il est le héros
et le centre de toute l'action. C'est un metteur en scène
incomparable. L'épisode principal, la péripétie, la « scène
à faire » sont préparés et amenés par lui avec une habileté consommée. Nul narrateur, nul romancier, peut-
être, n'a su mieux disposer son lecteur aux coups de
théâtre, insinuer l'impression croissante d'un grand
spectacle qui va se déployer, d'un événement solennel
qui va se produire. Les préliminaires de la bataille de
Wagram sont, sous ce rapport, un chef-d'œuvre. A
Eylau, la chevauchée de Marbot traverse toute la bataille,
et d'une telle allure qu'à la suivre tous les horizons
s'effacent : on ne voit plus que cet officier qui galope
dans une bourrasque de neige et de feu, et le cavalier
même n'est plus à la fin qu'un harnachement du cheval,
vrai héros de l'aventure. Macdonald, obsédé par un
amour-propre ombrageux, jaloux de sa supériorité,
qu'il estime méconnue, irrité contre les hommes, qu'il
estime ingrats, et la fortune, qu'il juge injuste, se
disperse en quelque sorte lui-même dans sa propre
armée, se fond et se perd dans les mouvements d'ensemble de la bataille. On le sent dominé et conduit;
il montre qu'il obéit, alors qu'il est si ambitieux de
paraître commander. Il ne donne jamais, pas même à
Wagram, où il fit si héroïque et si vaillante figure, l'impression d'une grande affaire où il va jouer le grand rôle.
Ses actions sont comme diffuses dans son propre récit.
Marbot nous empoigne par son : « J'étais là ! »; et on y
est avec lui. Macdonald parle comme s'il n'y était pas.
On s'explique que Napoléon ait trouvé Marbot trop encombrant et Macdonald trop retiré. Marbot était frondeur
et glorieux, Macdonald morose, orgueilleux en dedans,
et, au dehors, censeur d'autrui : tous les deux mécontents.

Aimé de Clermont de Tonnerre et Philippe de Ségur
sont du même monde. L'un et l'autre petit-fils de maréchaux de France, l'un et l'autre grandissent à la vie et
font leur premier apprentissage dans la terrible école de
la Révolution. Ils arrivent à l'âge d'homme en 1799 :
ils sont jeunes, ils sont avides d'action et de gloire, ils
aiment ardemment leur patrie, la guerre les attire, ils
veulent se faire soldats. Ils rencontrent autour d'eux le
même obstacle : l'opposition de leur société, et dans
leur conscience le même scrupule : leur attachement à
la cause royaliste. Ils répondent, l'un et l'autre, aux critiques de leurs amis par le même argument, et font avec
leurs convictions politiques le même accommodement :
ils serviront la royauté dans l'armée républicaine. Mais
le rapprochement s'arrête là, et les deux carrières se
séparent à jamais, parce que les caractères sont essen-
tiellement opposés.

Philippe de Ségur était agité, rêveur, mélancolique;
il était mécontent de tout et surtout de lui-même; il
détestait sa propre vie, la Révolution qui l'avait fait oisif
et inutile, l'armée nouvelle qui avait fait si puissante
cette révolution détestée. Mais, sous ce désespéré de
vingt ans, il y a un poète qui s'ignore et un héros qui
ne se connaît pas. Le hasard le conduit, un jour, à Paris,
devant la grille des Tuileries : « Un régiment de dragons
en sortit, c'était le 9ᵉ; ces dragons marchaient, les man-
teaux roulés, le casque en tête, le sabre en main, et dans
cette exaltation guerrière, avec cet air fier et déterminé
qu'ont les soldats lorsqu'ils vont à l'ennemi, décidés à
vaincre ou à périr. A cet aspect martial, le sang guerrier
que j'avais reçu de mes pères bouillonna dans toutes
mes veines. Ma vocation venait de se décider; dès ce
moment, je fus soldat : je ne rêvai que combats, et je

méprisai toute autre carrière. » C'est le coup de foudre.
Ségur s'engage, mais il n'est encore que batailleur, tout
simplement et comme il aurait pu le devenir, un demi-
siècle plutôt, en voyant passer les cavaliers de Maurice
de Saxe. Il reste royaliste; bien plus, il prétend convertir à sa cause ses nouveaux compagnons d'armes. Un
second éclair, mais autrement éclatant que le premier,
va lui découvrir tout d'un coup la France nouvelle.

Il sert sous Macdonald. On est encore républicain
dans cette armée. Il y retrouve quelques-uns de ces
Spartiates du Rhin, « volontaires de la première République, martyrs de la liberté et de l'indépendance nationale... fiers de leur rigide probité républicaine et demeurés pauvres au milieu de tous les biens qu'offre la
victoire »; héros de la grande guerre, « guerre héroïque,
toute citoyenne ». Ils y avaient conquis leur gloire et
leurs grades « contre l'aristocratie française et contre
les aristocraties étrangères... Ils savaient que, aux yeux
des noblesses de toute l'Europe, ils n'étaient considérés
que comme une armée de parvenus qui n'avaient d'autre
droit que la victoire... » « Ce fut alors surtout que je
compris la Révolution... Au milieu de cette armée plé-
béienne, si fière d'elle-même à juste titre, je mesurai la
double folie d'une obstination royaliste et surtout aris-
tocratique; la première, sous nos drapeaux républicains,
me sembla une trahison; quant à la seconde, entouré
de tant de guerriers, tous plus anciens, plus expérimen-
tés, plus instruits que moi, je sentis combien ces prétentions exclusives de naissance seraient non seulement
dangereuses, mais injustes et ridicules. Dès lors, j'accep-
tai la Révolution comme un fait accompli, fondé en
droit, et auquel le bon sens, l'équité, l'intérêt du pays,
et même celui de l'anciennne noblesse, ordonnaient

qu'on se rattachât. Cette conviction acquise, cette route tracée, ce rôle choisi, j'y fus fidèle... » Ce point de départ posé, toute la suite de sa vie en découle, sa disgrâce en 1815, sa retraite sous la Restauration, sa rentrée à la Chambre des pairs sous la monarchie de Juillet.

Tout également, chez Clermont-Tonnerre, s'explique par l'impulsion primitive : son effacement dans les guerres de l'Empire, sa fidélité aux Bourbons, sa pairie en 1815, sa retraite en 1830, et jusqu'à cette extrême obéissance, vertu cardinale, à ses yeux, dans son parti, et qui le mène en 1832, malgré son bon sens qui résiste et son cœur qui souffre, à accepter un commandement des mains de la duchesse de Berry. Ici, point de coup de foudre, point de régiment qui défile, point de trompettes qui sonnent, point de panaches au vent ; c'est dans une chambrette d'étudiant que se passe la crise ; elle se passe toute en raisonnements, en calculs de politique, en scrupules de conscience. Il ne s'agit point d'ailleurs de courir les aventures et d'entamer une chanson de geste : il s'agit de passer un examen et d'entrer à l'École polytechnique : « Il ne doutait pas que le roi ne dût rentrer en possession de la couronne, et qu'en prenant l'état militaire il se rendait capable de le servir et peut-être de contribuer à son retour ; dans tous les cas, il regardait comme un devoir de ne pas refuser à son pays les services qu'il se sentait capable de lui rendre, ni à lui-même l'occasion et le moyen de ne pas laisser déchoir le nom dont il avait le poids à soutenir. » Voilà tout l'homme et par où il juge toutes choses.

II

Clermont-Tonnerre devient un officier des plus distingués ; il sert avec zèle et avec vaillance, mais le cœur demeure froid, il se réserve constamment, l'enthousiasme manque. Napoléon sent en lui du refus, presque de la répugnance. Ce gentilhomme polytechnicien raisonne trop. Né bourgeois, il eût été un pur républicain, austère, inébranlable, de ceux pour lesquels il n'y a point de conversion, ni de chemin de Damas. Il est noble, il y a en lui un fonds de mysticisme catholique et royaliste : il reste inaccessible. Il ne deviendra jamais un officier de cour. C'est pourquoi, sous l'Empire, il ne fait point une carrière d'éclat. Pour un homme de son rang, qui servait sous Bonaparte, c'était presque une disgrâce que de ne point obtenir de faveurs exceptionnelles. Clermont-Tonnerre se trouve attaché à Joseph et le suit dans ses métamorphoses royales de Naples à Madrid. Voici un trait qui marque bien l'esprit du temps et dégage d'une manière piquante la situation, fort particulière, que Clermont-Tonnerre s'était faite dans son monde royaliste et dans le monde impérial.

Au début, et immédiatement après le 18 brumaire, il avait eu quelque peine à faire admettre par sa famille son entrée au service. « Il y avait là, dit très bien son interprète, M. Rousset, de quoi ruiner toutes ses relations, détruire l'effet de ses bonnes manières, le faire répudier, en un mot, comme un renégat. » Dix ans après, — ces dix ans valaient un siècle, — ce « renégat »,

demeuré constant en ses desseins et en ses opinions, est
bien près de passer, devant les mêmes gentilshommes,
pour un boudeur et pour un mécontent. Ainsi va le
monde, et ainsi allait, surtout alors, ce monde frivole,
fantasque et versatile de l'émigration. En 1799, c'était
déroger et déchoir que de se faire soldat de la République; en 1809, c'était paraître presque déclassé que de
n'être pas au moins chevalier d'honneur de quelque princesse Bonaparte. Aimé de Clermont-Tonnerre vient en
courrier à Paris; il n'a mis que dix jours à faire la route,
il arrive le soir aux Tuileries et voit toute la cour défiler
devant lui : « On le regardait avec stupéfaction, car il
avait une physionomie étrange : le colback enfoncé sur
les yeux, le visage basané, une barbe de dix jours, de
grosses moustaches, un large pantalon à la mameluk,
un sabre courbe en bandoulière. » Un vieux gentilhomme, que l'on se figure volontiers poudré le plus
soigneusement du monde et portant avec une grâce
infinie un jabot de fine dentelle, passe, non sans un léger
mouvement d'inquiétude, devant ce soudard poudreux
et hérissé : « Ah! pour le coup, dit-il, en voilà un que
j'aime mieux trouver ici qu'au coin d'un bois! — Comment! lui répond son voisin, vous ne le reconnaissez
pas? C'est votre cousin, Aimé de Clermont-Tonnerre,
l'aide de camp du roi d'Espagne. » L'homme de cour
était tout simplement le chef de la famille, le duc de
Clermont-Tonnerre, qui figurait, ce jour-là, en qualité
de chambellan de Pauline Borghèse. Ce ci-devant émigré
aurait eu quelque peine à se reconnaître lui-même sous
ce costume; il lui était bien permis de ne pas reconnaître
les siens.

La restauration des Bourbons avait toujours été pour
Aimé de Clermont-Tonnerre la terre promise; mais il était

soldat, il était Français, et la terre promise ne s'ouvrait point à lui comme il l'avait rêvé. Il n'y entra point en vainqueur. Il sert désormais avec une conviction entière, il se donne sans arrière-pensée; mais son service est grave, son dévouement est austère, il demeure digne, modeste dans sa réserve, et aussi froissé de l'impertinence des revenants qu'il avait pu l'être naguère de l'arrogance des parvenus. Sous l'Empire, le royaliste contenait toujours en lui le militaire; sous la Restauration, le militaire contient le royaliste. Il n'a jamais oublié, ni à Naples, ni à Madrid, ni aux Tuileries, qu'il était né gentilhomme; il n'oublie pas à la cour de Louis XVIII qu'il a été officier français sous la République et sous l'Empire. Il n'était point né souple; il y avait en lui je ne sais quoi de péremptoire et de définitif; ses conseils se présentaient avec un caractère d'évidence qui les rendait presque impérieux. Ce ne sont point les qualités d'un courtisan; lorsqu'on est fait de la sorte, on ne devient le favori de personne, mais on se fait respecter de tout le monde. C'est l'impression que l'on garde du récit des deux ministères de Clermont-Tonnerre.

Il se montra administrateur éclairé, ferme, économe. Ce n'était point un libéral, c'était à peine un constitutionnel — bien que son père l'eût jugé bon à figurer dans la Chambre des pairs, ce qui, aux yeux de cet émigré irréconciliable, impliquait déjà une complaisance très exagérée pour le jacobinisme.

Ce gentilhomme devenu mathématicien, cet ancien officier de l'armée impériale devenu collègue de M. de Villèle, était un parfait réactionnaire, mais c'était un réactionnaire intelligent et résolu. Le dessein qu'il poursuivait me semble paradoxal; la position où il se retranchait me paraît singulièrement étroite, découverte, en l'air, comme on dit, et n'offrant pour ligne de retraite qu'un saut désespéré dans l'abîme; mais, cela posé, il est juste de reconnaître que, dans la conception et la conduite des opérations, Clermont-Tonnerre se montre constamment clairvoyant, énergique et sensé. S'il n'était ni libéral en politique, ni libre-penseur en philosophie, il manifeste, dans son domaine ministériel et dans sa vie publique, une indépendance de pensée et une liberté de langage bien rares dans tous les temps et dans tous les partis.

« Madame, disait-il un jour à la dauphine, qui se plaignait de son défaut d'obligeance envers ses protégés, mon bonheur serait de vous plaire, mais mon devoir est de vous servir, et le devoir passe avant tout. » Il ne déplaît point aux princes qu'on prête à leurs serviteurs ce langage dans les éloges d'académie et dans les oraisons funèbres : c'est encore les flatter que de les montrer capables d'avoir été servis de si haut; mais, dans la vie pratique, la vie de cour et la vie de tous les jours, cette droiture inflexible et cette raideur puritaine leur semblent, à tout le moins, dépourvues de grâce et d'élégance. Ce sont des vertus d'outre-tombe.

Le duc d'Angoulême paraît avoir été singulièrement embarrassant pour les ministres de son père, pour le ministre de la guerre surtout. « Il avait l'esprit court et le caractère vif », dit M. Rousset; il traduit très fidèlement l'idée que l'on se fait du fils de Charles X d'après les notes de M. de Clermont-Tonnerre. Ce prince, on le sait de longue date, n'était point dépourvu de qualités : il était brave sans forfanterie et chaste sans affectation. Mais, grand Dieu ! quel fonds de prud'homie on découvre en ce Bourbon abonné au *Constitutionnel !* Il semble de la révolution de 89 et de toute la France moderne

n'avoir vraiment compris que la garde nationale ! Bossuet
aurait désavoué superbement ce long dauphin ; M. Scribe
l'aurait revendiqué avec complaisance. Ses entretiens avec
Clermont-Tonnerre sont impayables : le ministre respectueux, déférent, mais intraitable au fond et d'une déses-
pérante franchise ; le prince avec des emportements de
bon jeune homme gâté, à qui le sang monte à la tête.
Un jour, après une première escarmouche à propos de
Decazes, que Clermont-Tonnerre goûtait peu, ils se
reprennent plus vivement sur le maréchal Victor. « Je
sais que le duc de Bellune a eu le chagrin de dé-
plaire à Votre Altesse Royale ; mais je puis lui assurer
que ç'a été par malheur et non pas à dessein ; il ne faut
pas oublier d'ailleurs que personne n'est plus dévoué que
le maréchal au roi, à sa famille, à la monarchie, à monseigneur lui-même. » — A ces mots, le prince rougit et
s'écrie avec l'accent de la colère : « Si vous venez ici
pour prendre la défense d'un homme dont j'ai eu à me
plaindre, sortez plutôt de chez moi. » Clermont-Tonnerre
salue gravement et se retire. A peine rentré au ministère,
il voit arriver un aide de camp du prince qui lui apporte
des excuses. La partie cependant recommença bientôt,
et cette fois le coup alla droit au cœur : « Voyez-vous,
Clermont-Tonnerre, il faut bien que je vous le dise, je
n'aime pas la noblesse. — J'en suis fâché, monseigneur »,
repartit le ministre ; et il rappelle que, malgré toutes ses
fautes, la noblesse est dévouée et le montrerait au besoin.
— « J'en conviens, mais c'est égal, je l'avoue, je n'aime
pas la noblesse. »

Il fallait se le tenir pour dit. Ce qui se dégage de ces
témoignages, bien peu suspects assurément, concorde
avec ce que rapporte des princes restaurés un témoin
plus partial et plus enclin aux médisances : Vitrolles.

C'est l'incurable indolence d'esprit, l'incroyable irrésolution du caractère. Louis XVIII, qui était un politique, s'était fait de ses défauts une qualité supérieure ; c'est ce qui lui permit de fonder le régime constitutionnel. Mais Charles X n'avait ni perspicacité ni finesse : il voulut faire de la politique de principes, puis de la politique de force ; il se montra très incertain dans l'application des principes et très indécis dans l'emploi de la force.

Fidèle à ses convictions jusqu'à la dernière heure, Clermont-Tonnerre renonça à la politique après 1830. Le hasard le fit assister à la mort de Charles X et à celle du duc d'Angoulême. Il passa quelques jours près du comte de Chambord, en 1836. Il lui trouva « du mouvement, de la mémoire, l'esprit juste, l'expression facile, un peu de timidité, mais le regard franc, spirituel et pénétrant, le talent d'écouter, une politesse noble et affectueuse, avec une disposition à la vivacité, qu'il tenait du duc de Berry ». Le prince avait fait de bonnes études, mais on avait entièrement négligé de l'instruire des événements contemporains : il connaissait à peine le nom de M. Thiers. L'ancien ministre de la guerre aimait à lui parler de Napoléon. « Je compte beaucoup dans ma vie, disait-il, d'avoir entretenu pendant un assez long temps cet homme extraordinaire... Son nom seul valait plus qu'une armée de cent mille hommes, et il ne faut pas oublier que, lorsque sa terrible trompette sonnait à Cannes, tout fuyait jusqu'à Dunkerque. Oui, monseigneur, j'ai vu un tel homme, et je serais bien heureux si la Providence m'avait destiné à en voir quelque jour un second. » Le prince l'avait écouté avidement ; aux derniers mots, ses yeux brillèrent, son teint s'anima : « Pourquoi ne le verriez-vous pas, si la Providence le voulait ? »

Que l'on était loin de compte, et surtout loin de la
France! Au moment du départ, la duchesse d'Angoulême interroge Clermont-Tonnerre sur l'impression qu'il
gardera de son neveu. Cette impression est excellente,
et il se félicite d'en porter témoignage, car, ajoute-t-il,
« il ne faut pas se dissimuler que la connaissance qu'on
aura en France des qualités personnelles de M. le duc
de Bordeaux aura au moins autant d'influence pour lui
faire recouvrer son trône que son droit, quelque sacré
qù'il puisse être. » A ces mots, la princesse bondit sur
son fauteuil : « Comment! les choses en sont là? — Eh!
madame, comment pourrait-il en être autrement, après
vingt révolutions?... Il faut bien le reconnaître, la fidélité elle-même raisonne et veut, pour livrer au hasard
les intérêts les plus chers, avoir au moins des garanties
que le roi, s'il remonte sur le trône, saura s'y main-
tenir (1). »

(1) Comparer avec les *Souvenirs de madame de Gontaut* et avec ceux
du *Marquis de Villeneuve*. Villeneuve montre le comte de Chambord,
dans sa jeunesse, à Prague, noblement doué par la nature, la voix sonore
et belle, l'allure virile et brusque, presque emportée, « une violence
naturelle ». Mais les éducateurs sont là. Le grand-père avait été « pro-
fané » dans le harem; on sanctifie le petit-fils dans le couvent. On
élève en tonsuré futur ce prince que l'on destine à recommencer
Henri IV. Tout est combiné pour étouffer les élans d'une âme généreuse, d'un cœur chaud, d'un caractère vigoureux. Le duc d'Angoulême
ne veut pas régner, mais il ne veut pas que son neveu règne. L'éduca-
cation entière que reçoit le dauphin est combinée pour le détourner du
pouvoir, de l'entreprise, de l'aventure. « A dix-huit ans, il vous
échappera, Sire », disait Villeneuve à Charles X. « Nous tâchons et tâche-
rons d'y pourvoir, car Bordeaux est exposé à de périlleux conseils.
N'ai-je pas vu Chateaubriand ici? » A force de craindre qu'il ne régnât
mal, ils lui rendirent paradoxale l'idée même du règne. Ils lui en firent
un idéal quasi hiératique, au lieu d'une ambition.

LE DRAME DE VINCENNES [1]

I

Le duc d'Enghien avait trente-deux ans. C'était le plus chevaleresque et le plus loyal des émigrés : c'était cependant un émigré. Il faisait la guerre civile pour rétablir son roi ; il s'alliait aux étrangers pour défendre ce qu'il

(1) J'ai emprunté la plupart des éléments de cette étude aux écrits de MM. le cᵗᵉ BOULAY DE LA MEURTHE : *Les dernières années du duc d'Enghien*, Paris, Hachette, 1886 ; Henri WELSCHINGER : *Le duc d'Enghien*, Paris, Plon, 1888 ; le cᵗᵉ DE MARTEL, *Conspiration de Georges, etc.*, Paris, Dentu, 1887 ; et aux *Mémoires du chancelier Pasquier*, t. Iᵉʳ. Paris, Plon, 1893.

M. Boulay de la Meurthe a consacré à cette cause célèbre de la politique moderne un volume des plus substantiels, très soigneusement étudié, composé selon la meilleure méthode, écrit avec beaucoup d'intérêt. Il se montre sévère pour Bonaparte, qu'il admire ; il est indulgent au duc d'Enghien, dont il fait peu de cas. Si cette tragique aventure garde encore quelque secret, il faut que ce secret soit bien caché pour s'être dérobé à la sagacité, à la clairvoyance et à la persévérance de M. Henri Welschinger. Son livre résume tout ce qui a été dit sur le sujet, l'éclaire et le complète. La partie de l'enlèvement et du procès, la principale de l'ouvrage, est composée avec un soin minutieux, exposée en récits dramatiques et discutée avec une ardeur d'indignation que l'auteur ne s'efforce nullement de dissimuler croyait être son droit; mais il cherchait autant dans ces luttes l'accomplissement d'un service royal, que la distraction d'une jeunesse dévoyée dans les factions et inquiète de la gloire des grandes guerres. Depuis trois ans, il s'était retiré à Ettenheim, dans le grand-duché de Bade. Il y vivait heureux dans le bonheur intime d'une liaison très tendre, un peu ancienne déjà, éprouvée par la vie et scellée par un mariage secret. Il aimait une princesse de Rohan, la nièce du cardinal, celui du collier. Ce prélat se souvint un jour, paraît-il, et fort à propos, de son caractère ecclésiastique et se fit une sorte d'honneur de conscience de marier, sous le manteau, sa nièce avec un Bourbon.

Cependant, la reprise des hostilités entre la République et l'Angleterre avait ravivé les instincts belliqueux du duc d'Enghien. Malgré sa haine héréditaire contre les Anglais, il leur demanda du service, au mois de janvier 1804. Il entretenait des intelligences en Alsace. Il se mettait en mesure pour le cas où, le Premier Consul disparaissant, le pouvoir deviendrait vacant en France. L'anarchie s'ensuivrait, ce seraient des conditions propres à une restauration. Les pensées d'Enghien n'allaient pas plus loin. Il spéculait sur les hasards de la guerre qui pouvaient amener la mort de Bonaparte, il ne conspirait pas cette mort; il réprouvait même ceux qui la conspiraient. Il répugnait au guet-apens et à l'assassinat. Il voulait combattre sur un champ de bataille, en plein air, en plein jour, celui qu'il considérait comme un usurpateur; il aurait eu honte de l'assaillir de nuit, sur la route, en bandit. Il ne croyait pas déroger en se faisant le mercenaire du droit monarchique; il aurait rougi d'en devenir le spadassin. Ces scrupules, très sincères et très déclarés chez lui. n'étaient partagés ni par tous ses

amis, ni même, l'histoire doit le constater, par tous les
chefs de sa famille.

Les agents royalistes, n'ayant pu faire de Bonaparte
leur instrument, ne virent plus en lui qu'un obstacle et
résolurent de s'en débarrasser. Le comte d'Artois,
instruit de leurs desseins, les approuva. Il s'agissait d'attaquer le Premier Consul, à main armée, sur la route
de la Malmaison. Georges se chargeait du coup de main,
avec ses chouans. Un prince du sang devait assister à
l'embuscade. Le comte d'Artois y était convié, mais il
jugea plus opportun de s'y faire représenter par son fils,
le duc de Berry (1). Sa présence, par un effet de la
grâce royale, transformerait le guet-apens en combat
singulier et l'assassinat en meurtre politique. Les émigrés, depuis 1789, professaient le système du tout au
pire. L'ordre monarchique, selon eux, ne pouvait procéder que de l'excès du désordre républicain, et ils y
travaillaient. Un futur ministre de la Restauration, Hyde
de Neuville, avait dit au comte d'Artois : « Je mettrai
ma gloire à poignarder Bonaparte ! » Un autre ministre
de la couronne, Bertrand de Molleville, résumait tous
les enseignements de douze années de révolution par
cette maxime : « Il faut ramener la désorganisation
générale et l'espèce de chaos d'où la Révolution est sortie. » Le duc d'Enghien avait son rôle dans la guerre
civile qui devait suivre cette « journée » de la Malmaison, mais on se garda bien de l'avertir du complot. « Je
n'ai connaissance de rien », écrivait-il à un ami, le

____

(1) En 1814, le duc de Berry disait au ci-devant chouan Bruslart,
ancien compagnon de Georges, devenu général et gouverneur de la
Corse : « Ne trouverez-vous pas moyen de lui faire donner le coup de
pouce ? » — BARANTE, *Souvenirs*, t. II, p. 120. Paris, 1892. — WEL-
SCHINGER, *le Maréchal Ney*, p. 3. Paris, 1893. — Henry HOUSSAYE, 1815,
p. 170-172. Paris, 1893.

16 janvier 1804, en faisant allusion aux bruits qui transpiraient partout. Ce sont « des mesures indignes de la cause que nous servons », ajoutait-il quelques semaines plus tard.

Georges était en France depuis le 31 août 1803. La police le traquait. Bonaparte se sentait environné d'assassins. « Chaque instant, dit Philippe de Ségur, lui révélait une perfidie nouvelle et lui décelait un nouveau piège dressé contre sa vie. Plus il dévouait son génie au bonheur de la France et plus elle s'en montrait reconnaissante, plus l'acharnement de ses ennemis redoublait d'inventions atroces. » Dans toutes ces conjurations, Bonaparte devinait la main de Georges et la complicité des Bourbons. Des révélations faites par un chouan arrêté à la fin de janvier 1804 confirmèrent ses soupçons. Il confia l'instruction de l'affaire au conseiller d'État Réal, qui était chargé de la police de sûreté et avait montré du flair dans la poursuite des conjurés de Nivôse. Pichegru était depuis longtemps mêlé aux complots royalistes ; il trouva moyen d'y compromettre Moreau. Ils furent arrêtés, Pichegru le 15 et Moreau le 28 février. Le 1ᵉʳ mars, un rapport de police dénonça la présence et les prétendues menées du duc d'Enghien à Ettenheim. Bonaparte tenait le prince pour très suspect. Il avait ses raisons pour se méfier des cabales qui pouvaient se nouer autour d'Enghien. Au commencement de 1801, quelques politiques avaient pensé à porter au trône ce cadet de la maison de Bourbon. Cette intrigue, au moins par ceux qui s'en étaient mêlés, semblait se renouer aux nouveaux complots contre le pouvoir du Premier Consul et contre sa personne (1). Une enquête fut prescrite au

(1) D'Antraigues a recueilli, en avril 1802, de Champagny, alors ambassadeur à Vienne, ces propos significatifs : « J'ai vu, il y a quinze

préfet de Strasbourg : celui-ci envoya un gendarme dans
le grand-duché de Bade. Le gendarme s'enquit auprès
des Allemands et comprit ce qu'il put de leurs bavar-
dages. On lui dit que le duc écrivait beaucoup de lettres
et recevait beaucoup de gens. Parmi eux se trouvait un
émigré, le général de Thumery. Les Badois, qui avaient
mal entendu le nom de cet émigré, le dénaturaient à
leur manière : le gendarme, qui était Alsacien, le répéta
à sa façon, et Thumery se transforma en Dumeries, puis
en Dumouriez. Le gendarme ne douta pas de la présence
de Dumouriez à Ettenheim et en informa ses chefs.

Dumouriez après Pichegru et Moreau (1) ! Et la police
ne s'en doutait pas. Le Premier Consul s'exaspère et
apostrophe Réal : « Suis-je donc un chien qu'on puisse
assommer dans la rue? Mes meurtriers sont-ils des êtres
sacrés? Pourquoi ne m'avertissez-vous pas qu'ils se rassemblent dans Ettenheim? On m'attaque au corps! Il est
temps que je rende guerre pour guerre! Il faut que la tête
du plus coupable m'en fasse justice! » Réal n'était pas
homme à rester sous cet affront. Il se sentait soupçonné :
le bruit courait qu'il avait trempé dans l'affaire, qu'il y
était « enfoncé plus que tout autre par des lettres de
sa main à Pichegru ». Il voulut se laver à force de
zèle (2). Un bon policier a toujours un en-cas de dénon-
ciations. Réal, qui avait fait son stage sous la Terreur,

mois, une quantité de sénateurs, de généraux, même de ministres prévoir cet événement (une restauration), et plutôt décidés à choisir un
Bourbon qu'un autre, mais je n'ai vu balancer qu'entre deux personnes,
le duc d'Enghien et le duc d'Orléans..... on préfère Enghien..... On
l'a même pressenti à ce sujet; Barthélemy a eu des moyens de le faire
tâter... » — *Un agent secret sous la Révolution et l'Empire*, par Léonce
Pingaud, p. 209. Paris, Plon, 2ᵉ édition, 1893.

(1) Sur l'étendue de la conspiration et des affiliations, voir l'étude
suivante, p. 134, 135.

(2) Lettre du correspondant de d'Antraigues. Pingaud, *id.*, p. 250.

était policier dans l'âme. Il tira de son portefeuille des rapports d'agents affirmant que le duc d'Enghien était venu en France et qu'il se formait tout un foyer de conspirations autour d'Ettenheim.

Réal avait été mal reçu. Talleyrand le fut plus mal encore : — Que faisait-il? que faisaient ses agents? Talleyrand convint qu'ils ne faisaient pas leur devoir, et il n'eut garde de les défendre. Il tenait trop à se défendre lui-même. Il avait été l'intermédiaire entre nombre de royalistes rentrés en grâce et le Premier Consul. Il avait conseillé la modération, sinon à l'égard des princes, au moins à l'égard des transfuges de leur parti. Bien qu'à son double titre d'évêque sécularisé et de gentilhomme révolutionnaire il se jugeât irréconciliable avec les Bourbons, il se sentait malgré tout, devant le Premier Consul, suspect de connivence avec eux (1). Quand il s'agissait de ces princes, il se montrait d'une violence dans les mesures et d'une âpreté dans le langage qui n'étaient ni dans ses goûts ni dans son caractère. C'est ainsi qu'en 1802, lorsqu'il les avait fait pressentir sur un secours pécuniaire qui payerait une sorte d'abdication : « Les actes de renonciation ne sont pas valides selon les lois de l'ancienne monarchie, disait-il à l'envoyé russe Markof; mais ce qui les rendra tels, c'est l'*avilissement des individus* qui sera complet de cette manière (2). » Il jugeait expédient de les *avilir* lorsqu'il leur proposait de se soumettre; il trouve nécessaire de les frapper, lorsqu'il voit en eux des conspirateurs.

(1) « Il eût été difficile de rencontrer un homme plus en garde que lui contre un retour vers l'ancien ordre de choses. » — *Mémoires du chancelier Pasquier*, t. Ier, p. 244. Paris, 1893. — Réal le soupçonnait de tremper dans le complot, *id.*, p. 192.

(2) Rapport de Markof, 4 juillet 1802, publié par M. TRATCHEVSKY, *Recueil de la Société d'histoire de Russie.*

Il a lié sa destinée à celle du Premier Consul. La mort de Bonaparte amènerait ou un retour des Bourbons, qu'il redoute, ou, plus vraisemblablement, un rétablissement du Directoire, qu'il redoute davantage encore. Son intérêt privé se confond ici avec l'intérêt du Premier Consul. Les calculs de la politique personnelle soutiennent les conseils de la raison d'État. Il ne cherchera pas à retenir Bonaparte : il se compromettrait inutilement. Il le voit décidé à sévir : il se fera un mérite de lui en démontrer les motifs et de l'y aider. Ce n'est pas lui qui a déchaîné la colère du maître; mais il entend bien en éviter le contre-coup. La crise éclate, il en veut sortir non seulement indemne, mais retrempé. Il sait bien ce qui lui manque. Il n'a pas *voté*. Il lui reste la tache d'origine. Il lui aurait convenu, sans doute, d'éviter le baptême du sang; mais les circonstances l'y acculent. Il se présente avec cette supériorité d'attitude qui s'alliera toujours si étrangement chez lui à la souplesse des évolutions. Il estime, et il dit, sans doute, au Premier Consul, dans cet entretien du 7 mars, ce qu'il écrira le 12 mars au gouvernement badois, le 19 à Champagny, à Vienne, le 24 à Hédouville, à Pétersbourg : que le salut de l'État commande de saisir partout « les instigateurs d'un crime qui, par sa nature, met hors du droit des gens tous ceux qui, manifestement, y ont pris part »; que, quand il s'agit « d'assassinats contre les chefs d'un vaste empire », il ne faut pas « mesurer au compas les démarches qui doivent prévenir l'exécution d'un si grand forfait »; qu' « il n'y a qu'une justice sévère qui puisse prévenir le renouvellement de ces conceptions d'assassinats (1) ». Peut-être va-t-il plus loin encore. On

(1) A rapprocher, pour le ton et l'esprit, cette phrase de Champagny, lettre à Talleyrand, 31 mars 1804 : « L'arrestation de Georges

trouve, dans une minute des Affaires étrangères, ces phrases, qui sont vraisemblablement un écho de ses conversations avec Bonaparte : « Les princes français ont ouvertement adopté le plan de délivrer l'Angleterre du Premier Consul en le faisant assassiner. Le duc d'Enghien a prostitué le courage qu'il avait montré dans quelques occasions au danger de suivre de plus près et de seconder l'accomplissement du crime... »

Il n'y a rien de plus dans la note que Talleyrand aurait adressée à Bonaparte, le 8 mars. Meneval déclare l'avoir eue dans les mains en 1804, Chateaubriand l'a vue, l'empereur en a toujours affirmé l'existence; mais des hommes considérables par leur autorité, par leur compétence, par leurs informations, l'ont attribuée, depuis lors, à un faussaire très habile (1). Elle n'a pris tant de gravité que par sa vraisemblance, et elle est si conforme aux documents authentiques que sa propre authenticité n'a plus guère d'intérêt. Pour être calculées et peut-être

légitime parfaitement celle du prince d'Enghien. On arrête un ennemi là où l'on le trouve, surtout quand on le saisit le bras déjà levé pour frapper. » WELSCHINGER, *L'Europe et l'exécution du duc d'Enghien*, p. 30. Paris, 1890. Extrait des *Comptes rendus de la Société des études historiques*. Champagny ne paraît pas avoir oublié la conversation de 1802 avec d'Antraigues.

(1) Ce faussaire se nomme Perret; il a été secrétaire de Talleyrand. Il était, dit-on, tellement habile que rien ne distingue ses *faux* des écrits authentiques de Talleyrand et que personne, sauf ceux qui ont reçu les grâces d'État et le secret de l'initiation intime, ne pourrait les distinguer. Perret est gênant parfois, mais plus souvent commode, car on peut toujours lui attribuer les pièces embarrassantes dont la minute n'est pas aux archives. M Welschinger écrit avec raison : « On a dit que la note du 8 mars avait été inventée par Perret. Or Perret n'a été secrétaire de M. de Talleyrand qu'en 1806, et M. de Meneval affirme que la note a passé par ses mains en 1804, lorsqu'elle fut adressée au Premier Conseil. » *L'Europe et le duc d'Enghien*, p. 26, note. La note contestée est faite comme si elle était de Talleyrand; Talleyrand a parlé et s'est conduit en 1804 comme si la note était de lui.

contraintes, pour sembler, à juste titre, discordantes dans une vie si savamment concertée, ces poussées de cynisme et ces éruptions passagères de dureté chez Talleyrand n'en sont pas moins réelles (1). Comme Mazarin et Retz, ses deux ancêtres politiques, il savait faire la part du feu et même la part du sang. Ainsi, au 10 août, lorsqu'il minutait pour Lebrun ou plutôt pour Danton un projet d'apologie de la journée ; ainsi, en 1815, lorsque, placé à l'égard des Bourbons, par le retour de Bonaparte, dans une situation analogue à celle où il était placé en 1804 à l'égard de Bonaparte par les complots des Bourbons, il écrivit à Louis XVIII : « Toute entreprise de sa part (de Bonaparte) sur la France serait celle d'un bandit. C'est ainsi qu'il devrait être traité, et toute mesure permise contre les brigands devrait être employée contre lui. » Il fit alors préparer dans sa chancellerie et adopter, le 13 mars, par le congrès de Vienne, une déclaration où il était dit : « Napoléon Bonaparte s'est placé hors des relations civiles et sociales, et comme ennemi et perturbateur du repos du monde, il s'est livré à la vindicte publique. » On risque de se tromper sur l'esprit de ces temps et sur l'état moral des hommes qui y menaient les affaires, si on les juge du point de vue des époques apaisées qui ont suivi. A Paris, tous les grands acteurs avaient passé par l'école de la Terreur. Que pesait la vie d'un homme au lendemain de ces sacrifices sanglants et au milieu des hécatombes d'une guerre de onze

____

(1) Lors de l'affaire de Nivôse, il conseilla, dit-on, à Bonaparte de faire arrêter Fouché et de le fusiller dans les vingt-quatre heures. — Il est plein de mesure et de goût dans son langage, mais seulement quand il est sur ses gardes : « S'il vient à être pris au dépourvu par quelque circonstance irritante, ou s'il n'est pas averti de se tenir en garde contre la colère, elle s'exhale alors par les mots les plus grossiers. » *Mémoires du chancelier Pasquier*, t. I, p. 154-155, 250.

années? Supprimer un ennemi semblait la chose la plus
simple du monde.

Par suite de considérations sensiblement différentes
de celles qui dirigeaient Talleyrand, un autre futur restaurateur de Louis XVIII et proscripteur de Napoléon,
Fouché, donna les mêmes conseils au Premier Consul.
Fouché, si sceptique qu'il fût sur lui-même et sur autrui,
ne se soupçonnait point, en 1804, de connivence avec
les royalistes. Il avait *voté;* il avait fait plus : il avait
terrorisé. Le sang était ce qui manquait le moins dans
ses titres. Il redoutait même qu'il n'y en eût trop, et il
désirait des garanties. Il voyait le Premier Consul marcher à l'Empire; il était prêt à y marcher du même pas;
mais il lui importait que les régicides eussent leur place
assurée dans la nouvelle cour. Il jugea opportun que
Bonaparte subit l'initiation révolutionnaire et fît, de ses
mains, le sacrifice d'un Bourbon. Talleyrand et Fouché
connaissaient leur maître; ils sentaient grandir le despote. Ils avaient trop d'esprit et trop de diplomatie pour
croire qu'il leur suffirait, s'ils voulaient l'attacher à leur
fortune, d'un dévouement auquel ils ne croyaient pas
eux-mêmes. Il y fallait une complicité. L'occasion s'en
offrait. Ils la prirent. C'étaient les motifs politiques du
21 janvier. Bonaparte y arrivait par ses propres voies (1).

Le 9 mars, Cadoudal fut arrêté. Ce chouan féroce,
qui conspirait sans trêve, qui tuait sans merci et qui
mourut sans émotion, avait son côté de vanité monarchique : il avoua que son intention était d'attaquer le

---

(1) Relire, à ce propos, les dernières pages de *Une ténébreuse affaire.*
« Bonaparte, dit le comte de Marsay, président du conseil en 1833, ne
semblait pas à M. de Talleyrand et à Fouché aussi marié qu'ils l'étaient
eux-mêmes à la Révolution, et ils l'y bouclèrent, pour leur propre sûreté,
par l'affaire du duc d'Enghien. »

Premier Consul, mais il ajouta qu'il attendait « pour agir qu'un prince fût revenu à Paris, et que ce prince n'y était point encore ». Bonaparte ne douta plus un instant que le prince attendu ne fût le duc d'Enghien, et il décida de le frapper.

Ce serait mal connaître le Premier Consul que d'attribuer, dans le conseil qu'il prit, trop de part aux impatiences de sa sécurité personnelle, à sa jalousie des Bourbons, à la colère et à la vengeance. Il était homme et il était Corse : ces motifs avaient leur poids dans ses résolutions ; mais ce n'est pas ce poids-là qui emporta la balance. Le César qui était né en Bonaparte se dégageait alors. Il voulait régner, et il ne pouvait régner qu'au milieu d'une Europe subjuguée, sur une France assujettie. Il avait à compter en Europe avec les cours ; en France, avec les royalistes et avec les républicains. Les cours, il les gouvernait par la peur et par la cupidité. C'était assez pour procurer des alliés à un consul, c'était insuffisant pour procurer des « frères » à un empereur. Il forcerait les monarques à le reconnaître, comme ils avaient reconnu la République, mais ils ne l'accepteraient pas. Il n'aurait point de sécurité de leur part tant qu'il ne les aurait pas obligés à rompre brutalement avec les Bourbons. « Qui n'est pas avec moi est contre moi ! » Il allait en avertir solennellement les rois en Europe et les royalistes en France. Ceux-ci, pour rentrer dans leur patrie et dans leurs biens, font acte d'adhésion au nouveau régime. Bonaparte, comme la grande Catherine en usait avec les Polonais, exige des otages. Les royalistes s'y prêtent. Ils s'empressent à la cour consulaire ; ils seront plus empressés encore à la cour impériale. Mais, pour les tenir, Bonaparte les mettra en demeure d'opter entre une fidélité ruineuse envers des princes déchus et une soumission aveugle au nouveau maître. Il se fera servir par eux, il les détestera toujours. Le mépris de l'empereur pour les courtisans de sa fortune n'effacera point en lui la haine du gentillâtre corse pour la noblesse de cour. Il sait ce que valent ses flatteries et ses sollicitations, voire ses serments. Cependant il veut des nobles dans sa maison; pour les y retenir, il les abaissera, les contraignant, par une défection éclatante, à briser avec la royauté.

Quant aux républicains ralliés au Consulat, il importe, pour les rallier à l'Empire, de leur démontrer que ce règne sera un obstacle insurmontable au retour des Bourbons. Il faut constituer en quelque sorte aux régicides une place de sûreté dans la cour même de l'empereur. Le meurtre d'un Bourbon produisait toutes ces conséquences. Bonaparte trouvait un Bourbon sous sa main : il le condamna à mort.

II

Un conseil de gouvernement se réunit le 10 mars. Les consuls s'y trouvèrent avec le grand juge Régnier, Fouché et Talleyrand. L'enlèvement du duc d'Enghien y fut résolu. Cambacérès hasarda quelques objections, sur l'insuffisance des présomptions et sur la neutralité du duché de Bade. « Vous êtes devenu bien avare du sang des Bourbons! » lui répondit le Premier Consul. L'ancien président du Comité du salut public comprit et se tut. C'était un politique très complaisant à la fortune, surtout à la sienne; il sentit que l'on touchait à l'une de ces heures où, littéralement, le silence est d'or. Bonaparte prit lui-même les mesures d'exécution. Talleyrand lui conseilla d'y employer indirectement Caulaincourt. Le choix était habile, pour une affaire où il s'agissait de compromettre des gentilshommes (1).

L'opération fut faite dans la nuit du 14 au 15 mars. Le prince, enlevé de sa demeure, fut conduit à Strasbourg. On saisit ses papiers : Enghien n'avait point à redouter l'examen qu'on en ferait. On ne pouvait y découvrir aucune trace de complots. Il demanda et obtint d'ajouter, sur le procès-verbal de saisie qu'on lui fit signer, une note attestant qu'il « n'avait jamais eu d'autre intention que de servir et de faire la guerre ». Il écrivit cette note le 17 mars. Les papiers furent envoyés au Premier Consul par un courrier, et le prince fut dirigé sur Paris le 18.

Bonaparte ne connaissait pas encore les circonstances de l'arrestation qu'il s'occupait déjà de trouver au prisonnier une geôle et un tombeau. Il désigna Vincennes pour le lieu de détention et le général Hulin pour présider la commission qui condamnerait le prince. Hulin était

______

(1) Caulaincourt n'était pas chargé d'arrêter le duc d'Enghien; il était chargé de saisir des conspirateurs, à Offenbourg, de diriger des patrouilles sur Ettenheim, enfin de porter au duc de Bade des explications sur la violation de son territoire. « Si Caulaincourt eût été nommé juge du duc d'Enghien, a dit Napoléon, il eût refusé. Mais chargé d'une mission diplomatique, il a dû obéir. » — Voir les *Mémoires du chancelier Pasquier*, t. I, p. 176. — Le chancelier n'est pas éloigné de croire que Talleyrand, cherchant à se garder des deux côtés, aurait tenté de se préparer une justification future en se donnant quelques apparences d'essayer de sauver le prince. T. I, p. 198 et 199. Voir à ce sujet l'étude ci-après, p. 71. M. Welschinger a tiré du manuscrit des *Mémoires* de Talleyrand, déposé à la Bibliothèque nationale, une curieuse lettre de Talleyrand à Fouché, datée du 12 mars, et par laquelle il prétend créer, à son compère et à lui, une sorte d'*alibi*. Le *Monde*, 5 décembre 1892.

un ancien vainqueur de la Bastille, jacobin de la veille, devenu prévôt très docile. Quant aux lois à appliquer, Bonaparte estimait, comme il le dit quelques jours après à Talleyrand, que « les émigrés sont des hommes condamnés à mort par les lois civiles de leur pays et considérés dans tous les pays comme des individus morts civilement ». Le 17 au soir, un courrier arriva avec les rapports relatant l'arrestation du prince, ses réponses péremptoires sur la question de complicité aux attentats contre le Premier Consul et la preuve que Dumouriez n'était jamais venu à Ettenheim. L'accusation tombait, et avec elle le coup d'État. Bonaparte n'avait même pas la ressource de la magnanimité, car il n'y en a point à délivrer un innocent. Il ne paraît pas d'ailleurs en avoir eu la tentation.

Il confia, le lendemain, à Joséphine, l'arrestation du prince, et Joséphine, bouleversée, s'en ouvrit à sa confidente et amie, madame de Rémusat : « J'ai fait ce que j'ai pu pour obtenir de lui la promesse que ce prince ne périrait point, mais je crains fort que son parti ne soit pris. — Quoi donc! s'écria madame de Rémusat, vous pensez qu'il le fera mourir? — Je le crains. » Le fait est que ce jour-là même, le 18, le commandant de Vincennes, Harel, reçut l'ordre de faire préparer un logement pour un prisonnier et de faire creuser une fosse dans la cour. Dans la soirée, Joséphine implora de nouveau la clémence de son mari. « Les femmes, lui dit Bonaparte, doivent demeurer étrangères à ces sortes d'affaires. Ma politique demande ce coup d'État. J'acquerrai par là le droit de me rendre clément dans la suite... En politique, une mort qui doit donner du repos n'est pas un crime; les ordres sont donnés; il n'y a plus à reculer. » Il y avait, le soir, bal à l'hôtel de

Luynes. Talleyrand s'y trouvait. Une personne lui demanda assez bas : « Mais que ferez-vous du duc d'Enghien? » Il répondit : « On le fusillera. »

Bonaparte avait étudié et dépouillé les papiers. Il les envoya à Réal le 19, en recommandant à ce conseiller de ne parler à personne « du plus ou moins de charges » qu'ils contenaient. Les charges importaient peu, en effet. Le bruit courait que d'autres princes étaient à Paris, cachés dans des ambassades. Bonaparte écrivit à Murat qui lui mandait ces propos : « Si le duc de Berry était à Paris, logé chez M. de Cobenzl, et M. d'Orléans logé chez le marquis de Gallo, non seulement je les ferais arrêter cette nuit et fusiller, mais je ferais aussi arrêter les ambassadeurs et leur ferais subir le même sort, et le droit des gens ne serait en rien compromis. » Talleyrand écrivit, le même jour, à Champagny, ambassadeur à Vienne, en l'instruisant de l'enlèvement : « Vous ne manqueriez pas de repousser, même avec moquerie, les arguments qu'on voudrait tirer du droit des gens. » Le soir, Hulin, Murat et Savary vinrent à la Malmaison conférer avec le Premier Consul, et chacun d'eux sut ce que le maître attendait de lui le lendemain. L'arrivée du duc d'Enghien devait, en effet, d'après les prévisions, avoir lieu le lendemain, dans la soirée, au plus tard.

Bonaparte se rendit aux Tuileries, le 20 au matin, pour régler les derniers détails. Il dicta l'arrêté qui convoquait la commission militaire et précisait les chefs d'accusation. Le prince était « prévenu d'avoir porté les armes contre la République, d'avoir été et d'être encore à la solde de l'Angleterre, de faire partie des complots tramés par cette dernière puissance contre la sûreté intérieure et extérieure de la République ». Cela fait, il écrivit à Réal de se rendre à Vincennes, d'y « faire inter-

roger le prisonnier », de « conduire » l'accusateur
public et de l'instruire « de la suite rapide à donner à la
procédure ».

Bonaparte joignit à ces instructions un modèle d'interrogatoire, qui n'était que le développement des accu-
sations contenues dans l'arrêté consulaire. A onze heures
du matin, Murat eut l'ordre de composer la commission; il la composa, avec Hulin pour président, et le
major de la gendarmerie d'élite, Dautancourt, pour
accusateur public. L'arrêté de Murat portait que la
commission se réunirait à Vincennes « pour y juger,
sans désemparer, le prévenu sur les charges énoncées
dans l'arrêté du gouvernement ».

Bonaparte, de retour à la Malmaison, y éconduisit sa
femme et son frère Joseph, qui tâchèrent encore une
fois d'émouvoir sa clémence. Vers trois heures un courrier arriva de Strasbourg; il précédait le prince de quelques instants et apportait, avec le reste de ses papiers,
la note signée le 17, par laquelle Enghien protestait
contre toute participation aux complots contre le Premier Consul. La lecture de ces papiers ne modifia en rien
les intentions de Bonaparte. Il fit appeler Savary, qui
était son homme de main. Il lui dicta une lettre ordon-
nant à Murat « de convoquer aussitôt les membres de
la commission militaire et de tout finir dans la nuit ».
Savary se rendit chez Murat. Il se croisa sous la porte
de Murat avec Talleyrand. Il apprit que le prisonnier
venait d'arriver, qu'on l'avait conduit au ministère des
relations extérieures, que là on lui avait fait rebrousser
chemin et qu'il était en route pour Vincennes. Le président du tribunal, Hulin, avait reçu directement les
instructions de Bonaparte. Savary apportait le dernier
mot du Premier Consul, et ce mot était de tout finir

dans la nuit. Il envoya à Murat le major Dautancourt et se rendit lui-même à Vincennes avec les troupes destinées à fournir le peloton d'exécution.

Réal avait depuis le 19 les papiers d'Ettenheim; il les avait lus et il les tenait secrets, selon l'ordre de Bonaparte. Il reçut la lettre du Premier Consul relative à l'interrogatoire et les instructions qui le chargeaient d'assurer l'exécution de l'arrêté consulaire. Il attendait pour accomplir ces ordres que le prisonnier fût arrivé. On ne croyait pas qu'il arriverait avant la fin du jour. Réal se trouvait à son cabinet, à quatre heures; il apprit inopinément que le duc d'Enghien était déjà sur le chemin de Vincennes. Se voyant en retard à exécuter les ordres du maître, il écrivit, de sa main, deux lettres, l'une à Murat, l'autre à Harel, commandant de Vincennes; il leur annonça l'arrivée du prisonnier et leur détailla les mesures à prendre pour sa garde.

Il eut soin, pour couvrir sa responsabilité, de dater ces lettres, la première de quatre heures du soir, l'autre de quatre heures et demie. Elles n'avaient plus d'objet; Murat, quand il reçut la sienne, était directement instruit par Savary des volontés du Premier Consul; quant à Harel, il savait si bien ce qu'il avait à faire, qu'à cette heure même il était prêt. Réal lui écrivait de placer le prisonnier « dans l'endroit qui lui était réservé ». A trois heures et demie, Harel avait fait creuser une fosse, non pas dans la cour, qui était pavée et où le travail était difficile, mais dans le fossé, au bas du pavillon de la Reine. Restait la procédure que Réal devait activer et l'interrogatoire qu'il devait diriger. Surpris par l'arrivée du prince, Réal s'inspira de l'esprit des instructions de Bonaparte. L'ordre était de « faire interroger » et de hâter l'opération. Réal jugea qu'il n'avait qu'à laisser aller Savary, qui arrivait de la Malmaison avec des instructions directes et qui venait d'expédier à Vincennes le major chargé de l'instruction. Il est probable, d'ailleurs, que Réal avait vu Hulin, désigné depuis la veille pour la présidence, et que, l'ayant stylé à Paris, il trouva inutile de se rendre en personne à Vincennes.

Le duc d'Enghien fut amené dans la forteresse à cinq heures et demie du soir. Il était fatigué, mais nullement abattu, et il n'imaginait point qu'on le menât à la mort. Harel le fit dîner et le laissa reposer dans l'appartement préparé à cet effet. A neuf heures, les membres de la commission qui s'étaient, deux heures avant, réunis chez Murat, étaient à Vincennes. Ils y trouvèrent Savary qui, au coin du feu de Harel, acheva de les chapitrer. Dautancourt procéda à l'interrogatoire à onze heures du soir. Les questions qu'il posa reproduisaient les chefs d'accusation posés dans l'arrêté consulaire ; elles étaient un sommaire de l'interrogatoire prescrit par Bonaparte dans sa lettre à Réal. Réal eût interrogé en personne, qu'on ne voit point ce qu'il aurait demandé de plus. On ne voit point surtout ce qu'y aurait gagné le prisonnier : il n'aurait pu, au contraire, qu'être compromis davantage par des questions plus captieuses. Dautancourt estima qu'il en savait assez pour faire fusiller un homme condamné par l'autorité supérieure. Le prince, avant de signer le procès-verbal, demanda une audience du Premier Consul. Dautancourt consentit à laisser écrire la demande et communiqua le tout à la commission, qui fit comparaître immédiatement le prisonnier. Savary était assis derrière le fauteuil du président. L'accusé « se présenta devant nous, raconte Hulin, avec une noble assurance. Il repoussa loin de lui l'accusation d'avoir trempé directement ni indirectement dans un complot d'assassinat contre la vie du Premier Consul. Mais il avoua aussi qu'il avait soutenu les droits de sa famille et qu'un Condé ne pouvait jamais rentrer en France que les armes à la main ». Le voilà convaincu d'émigration armée et de guerre civile; il n'en fallait pas davantage à des prévôts qui se croyaient toujours dans les camps de 1793. Ils prononcèrent la mort.

Quand ils eurent rendu l'arrêt, ils cherchèrent la loi qu'ils avaient appliquée; ils ne la connaissaient point et personne ne la leur pouvait procurer dans la forteresse. Mais comme la consigne était de ne point désemparer, ils laissèrent un blanc dans l'arrêt. C'était affaire aux légistes de le remplir après coup. *Sit pro lege voluntas!* Les exempts de police de l'ancien régime n'étaient pas plus déférents aux lettres de cachet. Restait l'audience réclamée par le prince : c'était une demande de sursis. Les commissaires étaient d'avis d'en tenir compte, et Hulin commença même à rédiger une lettre. Pendant qu'il y travaillait, Savary rentra dans la salle du conseil, s'informa de ce qu'on écrivait, arracha la plume des mains de Hulin et, s'adressant aux commissaires : « Messieurs, votre affaire est finie, le reste me regarde. » Puis il sortit précipitamment, en tirant la porte sur lui. Voici « le reste » qui *regardait Savary*. Le jugement portait que l'exécution aurait lieu « de suite ». Le procès avait commencé à onze heures. A deux heures et demie, on conduisit le prisonnier près de la fosse creusée dans l'après-midi. Il voulait un prêtre. « Veut-il donc mourir en capucin! » cria quelqu'un qui avait autorité dans ce lieu sinistre. Le prêtre fut refusé. Le prince coupa une mèche de ses cheveux, puis la remit avec un billet, écrit depuis longtemps, et son anneau d'or à l'un des officiers, en le priant de les faire tenir à la princesse de Rohan.

On le laissa s'agenouiller un instant; après qu'il eut prié, il se redressa. Le signal fut donné, et il tomba mort.

Quelques heures après, Hulin et Dautancourt se rendirent chez Duroc, aux Tuileries. Hulin, « de très haute et forte taille, était fort rouge, l'air très monté ». Il prévint les questions. « Il a bien fait, dit-il en parlant du Premier Consul. Il vaut mieux tuer le diable que le diable ne nous tue. » Ce fut Savary qui porta la nouvelle à la Malmaison. Réal le suivit de près. Bonaparte parut surpris que ce dernier n'eût pas été à Vincennes. Réal s'expliqua. On n'a point entendu ses explications, mais on a recueilli la réponse du Premier Consul. — « C'est bien! » dit-il, et il s'occupa d'autre chose. Les courtisans vinrent porter leurs compliments à la Malmaison. Fontanes, dans leur procession, représenta les lettres. Au ministère des affaires étrangères, les chefs de service apprirent l'événement avec consternation. Ils se rendirent chez Talleyrand. D'Hauterive se montrait particulièrement indigné. « Qu'avez-vous donc avec vos yeux hors de la tête? lui dit Talleyrand. — Ce que j'ai? répondit d'Hauterive, ce que vous devez avoir vousmême si vous avez lu le *Moniteur*. Quelle horreur! — Eh bien! eh bien! répondit Talleyrand, êtes-vous fou? Y a-t-il de quoi faire tant de bruit? Un conspirateur est saisi près de la frontière; on l'amène à Paris, on le fusille; qu'est-ce que cela a de si extraordinaire (1)? »

(1) *Mémoires du chancelier Pasquier,* t. I, p. 199.

III

Cependant, Bonaparte sentait dans sa propre famille, dans son entourage intime, percer le blâme de gens qu'il aimait et estimait le plus. « Jusque-là, rapporte Ségur, fier avec tant de raison du grand homme que je servais, je m'en étais fait un héros complet; je m'étais persuadé que nulle raison, ou de politique, ou de sûreté personnelle, ou de vengeance, ne l'emporterait sur la générosité de son caractère. » La désillusion était profonde. Bonaparte en fut affecté. C'était une diminution du personnage qu'il voulait jouer. La magnanimité ne le contrariant plus, il lui convint d'en paraitre capable. De là une petite comédie assez vaine, qui suivit le drame. Réal, qui avait si bien servi Bonaparte dans l'action, le servit mieux encore dans l'explication. Il avait été intelligent, il se montra officieux. Il poussa le zèle jusqu'à se laisser accuser de négligence.

Qui sait s'il n'inventa pas lui-même la fable qui circula dans les couloirs des Tuileries? Les instructions captieuses et comminatoires de Bonaparte à son chef de police se transformèrent en une sorte de lettre de rémission. Si Réal avait reçu cette lettre en temps utile, le Premier Consul, mieux éclairé, aurait fait grâce! Mais Réal ne l'avait point reçue. Dans la journée du 20, il était sorti de sa maison et introuvable; dans la nuit, il était enfermé dans sa chambre et endormi. Tout était invraisemblable en cette légende : l'absence du policier dans cette journée de haute police, son sommeil dans celte nuit où s'accomplissait un événement qu'il préparait de ses mains depuis trois jours. Mais ce qui rendit l'histoire inacceptable c'en fut la conclusion. La feinte clémence de Bonaparte envers le prince se traduisit par un ordre d'arrestation de la princesse Charlotte, si elle entrait en France, et par la confiscation des reliques et du testament que lui avait destinés le duc d'Enghien. La prétendue irritation du Premier Consul contre Réal s'exprima par un redoublement de confiance. Réal crût en faveur et en dignités. L'empereur reconnut ses services en le nommant comte. Pour un ci-devant saute-ruisseau de la commune insurrectionnelle et substitut de Chaumette, c'était un beau rêve. Décidément Réal avait dormi (1).

« Au moins, dit Bonaparte, ils verront ce dont nous sommes capables, et dorénavant on nous laissera tranquilles ! » Les princes ne conspirèrent plus, les royalistes conspirèrent moins, et les plus avisés, en grand nombre, affluèrent à la cour. « Ces gens-là, dit Bonaparte en parlant des Bourbons, voulaient tuer la Révolution en ma personne. J'ai dû la défendre et la venger. » Il la fit encenser dans sa personne par ceux qui l'avaient maudite et combattue. Le chef de la dynastie capétienne, renié par les cours, ne pouvait plus même passer pour l'auguste parasite de l'Europe. Il n'y avait plus de Bourbons en Espagne, ni en Italie. Les cadavres de Louis XVI, de Louis XVII, de madame Élisabeth, étaient abandonnés et perdus. Celui du duc d'Enghien gisait, sans même une croix banale, dans un coin des fossés de Vincennes, et cependant, en pénétrant aux Tuileries un jour de gala, à côté des collaborateurs, instigateurs ou acteurs

____

(1) Cf. *Mémoires du chancelier Pasquier*, t. I, p. 182, 194-195.

du drame de Vincennes, parés des titres de prince de
Bénévent, duc d'Otrante, duc de Massa, duc de Rovigo,
roi de Naples, comte Réal, comte Hulin (il manque un
baron Harel!), on aurait reconnu tout un cortège
de revenants et de masques de l'ancienne cour. Au
rang d'honneur, pontifiant et priant, par fonction, pour
ce souverain qui disait : « Je suis la Révolution! » on
remarquait le prince Ferdinand de Rohan, ci-devant
archevêque de Cambrai, l'oncle de la princesse Charlotte, devenu aumônier des impératrices. En 1810, après
que Napoléon, excommunié, eut fait enlever le Pape,
ce prélat hyperbolique le qualifiait encore de « Dieu
tutélaire » et lui demandait ses grâces. Napoléon avait,
quand il s'en donnait le temps, l'esprit infernal de Frédéric; il octroya à cet étrange successeur de Fénelon un
don de douze mille francs *sur la caisse des théâtres!*
Il en alla de la sorte tant que Napoléon fit peur et dis-
tribua des pensions.

Au fond, ses gendarmes, ses prévôts, ses prisons et
sa cassette auraient suffi. Il y avait trop de péril à le
combattre et trop d'avantage à le servir pour qu'on ré-
sistât à ses avances quand on était né courtisan. C'était
acheter trop cher la servilité de cette noblesse que de la
payer du sang d'un honnête homme. Elle ne valait pas.
ce prix, et Bonaparte le vit bien quand il fut vaincu. Ses
nobles l'abandonnèrent avec d'autant plus d'empressement qu'ils avaient plus d'excuses à porter à leurs anciens
maîtres. Quand je dis qu'ils l'abandonnèrent, c'est une
figure de langage. Ce fut lui qui partit : ils restèrent en
place et ils se bornèrent à changer de cocarde. Les Bourbons, en rentrant dans leur palais, retrouvèrent tous les
comparses et tous les figurants du théâtre. Quelques
engagements nouveaux avaient été faits en leur absence.

Les titulaires n'en réclamaient point la résiliation. Fouché ne demandait qu'à demeurer duc d'Otrante, et le comte Hulin écrivait à Talleyrand, plus puissant et plus en crédit que jamais : « Mes principes sont invariables... Je me dois à ma patrie avant tout. Je prie Votre Altesse Sérénissime de vouloir bien être l'organe de mes sentiments pour la chose publique et de mon dévouement pour notre souverain. » L'ancien vainqueur de la Bastille tirait cyniquement la seule moralité de cette lugubre histoire.

TALLEYRAND ET SES MÉMOIRES [1]

I

Lorsque j'étais enfant, dans ma petite ville, je rencontrais à la promenade un bonhomme goguenard, qui me semblait diabolique. Il passait pour posséder un livre redoutable. Il le tenait de son oncle, vieux prêtre jureur, du temps de la Révolution, un peu fou et suspect de sorcellerie. Ce livre s'appelait le *Grand Albert*. Il contenait le secret de toutes choses, mais les curieux étaient prévenus que s'ils tournaient la première page ils verraient apparaître le diable. Le bonhomme n'osait ni ouvrir son livre, parce qu'il avait peur du malin, ni le brûler, parce qu'il l'avait reçu en héritage, ni le donner à quelque esprit fort, parce qu'il ne faut pas induire les curieux en tentation. Ce bonhomme, son grimoire et son diable de Normandie me revenaient à l'esprit chaque fois que j'entendais parler des *Mémoires de Talleyrand*, du mystère qui les entourait, de l'effroi qu'ils répandaient et des superstitions dont ils étaient l'objet.

(1) *Mémoires du prince de Talleyrand*, publiés avec une préface et des notes par le duc DE BROGLIE, de l'Académie française. Paris, Calmann Lévy, 5 vol., 1891-1892.

Que craignait-on de découvrir en tournant la page?
Les faits généraux, les seuls importants, sont acquis, et
personne n'y changera rien. Ce qu'on apprend du caractère des acteurs, du comment et du pourquoi, les
éclaire peut-être, mais ne les modifie pas. Des scandales
de monde et de chancellerie? Le monde est endurci aux
scandales; on n'en publiera jamais autant qu'il en
raconte, et l'on n'en raconte nulle part plus que dans
les chancelleries. Que redoutait-on encore? De compromettre Talleyrand? La chose n'était certainement
plus à faire, et ce n'était pas pour s'accuser qu'il avait
composé ses *Mémoires*. Que Talleyrand se défendît? Ce
ne pouvait être l'objection des personnes qui avaient
charge de sa mémoire. Les scrupules des exécuteurs testamentaires m'échappent; ils étaient assurément respectables, mais ils ont été aussi intempestifs que maladroits.

Les *Souvenirs et correspondance* de Talleyrand, —
c'est la définition sinon le titre même de l'ouvrage, — se
sont trop fait attendre et sont venus de trop loin. Ils ont
laissé passer l'heure. « C'est, disait Sainte-Beuve (1),
aux exécuteurs testamentaires, aux éditeurs désignés, s'ils
sont libres, de bien flairer le moment et d'imiter leur
auteur en saisissant l'à-propos. » Talleyrand flaira que
le moment opportun arriverait vers 1868. Il tirait au
jugé. Il tira bien. Les *Mémoires* auraient alors paru en
pleine réaction antinapoléonienne, et ils auraient fait tout
seuls le bruit qu'une publicité savante a fait depuis autour
d'eux. Les exécuteurs testamentaires ont estimé, j'imagine, qu'il leur faudrait trop de courage pour publier
les chapitres sur Napoléon, et qu'ils en montreraient
trop peu en publiant le chapitre sur le duc d'Orléans,

____

(1) *Le Temps*, mars 1869. *Nouveaux Lundis*, t. **XII.**

Philippe-Égalité, et sur le monde où il vivait. Ce chapitre, l'une des maitresses pages du livre, est une effroyable analyse de pourriture sociale. Il a dû être longtemps la principale pierre d'achoppement des *Mémoires*. Ainsi retardés, ces *Mémoires*, trop vantés avant d'être connus, ont été une grosse déception. Après l'étude magistrale du comte d'Haussonville, en 1862, après la publication des actes du congrès de Vienne, donnée en 1864, sous le nom du comte d'Angeberg, les pièces d'honneur des manuscrits de Talleyrand étaient découvertes. La grande époque de la vie du fameux diplomate, les grands services rendus par lui à la France étaient définitivement acquis à l'histoire. Le volume même de M. Pallain, en 1881, n'y a rien ajouté d'essentiel : il a donné les textes dans leur ensemble, ce qui était considérable, mais il a été, tout compte fait, plus profitable à Louis XVIII, dont il a grandi le rôle, qu'à Talleyrand (1).

M. de Bacourt avait mis les manuscrits sous séquestre jusqu'en 1888 et en avait donné la garde à M. Paul Andral. M. Andral était un galant homme, parfaitement aimable et très fin légiste; mais il ne suivait, je le crains, que fort indirectement les travaux des historiens. Il parait avoir, jusqu'à la dernière heure, redouté quelque explosion fâcheuse en exposant à l'air libre le redoutable dépôt qui lui était confié. Il n'a pas réfléchi qu'il le lais-

---

(1) M. PALLAIN, qui s'était proposé de reconstituer, d'après les manuscrit des Archives, la vie politique de Talleyrand, a publié : *Correspondance inédite du prince de Talleyrand et de Louis XVIII pendant le Congrès de Vienne*, Paris, Plon, 1881; *La mission de Talleyrand à Londres en 1792* (id., 1889); *Le ministère de Talleyrand sous le Directoire* (id., 1891); *L'ambassade de Talleyrand à Londres*, 1830-1831 (id., 1891). — M. Pierre BERTRAND a donné des *Lettres inédites de Talleyrand à Napoléon*, 1800-1809. Paris, Perrin, 1889.

sait inonder par le flot toujours montant des documents
d'archives. Il s'est déchargé sur M. le duc de Broglie de
la responsabilité qu'il n'osait assumer. Il a fait en cela
acte de subtil politique et d'homme d'esprit. Confier à
un historien le secret de ce portefeuille célèbre, c'était,
avec autant de sagacité que de bienséance, en assurer la
prompte publication. M. le duc de Broglie s'est dit,
vraisemblablement, que les *Mémoires* avaient tout à
perdre et n'avaient rien à gagner à de plus longs délais;
que lui-même, en différant, s'exposerait à des observations importunes, tandis qu'en publiant il s'assurerait
le suffrage des esprit libéraux. Les esprits libéraux lui
ont su gré, en effet, de l'empressement et du soin avec
lesquels il a accompli sa tâche.

La préface qu'il a placée en tête de l'ouvrage est un
morceau achevé, d'une convenance parfaite de ton et
de proportions. Elle accompagne discrètement les *Mémoires,* silencieuse quand les *Mémoires* se taisent,
rapide quand les *Mémoires* se hâtent; elle traverse, d'un
pas vif et un peu distrait, les vestibules, avec une expression légère de hauteur, quand ce sont les appartements
du Directoire, et d'impatience quand ce sont les appartements de l'Empire; elle ne reprend haleine et ne se
trouve chez soi qu'en arrivant au salon du congrès de
Vienne; elle s'y complaît, elle y voudrait demeurer;
elle rentre cependant en France, elle s'y livre, jusqu'en
1830, à un recueillement qu'interrompt brusquement
la fusillade de Juillet; elle s'empresse d'échapper à ce
bruit malséant; elle se réfugie à la conférence de Londres
et elle s'arrête là, sur le dernier ouvrage diplomatique,
et non le moins méritoire, de Talleyrand. La politique
de 1814, ce chef-d'œuvre de la diplomatie, est résumée
en quelques pages lumineuses et jugée avec autant de

justice que d'élévation. Enfin, tout le morceau est écrit
dans cette langue excellente du grand monde et des
grandes affaires, limpide et nuancée tout ensemble, cou-
lante et savante, transparente aux idées et souple à l'épi-
gramme dont M. le duc de Broglie garde la tradition,
où personne ne l'égale et où personne peut-être ne l'a
surpassé.

II

Je n'analyserai point les *Mémoires*. Je ne m'attache-
rai qu'à en saisir l'ensemble et à en rechercher le fond. La
première question que l'on se pose est celle de l'intégrité
et de l'authenticité du texte. Avons-nous tous les *Mémoires* de Talleyrand? tout ce que nous avons est-il de
Talleyrand? Je m'empresse de mettre en cette affaire
M. le duc de Broglie hors de cause. Personne ne doute
qu'il ait publié, sans retouches d'aucune sorte, le texte
qui lui a été remis. Tout le monde est persuadé qu'il a
dit, sur la rédaction des *Mémoires* et sur les origines du
manuscrit, ce qui lui a été confié. Mais ce qu'on lui a
confié est insuffisant et laisse place à trop d'incertitudes.
Le texte avec lequel s'est faite l'impression a été trans-
crit par M. de Bacourt « d'après les manuscrits, les dictées et les copies dont M. de Talleyrand lui avait indiqué
l'emploi ». Madame de Dino et M. de Bacourt affirment
que cette transcription est la copie « authentique et complète » des *Mémoires* laissés par le prince. Où sont ces
Mémoires, qui, entre autres pièces de prix, contenaient
des papiers d'État, les originaux des instructions et

lettres de Louis XVIII, en 1814 et 1815? Existe-t-il un
manuscrit ou un portefeuille des *Mémoires* originaux et
des pièces qui ont servi à les composer? La préface ne
nous donne à cet égard aucun éclaircissement.

La question de l'authenticité a provoqué d'innombrables articles de polémique. Il faut y faire la part de
la mauvaise humeur et de la déception du public. Je
me borne à résumer ici l'impression que j'ai gardée des
principales de ces critiques. M. Henri Welschinger a
établi avec le texte même des testaments de Talleyrand, de la duchesse de Dino et de M. de Bacourt, que
Talleyrand a laissé « des *Mémoires* achevés depuis longtemps », des « manuscrits », des « papiers et écrits »,
et que ces « manuscrits, dictées et copies », dont les
Mémoires formaient la partie essentielle, étaient *tous*
en la possession de M. de Bacourt. M. Welschinger
demande ce qu'ils sont devenus. Le texte légué à M. le
duc de Broglie et déposé à la Bibliothèque nationale
n'est qu'une copie faite par M. de Bacourt et certifiée
par lui; M. de Bacourt ne peut être à lui-même son
propre garant. M. Welschinger conclut, et c'est l'évidence même, que le texte imprimé d'après cette copie
ne pourra être considéré comme authentique que le
jour où la copie de M. de Bacourt pourra être colla-
tionnée avec les originaux que M. de Bacourt dit avoir
copiés. — MM. Funck-Brentano, Aulard et Flammermont paraissent persuadés non seulement qu'il existe
ou qu'il a existé un manuscrit complet, continu, auto-
graphe, *ne varietur,* des *Mémoires* de Talleyrand, mais
encore que ces *Mémoires* ont été composés sur pièces,
par Talleyrand, dans le seul amour de la vérité et pour
le plus grand avantage des historiens de l'avenir. Se
figurant ces *Mémoires* supposés d'après la conception que

chacun d'eux se fait d'un Talleyrand idéal, ils semblent convaincus qu'on y trouverait, M. Funck-Brentano, un traité admirable de politique; M. Aulard, une belle apologie de la Révolution française; M. Flammermont, un document de première main, sinon de premier ordre. Cela posé, ils n'ont aucune peine à démontrer que les copies de M. de Bacourt ne répondent point à ce qu'ils attendaient; ils confondent aisément le copiste certificateur et montrent, sans aucune peine, que ce diplomate, encore que très galant homme dans le monde, était aussi versé dans les artifices de rédaction des chancelleries qu'étranger à la saine méthode de l'École des chartes; qu'en conséquence le *manuscrit primitif laissé par l'auteur* des *Mémoires* a été mutilé, tronqué, altéré, corrigé, augmenté, falsifié enfin par ceux mêmes qui avaient la garde des papiers de Talleyrand.

III

On s'étonne avec raison que l'ouvrage dévoile si peu de mystères; on y cherche vainement les passages qui ont pu décider Talleyrand à ajourner la publication jusqu'au temps où toutes les personnes dont il parle auront cessé de vivre. On est surpris de certaines disparates de style, de raccords maladroits, de défaillances extraordinaires de mémoire, enfin et surtout de l'omission systématique de toute une partie — et quelle partie! — de l'existence de Talleyrand : l'Assemblée constituante. On est porté à en induire que des portraits ont dû être supprimés, que des fragments ont dû être distraits, d'autres altérés, d'autres interpolés.

Je n'aurai garde d'affirmer qu'aucune coupure n'a été pratiquée dans le texte primitif, ni qu'aucun remaniement n'a été apporté à ce texte, puisque je ne le connais pas. Je ne contesterai, en aucune façon, que le texte que nous avons sous les yeux porte les traces d'opérations de ce genre-là. Mais par qui et quand ont-elles été faites? Je ne puis et ne veux juger que les morceaux publiés, et je crois, jusqu'à preuve du contraire, qu'ils sont authentiques, en ce sens qu'ils proviennent de Talleyrand.

Talleyrand était un faux paresseux. Il travaillait beaucoup à sa manière; il a beaucoup écrit. Peu de ministres ont laissé aux archives autant d'autographes. Mais ces autographes sont de valeur très diverse. Tantôt en hâte, entre deux visites, il jetait ses idées sur le papier; cette première version était parfois diffuse, interrompue, pleine d'incises et de renvois, traversée de phrases entortillées, lourdes même et semées de néologismes : Talleyrand faisait mettre ce brouillon au net par un secrétaire, — un *faiseur,* comme on disait, — puis il le reprenait, le corrigeait, l'émondait, y donnait la forme définitive et le recopiait. Tantôt il causait devant un secrétaire et lui faisait résumer la causerie, qui devenait une ébauche sur laquelle il travaillait. Tantôt, enfin, il dictait. Il dictait, parlait, écrivait, non en orateur ou en littérateur, mais en homme d'État, c'est-à-dire avec assez de dédain de la composition et peu de souci de la rhétorique. Il coupait, raturait, surchargeait les minutes, laissant au secrétaire le soin de rectifier les transitions et d'établir les raccords, sauf à polir lui-même le tout lorsqu'il en aurait le loisir. Les inégalités, les disparates ont donc ici peu d'importance. J'en trouve dans les ouvrages les plus authentiques de Talleyrand, dans ses protocoles

et projets de protocoles à Londres, en 1830 et 1831,
comme dans ses mémoires d'ensemble au Directoire. Il
en est de même des incorrections et des négligences (1).

« Voilà, écrivait en 1805 un de ses principaux *faiseurs* de ce temps, voilà son travail pour une note de
quatre lignes et pour un Mémoire de cent pages (2). Et
il ajoutait, à propos d'un écrit fort important sur l'organisation du royaume d'Italie : « Ce discours est
entièrement, en la totalité, de Talleyrand; mais il est
en entier mis en ordre par Durant. »

Ainsi furent préparés les *Mémoires*. Certains morceaux, que la lettre à Grégoire XVI, du 17 mars 1838,

(1) Comparer les lettres à madame de Staël, très négligées et de premier jet, — *Revue d'histoire diplomatique*, janvier 1890, — avec les
lettres, si raffinées, à madame Adelaïde, *Mémoires*, t. III et IV, appendices. — Comparez aussi, pour saisir son procédé, la lettre à lord
Lansdowne — PALLAIN, *Mission de Londres*, 1792, p. 431 — avec le
Mémoire lu à l'Institut, sur le même sujet, 4 avril 1797.

(2) Ces conjectures, que j'avais formées d'après les manuscrits et expo-
sées dans le *Temps* du 27 mars 1891, ont été confirmées en 1893 par le
livre de M. Pingaud sur d'Antraigues. Le correspondant de d'Antraigues
était un collaborateur intime de Talleyrand. Voici les détails que ce correspondant donne, dans une lettre du 19 février 1805, sur la manière
de travailler du ministre : « Talleyrand a prodigieusement d'esprit, un
très grand acquis, le coup d'œil rapide, la conception nette, de l'audace
dans la tête... une vivacité de production qui embrouille tout ce qu'il
écrit... Il fait son plan, réunit ses idées et les écrit, mais avec peu de
méthode et beaucoup de confusion. Il l'envoie à Durant. Je le lis ou
Durant le lit... J'en tire copie. Alors Durant ou moi allons, seul ou
ensemble, causer avec Talleyrand, ce qui est nécessaire pour saisir l'ensemble de tout ce qu'il a réuni sur son brouillon sans aucune méthode;
cela fait, Durant constamment s'enferme, et dresse la pièce. Et ce qui
y est, est de Talleyrand en totalité; mais il est incapable d'une bonne
rédaction et de l'ensemble..... Il voudrait tout entasser dans une page;
il écrit d'une manière totalement illisible, et ce travail l'excède ou l'impatiente... Il leur dit (à ses faiseurs) tout ce qu'il veut, souffre des contradictions, non pas pour changer, mais pour y parer, il finit ainsi son
travail. Alors celui qui l'a fait va le rédiger à mi-marge et le lui lit.
Il dit ses corrections ou les écrit ou met au net. » PINGAUD, 2ᵉ édition,
p. 410-411, 415-416. — Cf. VITROLLES, *Mémoires*, t. III, p. 445.

qualifie de *morceaux achevés depuis longtemps,* sont
vraisemblablement demeurés sans retouches, le manuscrit d'Erfurt, par exemple, et celui du congrès de Vienne;
d'autres, les chapitres sur la jeunesse et sur la Révolution, ont dû être lus et relus, au coin de la cheminée,
revus et remaniés maintes fois; d'autres enfin, les *manuscrits, dictées et copies* du testament, n'étaient, comme
le rapporte madame de Martel, que « des feuilles déta-
chées, de petits cahiers d'un sou, de simples chiffons
griffonnés au crayon, en un mot, un vrai fouillis »; les
secrétaires ont recousu, et l'on sent la couture. Talleyrand
enfin a laissé le tout à madame de Dino « pour en faire
l'usage que je lui ai prescrit et qu'elle connaît », et
madame de Dino l'a laissé à **M.** de Bacourt « sous les
mêmes conditions fixées par feu mon oncle... » avec
les indications nécessaires. Ces exécuteurs testamentaires ont été des faiseurs et secrétaires posthumes chargés
de continuer et d'accomplir, après la mort de Talleyrand, le travail qu'il faisait faire, sous ses yeux, de son
vivant, et qu'il n'avait pu achever (1).

Restent les défaillances de mémoire : le *général* Carnot, échappé de Cayenne; la Louisiane cédée à la France
par la paix de Bâle; les arrangements de janvier 1759
pour les traités conclus les 30 et 31 décembre 1758,
et dans ces arrangements les soldats confondus avec les
subsides; les contradictions au sujet de l'Italie; *départe-*

---

(1) *Mémoires,* t. I, Préface, p. vi. — Ce fait est confirmé par le chancelier Pasquier, *Mémoires,* t. 1, p. 252. — « Des gens qui doivent le
bien connaître m'ont assuré qu'il avait employé des plumes étrangères,
même pour la rédaction de quelques parties de ses *Mémoires.* Il sup-
plée donc très habilement au travail qu'il ne fait pas par celui qu'il
commande, et a un tact plein de finesse pour ôter le mot qui doit être
échangé, ou ajouter celui qui manque à l'ouvrage qui lui est présenté. »
Ecrit sous la Restauration.

ment de la Seine pour *département de Paris,* etc.
Ce ne sont que des *lapsus.* Vingt ou vingt-cinq ans de
révolutions les expliquent (1). Ils sont d'ailleurs peu de
chose en comparaison des oublis ou des omissions
d'hommes, d'événements, presque d'époques entières.
C'est l'énormité même de ces omissions-là qui me fait
croire que Talleyrand seul a pu en être l'auteur. C'est le
concert et la conséquence de ces oublis qui me persuadent
qu'ils ont été voulus par lui. Je reconnais que, de
1789 à 1814, les *Mémoires* se tiennent constamment à
côté de l'histoire. Ce ne sont que feintes, défilés et souterrains ; mais cette digression continue a sa suite et son
but ; cette déformation est savante et méditée. J'y vois
la mise en œuvre d'un dessein qui est défini dans le testament de 1836. Que s'est donc proposé Talleyrand?

La réponse à cette question résoudra les autres difficultés du problème. Les hommes comme Talleyrand ne
composent point leurs *Mémoires* pour le plaisir de dire la
vérité. Ils agissent, négocient ou intriguent encore en
écrivant (2). Ils ont un objet qui est toujours un objet
d'intérêt et de politique. C'est la dernière affaire de leur
vie, mais c'est encore une affaire. Voici, pour les *Mémoires* de Talleyrand, l'explication qui m'est venue à
l'esprit. Je ne l'ai ni cherchée, ni, à proprement dire,
découverte. Elle s'est insinuée dans ma pensée au fur et
à mesure que je lisais, et elle a fini par s'imposer.

(1) Napoléon, en 1815, qualifiait aussi Carnot de général. — Stendhal
qualifie Daru le père, ancien secrétaire d'intendance, d'ex-préfet, en
1800 ! Chaptal raconte qu'il a été marié en 1791 par le *cardinal* Cambacérès ; il dit que la *Législative* se constitua en *Convention...*, etc.

(2) Cf. *Essais de critique et d'histoire,* l'étude sur Metternich et ses
Mémoires. M. Bailleu a fait, en Allemagne, une critique très sagace de
ces *Mémoires :* il en a démontré les fréquentes inexactitudes ; il n'en nie
pas l'authenticité.

IV

« Madame', dit Retz en commençant ses *Mémoires*,
quelque répugnance que je puisse avoir à vous donner
l'histoire de ma vie, qui a été agitée de tant d'aventures
différentes, néanmoins, comme vous me l'avez deman-
dée, je vous obéis, même aux dépens de ma réputation.
Le caprice de la fortune m'a fait honneur de beaucoup
de fautes ; et je doute qu'il soit judicieux de lever le voile
qui en cache une partie. Je vais cependant vous instruire
nûment et sans détour.....; et je ne vous célerai
aucune des démarches que j'ai faites en tous temps de
ma vie. » Retournez cette proposition, prenez-en le
contraire et vous aurez l'esprit des *Mémoires* de Talleyrand, j'entends de la partie principale, celle qui s'arrête
à 1815, après la seconde Restauration. Talleyrand a
composé ces chapitres sous le règne de Louis XVIII. Il
indique par une note finale (t. III, p. 326) qu'il les a
achevés en août 1816.

Son objet n'est point, comme celui de Retz au
moment de se faire ermite, de se délecter une dernière
fois dans ses égarements et de se les remémorer en les
confessant à une femme d'esprit que la pratique du
monde a rendue indulgente. Son objet est de se présenter
à la postérité royaliste comme le plus adroit et le plus
utile des serviteurs de la monarchie, et d'en convaincre,
au besoin, dans le présent, le plus sceptique et le plus
subtil des monarques. La pensée de derrière la tête, par
où il juge tout et qui gouverne tout l'ouvrage, c'est

qu'une indiscrétion intelligente pourrait, en un jour
opportun, placer certaines pages ou certains cahiers
choisis du manuscrit sous les yeux de Louis XVIII.
Talleyrand a atteint l'âge où naissent, comme il dit,
« les combinaisons qu'exige une ambition réglée ». Réduit aux loisirs de la pairie et à la dignité de grand
chambellan, il estime qu'il y a encore pour lui, dans
l'État, un autre emploi que de prononcer, au Luxem-
bourg, l'éloge des anciens évêques, ses ci-devant con-
frères, ou d'écouter de savantes lectures à l'Académie
des inscriptions, où l'une des plus surprenantes transformations de sa vie l'a conduit à siéger. Il pense toujours à la présidence du conseil. Son rôle dans la politique intérieure donne, selon la fine expression de M. le
duc de Broglie, « lieu à des appréciations différentes ».
Il lui importe que l'appréciation de Louis XVIII tourne
ce roi à la confiance. Son rôle dans la politique extérieure, à ne juger que par les œuvres des gouvernements
qu'il servait, semble peu d'accord avec les principes de
la légitimité restaurée. Il lui importe de montrer — je
cite encore la préface, car on ne peut mieux dire — que,
« ne pouvant ni se faire comprendre de l'incapacité des
parvenus du Directoire, ni se faire écouter d'un maître
impérieux qui ne prenait conseil que de son génie ou de
ses passions, toute son habileté s'employait, après avoir
donné des conseils qui n'étaient pas suivis, à réparer des
fautes qu'il n'avait pas commises ».

C'est pourquoi il écrit ses *Mémoires* et pourquoi, en
les écrivant, il se préoccupe de tout autre chose que
d'écrire l'histoire « aux dépens de sa réputation ». Considérez l'ouvrage de ce point de vue, comparez-le, pour
le fond et pour la forme, avec des écrits authentiques de
Talleyrand à la même époque, par exemple l'éloge funèbre

de Mgr Bourlier, évêque d'Évreux (1); les singularités
que présentent les *Mémoires,* au premier abord, s'effa-
ceront. Vous discernerez les proportions de l'ouvrage,
vous en suivrez les détours sinueux; loin de vous en
étonner, vous admirerez cet art de se taire et ce main-
tien, « qui est aussi un langage et le plus imposant », où
Talleyrand savait mettre tant d'esprit. Enfin, tout
paraîtra à sa place, tout semblera opportun, même et
surtout le portrait du duc d'Orléans.

Montrer dans la Restauration le dénouement nécessaire de la Révolution française, y destiner toute l'histoire de cette révolution, et, ce qui n'exigeait pas un
moindre effort d'invention et de dextérité, y destiner
toute sa propre vie, voilà le dessein de Talleyrand et le
plan des *Mémoires* (2). De là tout un système historique,
une théorie ingénieuse de l'*évolution* et du *transfor-
misme* en politique, faite pour justifier les régimes de
transition et les ministres à métamorphoses. « Passer de
l'état dans lequel était la France (vers 1797) au régime
royal, était impossible. Il fallait des régimes intermédiaires, il en fallait plusieurs. » Il fallait des ministres
intermédiaires aussi pour régler les gradations de ces
régimes et en préparer les changements de l'un en l'autre, pour mener la France du Directoire, où l'on ne pouvait « trouver même une ombre da royauté », au Consulat, « où déjà la royauté se trouvait, quoique encore
voilée ».

(1) Chambre des pairs, 13 novembre 1821. M. Henri WELSCHINGER,
le *Monde,* 8 mars 1891.

(2) « Au moment où il les écrivait (Récit d'Erfurt) il mettait au
nombre de ses titres d'honneur, et surtout de ses titres à la reconnaissance de la maison de Bourbon, la plus extraordinaire partie des faits
libu, se plaisait à révéler. » *Mémoires du chancelier Pasquier,* t. I,
p. 336.

Cette transmutation des gouvernements voulait, pour opérer plus sûrement son œuvre, que les ministres de ces gouvernements de passage fussent, sous des apparences diverses, un seul et même agent, larve et chrysalide du restaurateur futur de la monarchie. « On accepte, écrit Talleyrand, non pour servir des hommes ou des choses qui déplaisent, mais pour les faire servir au profit de l'avenir. *En toute chose il faut considérer la fin,* a dit le bon **La** Fontaine, et cela n'est pas une simple maxime d'apologue. » La fin justifie les moyens, a dit un politique, qui n'était pas bon et qui composait autre chose que des fables.

Talleyrand ne grandit point « les régimes intermédiaires » ni le personnage d'entremise qu'il prétend y avoir joué. Il s'applique, comme sa charmante et spirituelle amie, madame de Rémusat, à s'excuser, en desservant Napoléon dans ses *Mémoires,* de l'avoir servi dans sa vie. Madame de Rémusat rabaisse l'homme au-dessous du niveau commun des gens de cour; Talleyrand rabaisse le chef d'État au-dessous du niveau commun des diplomates. Il ne s'en flatte point, mais il en flatte Louis XVIII, et c'est tout ce qu'il veut. Il faut cependant qu'il se fasse honneur de ses complaisances et qu'il tire du récit de ses défections une démonstration de sa fidélité. C'est pourquoi il sème çà et là son récit dénigrant de saillies inattendues d'admiration, dissonances ingénieuses destinées à mieux faire goûter l'accord final.

« J'aimais Napoléon, je m'étais senti entrainé vers lui par cet attrait irrésistible qu'un grand génie porte avec lui; ses bienfaits avaient provoqué en moi une reconnaissance sincère. Pourquoi craindrais-je de le dire? J'avais joui de sa gloire... je l'ai servi avec dévouement... la disgrâce que m'a valu ma franchise me justi-

fie... » Il rappelle « la situation merveilleuse dont la
France jouissait en Europe après la paix d'Amiens ». Il
prouve que Bonaparte ne voulait ni ne pouvait être un
Monk. Dès lors, c'était « une nécessité de travailler au
rétablissement de la monarchie sans s'occuper de la maison de Bourbon ». L'état du monde en 1803 ne laissait
« évidemment plus aucune chance à cette maison ». Et
alors il ajoute — je prie le lecteur de peser tous les
mots : — « Si cette même pensée se présente quelquefois
à Louis XVIII, que de reconnaissance ne doit-il pas avoir
envers la Providence et que de soins ne doit-il pas
apporter au bonheur et à la prospérité de la France!
Qu'il songe un moment à tout ce qu'il a fallu, depuis
1803, pour préparer son retour! » Cette Providence
avait pris la figure d'un évêque sécularisé; le conseil
qu'elle donne au prince, porté par elle au trône de France,
est de confier le gouvernement au politique qui a été son
instrument d'élection et qui a su discerner de si loin les
vues du ciel sur la restauration de la monarchie. « La
fin de ma vie politique serait trop belle, dit Talleyrand,
si j'avais eu le bonheur d'être l'instrument principal qui
aurait servi, en rétablissant le trône des Bourbons, à
assurer à jamais à la France la sage liberté dont une
grande nation doit jouir. »

Lorsqu'il imprime à sa vie cette direction supérieure,
les incidents lui importent peu : il les considère de très
loin et les juge de très haut. « Je résolus... de ne point
lutter contre un torrent qu'il fallait laisser passer, mais
de me tenir en situation et à portée de concourir à sauver
ce qui pourrait être sauvé, de ne point élever d'obstacles
entre l'occasion et moi, et de me réserver pour elle. »
« Cela, conclut-il avec sa merveilleuse désinvolture,
explique pourquoi et comment, à plusieurs reprises, je

suis entré, sorti et rentré dans les affaires publiques, et aussi le rôle que j'y ai joué. *n* Les *Mémoires*, en effet, ne contiennent pas d'autre explication. L'histoire, plus indiscrète et plus exigeante, en a cherché de plus claires, et elle en a trouvé de beaucoup plus compliquées. Mais il pouvait plaire au roi de se contenter de celle-là. Les *Mémoires* auraient pu recevoir comme épigraphe cette phrase inimitable, qui forme le début d'une lettre apologétique adressée par Talleyrand à Louis XVIII, en 1823 : « Sire, je n'apprendrai rien à Votre Majesté... »

On comprend qu'ayant composé ses *Mémoires* dans cet esprit, Talleyrand n'ait eu aucune inquiétude de les voir divulgués pendant la Restauration (1). Vivant, ils auraient servi son ambition; mort, ils serviraient sa gloire. Ils n'étaient alors de nature à n'embarrasser ni lui, ni ses héritiers. Ce ragoût, fait pour être savouré par un gourmet comme Louis XVIII, pouvait sans inconvénient paraitre sur la table de Charles X. Encore que grand chasseur et gros mangeur, ce prince l'aurait apprécié. Il n'en allait pas de même de Louis-Philippe, et les journées de Juillet furent une révolution non seulement dans la destinée de Talleyrand, mais dans celle de ses *Mémoires*. Il n'entendait pas plus élever d'obstacles devant l'occasion de 1830 qu'il n'en avait élevé devant celles de 1789, de 1797, de 1799 et de 1814. Les *Mémoires* pouvaient être cet obstacle. L'événement qui précipitait une troisième fois les Bourbons du trône était aussi providentiel que celui qui les y avait rétablis ; mais tous les conseils de la Providence étaient à corriger dans

---

(1) Il en lut des extraits à Vitrolles (*Mémoires*, t. III, p. 444), à Barante, en 1826 (*Souvenirs*, t. 1, p. 282); le morceau sur Erfurt fut communiqué à M. Pasquier, sous la Restauration. (*Mémoires*, t. I, p. 336.)

les *Mémoires*. Il y avait, en outre, le terrible chapitre du duc d'Orléans. Ce chapitre devenait encombrant. Talleyrand l'avait écrit, il ne le détruisit point, au moins en entier. Du moment qu'on manie la plume, on est toujours homme de lettres par quelque côté. Talleyrand dut ajouter çà et là, sur les marges, quelques traits malicieux à l'adresse des rivaux qui l'avaient supplanté en 1815 et quelques sarcasmes contre le prince qui mourut, à son égard, dans l'impénitence finale. Se réserva-t-il de remanier l'ouvrage, d'en changer la couleur et de remettre en lumière ce qu'il avait rejeté dans l'ombre, c'est-à-dire son passé libéral et révolutionnaire, tout ce qui le destinait providentiellement à la branche cadette et à la révolution de Juillet? S'il en forma le projet, il n'en eut pas le loisir, et, voyant la mort approcher, il s'en remit au temps et aux révolutions futures de rendre à ses *Mémoires* de l'intérêt sans scandale et de l'à-propos sans danger. D'où le testament de 1836 et le codicille de 1838, qui ajournait la publication au plus tôt à 1868 (1).

En autorisant ses exécuteurs testamentaires à proroger indéfiniment ce délai de trente années qu'il prescrivait, en déclarant d'avance apocryphes et falsifiées toutes

(1) Si M. de Bacourt, qui n'entra dans la familiarité de Talleyrand qu'à Londres, après 1830, avait remanié les *Mémoires* et en avait faussé la lettre et l'esprit, comme plusieurs critiques le pensent, il en eût dirigé les intentions vers la monarchie de Juillet et non vers la Restauration; il eût interpolé, tronqué et falsifié dans le goût des salons orléanistes de 1834-1865; il eût tout destiné à l'avènement de Louis-Philippe et il n'aurait point eu de peine à trouver dans les *Souvenirs* et les *Lettres* de l'ancien évêque d'Autun de quoi démontrer que c'était là sa vraie pensée de derrière la tête : le légitimiste de rencontre, de 1814, qui s'était fait de nécessité vertu, serait redevenu l'orléaniste latent ou avoué qu'il avait toujours été. Les *Mémoires* achevés en 1816 eussent été alors réellement falsifiés; mais qui sait si la critique ne les aurait pas jugés plus authentiques, car ils auraient paru plus sincères, plus vraisemblables et plus vrais!

pièces, même autographes, autres que celles qu'il avait
triées lui-même et conservées dans son portefeuille, Talleyrand crut se prémunir contre les infidélités, les divul-
gations et les chantages. Il ne s'était point prémuni
contre l'histoire. Il n'avait pas prévu que, pendant la
longue réclusion de ses *Mémoires*, les archives s'ouvri-
raient, que les innombrables manuscrits, autographes
ou dépêches authentiques, qu'il y avait laissés et oubliés,
en sortiraient tour à tour et que, quand l'heure fixée
par lui sonnerait, le public connaîtrait déjà ce qu'il avait
réservé de meilleur, aurait dans les mains ce qu'il avait
dissimulé de pire et serait, pour le reste, en mesure soit
de suppléer aux silences médités, soit de déconcerter les
plus habiles accommodements.

V

Les pages consacrées aux souvenirs de jeunesse sont
les plus attachantes des *Mémoires*. On y retrouve cette
impression d'amertume et de mélancolie que madame
de Rémusat avait si bien su rendre dans ses conversations avec Talleyrand. Une adolescence isolée et reléguée :
ni affections de famille, ni croyances, ni culture morale ;
l'ambition pour tout conseil, l'hypocrisie comme outil
universel, voilà le fond de l'éducation sociale, religieuse
et politique que reçut Talleyrand. Il la juge par un mot
d'une terrible portée : « Mon éducation fut un peu aban-
donnée au hasard ; ce n'était point par indifférence,
mais par cette disposition d'esprit qui porte à trouver
que ce qu'il faut avant tout, *c'est de faire comme tout*

le monde. » « Faire comme tout le monde, écrivait La
Bruyère dans la splendeur de l'ancien régime, maxime
suspecte, qui signifie presque toujours : il faut mal faire. »
La famille de Talleyrand le destinait à l'Église. Comme
il n'avait ni convictions ni vocation, ses précepteurs lui
présentaient l'exemple d'illustres personnages qui avaient
passé outre et n'avaient pas eu lieu d'en souffrir, Retz
en première ligne. On ne peut être surpris que Talleyrand rappelle par tant de côtés ce cardinal. Les *Mémoires
de Retz*, ce Code du libertinage et du machiavélisme
licencieux, ont été le bréviaire de sa jeunesse. On lui
montrait encore le portrait de Richelieu et celui de Xime-
nès. Si l'on évitait de lui parler de Dubois, un drôle, et
de Mazarin, un croquant, encore qu'époux supposé d'une
reine de France, on ne manqua certainement point de
lui citer, parmi les vivants, Rohan, dont toutes les femmes
raffolaient à Vienne, et Bernis, dont un bon juge disait :
« Ni foi, ni mœurs, mais quelle doctrine! »

Pour la foi, nul ne s'inquiéta de celle de Talleyrand.
Pour les mœurs, il eut Retz, et pour la doctrine, Hincmar. Retz se qualifiait « l'âme la moins ecclésiastique
qu'il y eût au monde ». Hincmar, dit un savant historien (1), « glorieuse personnification des ambitions, des
duplicités, des roueries d'une aristocratie dominatrice,
a érigé en maxime la pratique de tout un siècle ». Cette
pratique et cette maxime, c'est que le roi peut être contraint à agir selon la justice et que les évêques sont juges
de cette justice. Talleyrand s'imprégna dans les anciens
auteurs de cette raison d'État ecclésiastique qu'il expose
quelque part et non sans malice : « Le Père Thomassin
dit : Rien n'est plus conforme aux canons que de violer

(1) Paul VIOLLET, *Histoire des institutions politiques de la France,*
Paris, Larose, 1890, p. 272.

les canons, quand de cette violation il doit résulter un plus grand bien que de leur observation même. » — « Il y a des cas, disait Montesquieu commentant les lois de salut public, où il faut mettre, pour un moment, un voile sur la liberté comme l'on cachait les statues des dieux! » C'est ainsi que Talleyrand apprit à concilier les principes avec les nécessités. Il n'avait d'ailleurs qu'à se pénétrer des exemples de son maître Gondi pour savoir comment « l'art d'accommoder ses plaisirs au reste de la pratique... justifie à l'égard du monde ce qu'il concilie »; comment, dans les rencontres, on « embrasse le crime qui parait consacré par de grands exemples, justifié et honoré par le grand péril »; comment surtout « il y a des temps où il ne sied pas bien à un honnête homme d'être disgracié (1) ».

Talleyrand se trouva vivre précisément dans ces temps-là. Si les préceptes qu'il reçut n'étaient point faits pour former en lui un Chrysostome gallican ou un saint Ambroise, ils étaient les plus propres du monde à préparer un émule de Gondi dans la chute de la monarchie et de Mazarin dans la Restauration. Talleyrand ne se prêta aux vues de sa famille, disons-le à son honneur, qu'avec une répugnance extrême; ce qui lui répugnait le plus était justement le premier article de l'art de parvenir qui lui était enseigné : « Une vie toute de formes m'était insupportable... Je trouvais que tout l'éclat du cardinal de la Roche-Aymon ne valait pas le sacrifice complet de ma sincérité, que l'on me demandait. » On a dit qu'il valait mieux que sa renommée. Quelle qu'ait été sa vie, elle vaut mieux que son éducation.

Les chapitres sur les origines de la Révolution sont

(1) *Mémoires de Retz*, édit. Champollion, t. Ier, p. 39, 64, 91; t. II, p. 329.

écrits avec art et d'une trame subtile; mais l'auteur y
raffine trop et tombe dans l'extrême vanité. Toutes les
causes de la crise sont ramenées aux cabales des gens de
lettres qui ont envahi la bonne compagnie. « Les prétentions avaient déplacé tout le monde. Delille dinait
chez madame de Polignac avec la reine; l'abbé de Bali-
vière jouait avec M. le comte d'Artois; M. de Viannes
serrait la main de M. de Liancourt, Chamfort prenait le
bras de M. de Vaudreuil!... » Ce dernier signe, en effet,
est monstrueux et désormais la Révolution est inévitable.
Talleyrand, il est vrai, se hâte d'ajouter : « Cet état de
choses aurait changé en un moment si le gouvernement
eût été plus fort ou plus habile, si le sérieux ne fût pas
totalement sorti des mœurs... » Talleyrand forma
l'étrange propos de l'y ramener et il songea, un moment,
non à corriger ses propres mœurs, ou celles de la société,
mais au moins à relever « la considération » du clergé.
« Je voulais le montrer au peuple comme le protecteur
de la grande morale. » Il ne lui demandait pour cela
que... « quelques sacrifices pécuniaires », — une composition, comme on disait en d'autres temps. « Je voulais que le clergé proposât d'acheter au gouvernement
la loterie royale pour la supprimer. » Le clergé ne composa point; il continua de se montrer sous une autre
figure que celle de protecteur de la morale. Talleyrand
lui-même y gagna d'assister au sacre de Louis XVI; il
emporta de cette cérémonie le souvenir délicieux, mais
très profane, de trois femmes charmantes qu'il y connut.
Il concourut, dans le même esprit, à la messe de la Fédé-
ration, et il consomma son dessein de réforme ecclésiastique en sacrant deux évêques constitutionnels, qui
sacrèrent les autres afin que « tout culte ne fût point
proscrit » et que la France ne tombât point dans le pres-

bytérianisme. Cette partie est écrite dans le ton d'une
ironie piquante, mais elle est, comme les mœurs du
temps, totalement dépourvue de sérieux.

Talleyrand nous raconte qu'il avait, dans la Révolution, pris « généralement » le parti « de se renfermer,
autant que la prudence le permettrait, dans un rôle passif ». La prudence le lui permit peu, de 1789 à 1792 ;
elle l'engagea à l'oublier beaucoup après 1814. Il prêche
cet oubli et le conseille ; il le prêche d'exemple, et le
pratique. Si l'on devait relever tout ce qu'il omet, il
faudrait relater presque tous les actes de l'Assemblée constituante auxquels il a été si intimement mêlé (1). Il lui
convient de ne rappeler ni la confiscation des biens du
clergé, ni l'apologie des réformes de 1789, ni, à plus
forte raison, celle du 10 août. Par contre, il isole et sou-
ligne le récit très frivole d'un coup d'État très ridicule
qu'il suggéra, en juillet 1789, au comte d'Artois. Le
conseil est d'un « frondeur » à peine sorti des lisières.
Il n'a d'intérêt que pour avoir servi de passeport à Talleyrand auprès du prince, en 1814. Voilà un de ces
innombrables traits qui trahissent sa pensée de derrière
la tête.

Il diminue, de parti pris, les événements et les hommes

(1) « Malgré les services rendus, dit le chancelier Pasquier (t. II,
p. 405), il apportait avec lui des souvenirs qui causaient aux princes la
plus pénible impression. L'un des plus ardents novateurs de l'Assemblée
constituante, l'un des premiers déserteurs de l'autel, le ministre du
Directoire et de Napoléon, le confident ou l'artisan sous ces deux régimes
de tous les actes hostiles aux droits de la maison de Bourbon, l'évêque
marié enfin... pouvait-il devenir le conseiller nécessaire et comme le
tuteur indispensable? » En résumant ainsi ce qui manquait à Talleyrand pour devenir ce « tuteur indispensable », le chancelier Pasquier
a écrit la table des chapitres..... qui manquent dans les *Mémoires* et que
Talleyrand entendait faire disparaître de l'histoire, les considérant
comme dépourvus « d'importance historique ».

de la Révolution. « Inconnus la veille, dit-il, ces hommes sont condamnés à rentrer dans l'obscurité dès que leur rôle est fini. J'avoue que c'est sans aucune peine que je verrais se perdre les détails de cette grande calamité; ils n'ont aucune importance historique. Quelles leçons les hommes auraient-ils à tirer d'actes sans plan, sans but, produits spontanément par des passions effrénées? »

Le fait est que Talleyrand écrit ses *Mémoires* comme si ces événements ne signifiaient rien et comme si les détails en étaient à tout jamais perdus. Que dirait-il si, après un siècle écoulé, il voyait les passions de cette époque se réveiller dans l'histoire et dans la littérature aussi ardentes qu'elles l'étaient entre les contemporains? Que penserait-il de ces bibliothèques énormes que remplit la seule histoire révolutionnaire, de cette importance donnée aux moindres particularités du costume du moindre figurant, de ces commentaires infinis de paroles improvisées par le moindre rhéteur, de tant d'études profondes et de si grands ouvrages consacrés à ces gens de rien et au néant de leurs pensées? Que ne pouvons-nous le voir lisant un chapitre de Michelet, de Louis Blanc ou de Taine? Il se vantait d'être demeuré impassible sous les apostrophes de Napoléon; je doute qu'il le demeurât ici. Il se croirait en pleine apocalypse et pour un instant, au moins, il perdrait l'équilibre.

Je goûte peu, pour les mêmes motifs, les chapitres sur l'Empire. Les jugements y manquent d'étendue; l'enchaînement des faits y échappe. Ce n'est point que Talleyrand ne connût les faits, que la règle de critique lui manquât et que la méthode lui fît défaut. L'homme qui avait, en 1797, ramené l'étude de l'histoire « aux résultats que donnent certains faits généraux bien constants, bien d'accord et vus tout entiers »; l'homme

qui, en 1792, avait discerné que la paix ne serait possible pour la France républicaine que dans les anciennes
limites du royaume, que la conquête tuerait la liberté et
que la propagande userait la Révolution, possédait toutes
les lumières qu'il fallait pour suivre, dans toutes ses
phases à travers l'épopée de la République et de l'Empire, la longue et calamiteuse aberration de l'histoire de
France, qui conduisit la République à la dictature militaire, la dictature militaire à la monarchie universelle
et la monarchie universelle à la catastrophe de Moscou.
Loin de chercher à mettre en évidence les « faits permanents », Talleyrand s'applique à les dissimuler. Il
absorbe son lecteur dans les incidents. Il le déroute en
ne s'arrêtant qu'aux moyens; il dérobe les fins que poursuivait Napoléon, ou plutôt les fins que la force des
choses et la fatalité de son génie obligeaient l'empereur
à poursuivre. Les considérations sur la paix continentale
sont banales et superficielles. Il n'y a d'intérêt que dans
les épisodes. Celui d'Erfurt est raconté avec un art consommé; mais quelque agrément que l'on trouve à lire
ces chapitres, quelque profit que l'historien en puisse
tirer, rien n'en peut être retenu sans un sérieux con-
trôle, et tout l'art d'atténuation de l'écrivain diplomate
n'en efface pas la note de fourberie et de trahison (1).

On voit, de côté et au second plan, dans les *Mémoires*,
on voit de plus près, dans les lettres publiées par M. Bertrand, Talleyrand, de 1800 à 1808, suivant le maître
qui a enchanté la France, qui l'a fasciné lui-même,
puis effrayé, le suivant *pede claudo*, mais enfin le

____

(1) *Mémoires*, t. IV, p. 424, 450. Cf. Albert VANDAL, *Napoléon et
Alexandre Ier*, t. 1, p. 401, 420, 438, 494-496, Paris, Plon, 1891; t. II,
p. 14, 45-46, Paris, 1893. — Voir les études suivantes, p. 141 et suiv.,
179-181.

suivant, s'efforçant de l'arrêter d'un mot, de le retenir d'un conseil, multipliant les notes et les mémoires, et toujours débordé par la victoire. C'est un architecte subtil qui s'épuise à dresser de merveilleux échafaudages pour soutenir un colosse établi sur le sable contre toutes les lois de la pesanteur. La grande chimère des utopistes du passé, un Napoléon s'arrêtant en sa toute-puissance, se modérant lui-même, gagnant par sa sagesse une Europe résignée à sa suprématie, cette chimère paraît avoir traversé les rêves de Talleyrand, vers 1805, avant Austerlitz. Les écrivains qui s'amusent à recommencer les batailles, dans leur cabinet, à retourner les négociations et à recréer les hommes en disposent à leur aise. Talleyrand avait affaire au vrai Napoléon, à la vraie Europe et aux réalités de l'histoire. Tout son bon sens ne pouvait accomplir l'impossible : supprimer l'Angleterre, ramener les nations de l'Europe à l'état, pour ainsi dire amorphe, où elles étaient au moyen âge, anéantir les traditions des États et transformer ce prodigieux Corse, exalté par toutes les magnificences des guerres de la Révolution, en une sorte de Franc majestueux et apaisé, grandiose et raisonnable, faire en un mot de ce second Alexandre un second Charlemagne. C'était beaucoup de discerner l'avenir; il eût fallu plus que du génie et plus que du caractère pour le conjurer. Talleyrand employa tout son art à préparer le grand détour qu'il prévoyait dans l'histoire de l'Europe. Il se tint de sang-froid et en équilibre; et après l'avoir jugé avec toute la sévérité possible, il faut lui accorder cette justice, que si la France ne sombra point, personne ne contribua plus efficacement que lui, en 1814, à Paris et à Vienne, à la diriger dans la passe et à la tirer du naufrage.

Il ne s'élève réellement, dans ses *Mémoires*, comme

dans sa vie, qu'avec la Restauration; mais alors, et tout
d'un coup, il s'élève très haut. Les événements le portent.
Il n'avait aucun intérêt à diminuer son rôle dans cette
période : rendons-lui cet hommage qu'il ne l'exagère
point. Il ne se vante pas. Il dit la vérité. Il a conscience
de sa tâche. J'ai étudié, lors de la publication de la correspondance de Vienne, par M. Pallain, cette admirable
et unique époque de notre histoire diplomatique (1).
J'ai la satisfaction de constater que les motifs que, d'après
les textes, j'attribuais à la conduite de Talleyrand étaient
bien ceux qui le guidaient. Il eut réellement les intentions des choses qu'il fit, et c'est un rare plaisir que de
l'entendre raconter lui-même comment, selon l'expression de son précepteur Gondi, il déploya alors, à un si
haut degré, « le génie propre à se faire honneur de la
nécessité, qui est une des qualités les plus nécessaires à
un ministre ».

La mission de Londres, 1830-1834, occupe beaucoup de place dans les *Mémoires*. C'est le précis d'une
négociation, tel qu'on en composait autrefois aux affaires
étrangères et comme Talleyrand en avait fait ou fait
faire plus d'un au temps du Directoire et du Consulat.
On y découvre quelques aperçus intéressants sur les dessous de la politique, sur le caractère et sur la cour du
roi Louis-Philippe; les lettres à madame Adélaïde sont
bien de la même main que les lettres à Louis XVIII en
1814 et 1815; mais l'ouvrage montre trop sa trame de
chancellerie, et si M. de Bacourt a collaboré efficacement à quelque partie des *Mémoires*, ce doit être à
celle-là. Les mots qui portent, les raccourcis significatifs, les coupures magistrales y deviennent rares. Les

---

(1) *Essais d'histoire et de critique*, p. 53 et suiv., Paris, Plon, 1883.
Talleyrand au Congrès de Vienne.

dépêches officielles encombrent le récit, et la publication de M. Pallain a montré que la plupart de ces dépêches n'avaient qu'un intérêt, celui d'être inédites.

L'ouvrage contient cinq portraits de Talleyrand : dans sa jeunesse d'après Isabey, sous l'Empire d'après Prudhon et Gérard, au temps de la mission à Londres, dans la dernière année, d'après Ary Scheffer. Le premier, celui d'Isabey, est tiré du cabinet de M. de Rémusat : c'est une merveille. Il ne peut remonter plus haut que 1786, ni être postérieur à 1790. Quel Talleyrand exquis et inattendu à qui ne connaît que le Talleyrand de la fin : les rides de Voltaire, autour des yeux de Frédéric, et la grimace de tous les deux! Ici c'est l'ami de Lauzun, le roué, rien du politique. Il semble extraordinairement jeune et se présente de profil, ce qui corrige la largeur exagérée de la bouche. Les lèvres sont droites, sans chute ni fatigue, entr'ouvertes, comme en goût, et très sensuelles. Le nez marque autant de curiosité que de flair; l'œil est libertin. C'est une sorte de Gondi plus imprégné de Laclos que de Saint-Évremont, et qui s'est appelé Chérubin, quand il était au séminaire. J'ai beau considérer cette image, je n'y discerne point l'homme las et revenu de toutes choses, le chancelier de Salomon, l'*Ecclésiaste* diplomatique que Talleyrand a été ou a affecté d'être plus tard. Il semble alors tout à la vie.

Pourtant, dans une lettre admirable, madame de Staël lui écrivait, en 1809 (1) : « Il y a des moments où, malgré mon profond dégoût de la vie, je suis encore

(1) De Genève, 28 février 1809. *British Museum*. Publiée dans la *Revue rétrospective*, juin 1834; par Lady BLENNERHASET, *Frau von Staël*, t. III. p. 271, Berlin, 1889; par M. PALLAIN, *Mission à Londres*, p. XXX.

assez aimable : alors je pense que j'ai appris cette langue
de vous. Mais avec qui la parler? Adieu, êtes-vous heureux? Avec un esprit si supérieur, n'allez-vous pas quelquefois au fond de tout, c'est-à-dire jusqu'à la peine? »
Dans ses *Mémoires* sur le même temps, madame de Rémusat montre Talleyrand « blasé sur tout » et jeté dans
les affaires par un incurable ennui. C'est bien ainsi qu'il
apparaît dans le dernier portrait, celui d'Ary Scheffer,
qui fait partie de la galerie de M. le duc d'Aumale : la
bouche s'est élargie, elle tombe aux coins et se plisse ;
les joues se creusent et s'affaissent; les yeux, encore
grands ouverts sur le monde, semblent y chercher vainement la lumière et se perdre avec mélancolie dans le
crépuscule. Fatigue ou satiété, il y a un abîme entre
cette image et celle d'Isabey, mais si je vois dans l'une
l'appétit du monde et si j'en vois le regret dans l'autre,
je n'en vois point le dégoût. Talleyrand était de ceux
qui ne se dégoûtent que de mourir. Il resta très longtemps avide de bonheur, et jaloux encore quand il ne
pouvait plus être avide.

VI

Les personnes — s'il en est encore — qui s'étaient
plu, à la suite de M. Thiers, et sur la légende propagée
par les *faiseurs* eux-mêmes, jaloux de se glorifier de leur
collaboration, à contester à Talleyrand l'art d'écrire et
la propriété de ses meilleurs ouvrages, ne peuvent se refuser aux preuves qui se dégagent de toutes les pages des
Mémoires et des correspondances publiées par MM. Pal-

lain et Bertrand (1). Il s'y accuse une marque personnelle qui emporte l'évidence. Je me refuse plus que jamais à reconnaître que Talleyrand ait été, comme le veut la légende, le prête-nom politique de quelques Desrenaudes ou le pseudonyme diplomatique de La Besnardière, de Bacourt, de l'*ami* et du *fils de l'ami* de d'Antraigues. Quelque adroit que fût Desrenaudes, quelque bon publiciste que fût La Besnardière et quelque bon humaniste que se piquât d'être le *fils de l'ami* de d'Antraigues, je persiste à croire, en comparant leurs ouvrages à ceux du prince, qu'ils ont emprunté l'esprit de Talleyrand plus souvent que Talleyrand n'a emprunté leur style.

Ce style est bien l'homme même chez Talleyrand ; ce n'est point le style d'un autre homme, surtout d'un commis. Il a l'aisance parfaite, celle qui ne trahit point l'exercice ; il a la clarté limpide des vues prises de haut ; il est homme du monde : il laisse deviner beaucoup de connaissances et n'en étale aucune ; il est dépourvu de toute prétention littéraire, même de la plus subtile de toutes, l'affectation de négligence seigneuriale. Talleyrand possède toutes ces qualités, de race, naturellement. Mais il les découvre par degrés et on en suit le progrès. La pensée est souvent flottante et la forme indécise dans les lettres de Londres, même dans le premier jet des considérations sur les États-Unis, la lettre à lord Lansdowne ; mais comme cette pensée se précise et se clarifie dans les considérations lues à l'Institut, en 1797 ! Le tableau de la Pologne, en 1814, est le chef-d'œuvre du genre : le style y devient littéraire, sans cesser d'être politique. C'est du Montesquieu en action.

____

(1) *Essais d'histoire et de critique,* p. 58-59. — Voir sur cette question l'Introduction aux *Lettres inédites* de M. Pierre BERTRAND, p. VIII-XXXII. — Pour les faiseurs, *amis* de d'Antraigues, voir ci-après, p. 113 et suiv.

Talleyrand avait ses idées sur le style. Il goûtait peu Buffon. En cela, il avait grandement tort. Il doit certainement à quelque réminiscence des *Vues de la nature* sa page la plus colorée, la seule page colorée peut-être qu'il ait écrite, sa description des forêts vierges. Son véritable maître de rhétorique, c'est Voltaire. Il ajoute, de son cru, je ne sais quoi de mondain et d'exquis qu'il tenait de sa mère. Il ne la connut que tard. Il admirait beaucoup son langage. « Elle ne parlait que par nuances. Il m'est resté d'elle un grand éloignement pour les personnes qui, afin de parler avec plus d'exactitude, n'emploient que des termes techniques. Je ne crois ni à l'esprit, ni à la science des gens qui ne connaissent pas les équivalents et qui définissent toujours. » Ces équivalents, Talleyrand y raffine, et sur l'article le plus délicat de tous, il est incomparable. Je n'en citerai qu'un exemple, qui est d'une rare finesse de nuances. Il s'agit de la défection de Murat : « La Reine se chargea d'écrire à M. de Metternich, sur lequel elle croyait avoir conservé de l'influence et dont elle avait éprouvé la discrétion. »

Les dialogues sont vivants (1). Les portraits, Narbonne, Sieyès, Calonne, sont dans la meilleure note du genre. On s'étonne que parmi tant d'illustres contemporains volontairement oubliés, Talleyrand ait compris madame de Staël. Elle avait été parfaite pour lui. Elle était morte quand il écrivait : il aurait pu montrer, en parlant d'elle, qu'il avait du cœur. Mais, encore un coup, Talleyrand n'écrivait pas pour dire la vérité. C'est la seule explication de son ingratitude. Les *Considérations*

______

(1) Comparer les passages dialogués dans le récit de l'entrevue d'Erfurt, dans les lettres de Vienne à Louis XVIII et dans les lettres de Londres à madame Adélaïde : c'est la même touche, le même tour de main, qui viennent de Voltaire.

avaient paru ou paraissaient quand il rédigeait ses *Mémoires*. Il n'était point politique de vanter madame de
Staël aux lieux où Talleyrand désirait être lu. Il eût été
plus impolitique encore de provoquer devant le public
une comparaison entre les deux ouvrages. Elle s'impose
cependant, et les *Mémoires* en sont écrasés.

VII

Le morceau sur Choiseul, qui clôt la série des souvenirs, aurait dû, par son caractère et par la date des
événements dont il traite, être placé dans le tome Ier,
dans le voisinage du morceau sur le duc d'Orléans.
Aucun des fragments laissés par Talleyrand ne trahit
mieux que celui-là l'esprit de politique exclusivement
personnelle et les procédés, tout de circonstance, qu'il
apporta à la rédaction de ses notes. Le manuscrit original, s'il existe encore, serait curieux à examiner.
Le morceau, tel qu'il est publié, porte à toutes ses
lignes le cachet, entre toutes ses pages le coup de
ciseau ou le coup de canif du prince. Qui d'ailleurs
aurait eu intérêt à altérer ce morceau, et pourquoi?
Ménager les personnes? Il déchire, fait plaie et empoi-
sonne à chaque trait de plume. Y imprimer de la suite
et y corriger les inadvertances? Les lacunes sont manifestes, les inadvertances nombreuses et faciles à corriger
pour un secrétaire le moins du monde informé des choses.
Les auteurs d'apocryphes cherchent toujours la vraisemblance et abusent de la couleur locale. Talleyrand seul
pouvait en user si librement avec sa propre mémoire.

On peut donc le prendre ici sur le vif dans son travail
d'arrangement. Le morceau est daté et situé, si l'on
peut dire : *Commencé à Bourbon-l'Archambault en
1811, et fini à Châteauneuf, près Saint-Germain, chez
madame la duchesse de Courlande, en* 1816. Cinq ans
pour soixante-seize pages d'impression, et en large justification seigneuriale! Nous voilà loin des propos rap-
portés par Vitrolles (*Mémoires,* t. III, p. 444) : « J'ai
écrit deux volumes des *Mémoires de M. le duc de Choiseul;* j'ai fait ensuite un volume sur le duc d'Orléans... »
Il ne faut pas prendre à la lettre les expressions de Vitrolles; les « volumes » de Talleyrand étaient vraisemblablement de ces grands cahiers de papier ministre
copiés à mi-marge, d'un seul côté, de la majestueuse
écriture des chancelleries. Quoi qu'il en soit, cinq ans
et soixante-seize pages, que de prises et de reprises,
de coupes et de recoupes, de ratures, de décousu et de
recousu, ces chiffres laissent supposer!

Nous savons très précisément ce que Talleyrand s'est
proposé : « Une vie bien faite de M. de Colbert ou
de M. de Louvois, écrit-il dans son fragment sur le duc
d'Orléans (t. I, p. 146), donnerait une idée juste du caractère qu'avait le gouvernement de ce grand roi (Louis XIV).
Un ouvrage de ce genre sur le ministère du duc de Choiseul ferait connaître l'esprit qui dominait à la cour et
dans l'administration sous le règne de Louis XV. » Et
dans le tome V : « Ce que j'écris ici est plutôt l'esquisse
d'une époque prise dans son ensemble qu'un tableau
historique de faits. » Cependant, les faits politiques principaux y doivent trouver leur place : Talleyrand mon-
trera « l'usage que M. de Choiseul fit de son pouvoir et
la situation dans laquelle il plaça la France vis-à-vis des
cours de l'Europe ». Il recherchera les actes « du minis-

tère de M. de Choiseul que l'histoire a recueillis ». Ces
actes principaux et essentiels, il les avait posés et signa-
lés d'avance dans une phrase célèbre, devenue presque
classique, d'un de ses Mémoires lus à l'Institut, celui du
25 messidor an V (10 juillet 1797) :

« M. le duc de Choiseul, un des hommes de notre
siècle qui a eu le plus d'avenir dans l'esprit, qui déjà,
en 1769, prévoyait la séparation de l'Amérique de l'Angleterre et craignait le partage de la Pologne, cherchait,
dès cette époque, à préparer par des négociations la cession de l'Égypte à la France, pour se trouver prêt à rem-
placer par les mêmes productions et par un commerce
plus étendu les colonies américaines le jour où elles nous
échapperaient. »

Voilà, semble-t-il, le programme d'une belle étude
historique sur Choiseul, sa politique et son époque « prise
dans son ensemble ». On la cherche vainement dans le
tome V des *Mémoires,* et, loin de développer cette large
esquisse, tout paraît, au contraire, fait pour amener et
motiver ce jugement rétréci : « Ainsi finit ce ministère,
qu'on peut appeler un règne de onze ans, qui a laissé
quelques noms propres et très peu de faits pour l'histoire. » C'est en effet de la sorte que le « règne de onze
ans » est déshabillé de son costume brillant, dépouillé
de son fard et de ses postiches. La suppression des jésuites
est ramenée à une vengeance puérile de vanité : les
mauvaises notes conservées sur Choiseul par ses anciens
maîtres. « C'était une question d'État, il en fit une question d'intrigue. » Nul rapport n'apparaît entre cette
affaire et celle d'Avignon : cette diplomatie, très romaine
et très subtile, échappe à l'ancien évêque d'Autun :
« L'occupation du comtat d'Avignon, opération sans
utilité et sans gloire. Une fantaisie porta à s'en emparer

la peur du diable le fit rendre. » Talleyrand est plus indulgent à la conquête de la Corse : « Il y a des chances pour que cette possession nous soit utile dans l'avenir. » Il juge le traité de 1756 et le système autrichien comme tout le monde les jugeait en son temps. Ajoutons le *Pacte de famille,* le seul succès de Choiseul, le seul acte qui lui « donne une sorte de place dans l'histoire », et ce sera tout. Quelle banqueroute depuis l'an V !

Tout cet avenir que Choiseul avait alors dans l'esprit s'est évanoui. Quand, par hasard, Choiseul a regardé devant lui, ç'a été de travers et du côté où il ne fallait point : le regard d'aigle est devenu un regard louche. En l'an V, il « craignait le partage de la Pologne » ; en 1811-1816, il a dédaigné, par hauteur et morgue de petit-maître, de considérer les choses du Nord, et en particulier celles de la Russie.

Talleyrand laisse tomber ici ce qu'il avait relevé en 1797; ce qu'il savait parfaitement, ce qu'il aurait pu apprendre, de reste, par la seule correspondance de Voltaire, ce que les papiers de Favier et du comte de Broglie, les publications du comte de Ségur et celles de Soulavie avaient fait passer du petit cercle des initiés — dont était Talleyrand — à tout le grand public : les efforts incohérents et intermittents, je le reconnais bien vite, mais ardents et multipliés de Choiseul pour soutenir les confédérés polonais et animer le Turc à la guerre, enfin toute cette activité brouillonne qui le faisait qualifier par la grande Catherine de « souffleur de Moustapha » .

Le principal objet de Choiseul, c'était de neutraliser le continent, sinon de le coaliser en vue de prendre une revanche de la guerre de Sept ans et de recommencer

contre l'Angleterre « la véritable guerre ». C'est ici que
parait la plus étrange des omissions de Talleyrand ; cette
belle politique à longue portée de la guerre d'Amérique,
si justement louée en l'an V, a disparu entièrement dans
le manuscrit de 1811-1816. Rien de plus certain cependant que les desseins de Choiseul, que Talleyrand avait
connus : « L'Angleterre est l'ennemie déclarée de votre
puissance et de votre État, disait Choiseul au roi en
1765... Il n'y a que la révolution d'Amérique, qui arrivera mais que nous ne verrons probablement pas, qui
remettra l'Angleterre dans l'état de faiblesse où elle ne
sera plus à craindre en Europe (1). »

Les vues de Choiseul sur l'Égypte se sont évanouies
comme ses vues sur l'Amérique. Il n'en reste rien. On
en cherche la raison ; elle est facile à trouver, c'est le
calcul subtil qui a dirigé toute la rédaction des *Mémoires,* qui y explique tant d'omissions autrement inex-
plicables et tant de transformations et déformations,
autrement invraisemblables, d'hommes et de choses.
« Le grand art de M. de Talleyrand, rapporte Vitrolles,
tenait à ce qu'il ne s'endormait jamais sur sa fortune.
Le travail de ses intérêts ne lui paraissait jamais fini.
En suivant chaque jour ses pensées, ses paroles, il n'y
en avait pas une qui ne fût dictée par quelque intention

(1) Choiseul était parfaitement informé des troubles des colonies
anglaises ; il en surveillait le développement. M. Cornélis de Witt dans
son excellente étude sur Jefferson, M. Doniol dans sa grande histoire
de l'indépendance des États-Unis, ont publié tous les textes importants.
M. Daubigny (*Choiseul et la France d'outre-mer*, Paris, Hachette, 1892),
dans un travail très louable composé sur les pièces originales, un peu
trop indulgent pour Choiseul, mais d'un bon jugement général, a repris les négociations et les projets de cette période. On voit bien que
Choiseul ne s'est pas borné à prévoir la guerre d'Amérique ; il l'a pré-
parée par la réforme de la marine, il a essayé de la faciliter en prenant
position aux colonies, à la Guyane en particulier.

personnelle. C'étaient des semences jetées au vent dont
une peut tomber sur un sol propice à la faire lever. »
Cherchons donc les motifs qu'avait Talleyrand à parler
ou à se taire sur les affaires du temps de Choiseul, lorsqu'il donna à cette partie de ses *Mémoires* le dernier
coup de ciseau et acheva sur ces chapitres « le travail
de ses intérêts ».

VIII

Les idées sur l'Égypte, qu'il insinuait en l'an V en
s'appuyant de la renommée de Choiseul, il entend s'en
réserver la gloire; c'est à peine s'il en laisse quelque
vestige à Bonaparte : il a écrit pour cet effet tout un
long morceau dans la première partie de ses *Mémoires*
(t. Iᵉʳ, p. 72 à 79, 260), et cette partie a été composée
précisément en cette année 1816 où a été achevé le
fragment sur Choiseul. Quant à l'affaire d'Amérique,
l'explication est encore plus simple. Talleyrand était,
sous la Restauration, le protagoniste de l'alliance anglaise.
Il jugeait inopportun de rappeler les efforts, d'ailleurs stériles, d'un homme qui avait écrit et transformé en programme politique cette phrase compromet-
tante : « L'Angleterre est l'ennemie déclarée de votre
puissance et de votre État, elle le sera toujours. » Il
valait mieux que Choiseul n'eût point de politique que
d'avoir eu cette politique-là. L'avenir que Choiseul avait
eu dans l'esprit en l'an V servait, à cette époque-là,
l'avenir de Talleyrand : Talleyrand faisait sa cour à
Bonaparte avec les desseins de Choiseul sur l'Égypte.

Choiseul nuisait, en 1816, à l'avenir de Talleyrand, qui
cherchait à regagner la faveur de Louis XVIII, et flattait
le goût de ce prince pour l'Angleterre.

C'est aussi l'objet des digressions sur les alliances.
Talleyrand aborde, abandonne, reprend, comme en causant, ce sujet qui est un de ceux où il excellait. Le morceau sur Choiseul contient ainsi quelques pages qui font
hors-d'œuvre, mais qui comptent parmi les plus remarquables qu'ait composées Talleyrand.

Il faut retenir ces lignes, qui dessinent toute la vraie
et grande politique française depuis les traités d'Utrecht :
« Il n'y a personne qui ne doive regarder comme la plus
belle œuvre de la politique une alliance combinée avec
lenteur et sagesse entre des puissances de premier ordre,
dans la vue généreuse de fixer un état de paix permanent
en empêchant partout la guerre, et dont le but unique
serait de forcer, par une médiation juste et imposante,
au repos, à la modération et à un libre et facile échange
des productions des différents pays, tout pouvoir inquiet,
ambitieux et prohibitif qui voudrait troubler l'équilibre
général. »

Il faut isoler aussi les considérations sur l'alliance
autrichienne. Elles découvrent des vues étendues, aussi
intéressantes que celles qu'avait eues Talleyrand lorsqu'en
1797 il annonçait comme une conséquence de l'unité de
l'Italie l'alliance de l'Italie unifiée avec l'Autriche contre
la France (1) ; que celle qu'il avait eue en 1814 lorsqu'il

____

(1) « L'intérêt de la République est surtout de rendre nuls tous les
efforts qui pourraient tendre à réunir toutes les républiques italiques
en une seule...... Cette République deviendrait trop puissante pour que
la France n'eût pas à redouter qu'elle oubliât bientôt le bienfait de sa
création et qu'elle voulût rivaliser avec la République mère. Il y a longtemps qu'on a dit que la reconnaissance n'est pas la vertu des peuples..... »
« Fière de sa force », l'Italie émancipée « voudra s'affranchir de notre

montrait la Prusse et la Russie s'unissant pour faire prévaloir leurs desseins, l'une sur l'Allemagne, l'autre sur l'Orient. Considérant une alliance entre la France et la Russie, telle que Napoléon l'avait tentée à Tilsitt, ou telle que Chateaubriand et Polignac s'étaient efforcés de la réaliser en 1823 et en 1829, il écrit : « Si la France recherchait une autre fois cette alliance, l'effet inévitable et immédiat qu'elle aurait serait de produire un rapprochement intime entre l'Autriche et la Prusse... Quelque peu de sûreté que présente l'alliance de la Prusse, l'Autriche, n'ayant plus à choisir, serait bien dans la nécessité de s'en contenter. » En cas de succès des Russes et des Français alliés, la victoire les diviserait aussitôt, par l'impossibilité où ils seraient de concilier leurs intérêts et leurs prétentions : « Un rapprochement aux dépens de la France ne manquerait pas de s'opérer entre les trois puissances du Nord, et on verrait une répétition des événements de 1813 et 1814, et probablement avec des conséquences plus fâcheuses. »

IX

Ceux qui s'étonneraient de l'audacieuse désinvolture de Talleyrand envers l'histoire ne savent pas, ce qu'il savait à merveille, jusqu'à quel point l'on peut compter

influence. *L'Autriche aura peut-être alors le bon esprit d'offrir son alliance à cette République d'Italie sous le prétexte de la protéger contre notre ambition, mais, en effet, pour nous punir de l'avoir fondée et pour se ménager les moyens de l'asservir ou du moins de l'influencer à son tour.* » Rapport au Directoire, août 1797. PALLAIN, *Ministère de Talleyrand sous le Directoire*, p. 141, note 2.

sur l'ignorance, la faculté d'oubli, de distraction et de
curiosité des gens du monde, pourvu qu'on les occupe et
qu'on les divertisse. Les belles considérations de politique
étaient pour occuper ces gens-là; les anecdotes qui
forment le fond du morceau étaient pour les divertir. Le
divertissement est poussé jusqu'au scandale. La mort de
madame de Pompadour, l'avènement de madame Du
Barry sont délicieusement contés; la grâce du langage,
très nuancée de mépris, forme un ragoût très délicat à la
crudité des faits et jette un voile très libertin sur la
nudité des gens.

Ce morceau, qui termine les *Mémoires,* en définit le
caractère. Il faut se dépouiller décidément de ce double
préjugé que les *Souvenirs* du prince de Bénévent sont
la confession d'une âme agitée, le testament d'un grand
acteur de la vie, la revanche posthume d'un désabusé
ou d'un méconnu, comme les *Mémoires d'outre-tombe,*
ceux de Saint-Simon ou ceux de Retz. Ce n'est non plus
ni la déposition d'un grand témoin comme Philippe de
Ségur ou le duc Victor de Broglie, ni le dossier magis-
tral dressé pour les historiens par Guizot. « Chacun
n'écrit que ce qui le sert », disait Sainte-Beuve (1).
Talleyrand n'écrivait point, comme Stendhal, pour les
critiques de 1860 et les psychologues de 1880; c'étaient
des gens dont il se souciait peu et que, s'il eût daigné
les connaître, il n'eût guère considérés.

Les historiens de profession, investigateurs d'archives,
compilateurs de documents, collationneurs de textes,
vérificateurs de dates, sentaient toujours, pour lui, leur
cuistre d'antichambre. Il en pensait comme son patron
Gondi : « La plupart des hommes du commun qui rai-

____

(1) *Nouveaux Lundis,* t. X, p. 269, article : Saint-Simon.

sonnent sur les actions de ceux qui sont dans les grands
postes sont au moins des dupes présomptueuses. » Ils
jugent du dehors, et à travers les vitres, des choses que
ne peuvent connaître que ceux « qui les ont vues du
dedans », et ils moulent le ressort de l'histoire « sur
leurs cadrans de collège ».

L'histoire faite par les historiens de profession n'est
point la véritable histoire, aux yeux de Talleyrand.
L'histoire dont il s'inquiète et dont il prétend relever
est, comme les grands postes, le privilège des gens de
qualité. Ceux qui sont hommes d'État et veulent pénétrer les négociations ne les trouvent que dans les seules
dépêches : pour ces lecteurs-là, Talleyrand a réuni les
pièces qui forment les deux tiers de ses *Mémoires*. Le
reste, l'esprit de la société et de la cour, le fin des
choses, le secret des hommes, le dessous des affaires, ne
s'apprend que dans le monde, sans travail, presque sans
attention, en écoutant causer les hommes qui ont vu,
ou en feuilletant les recueils de souvenirs que ces hommes
ont laissés. Talleyrand n'a écrit ses souvenirs que pour
ce public particulier : « la société. » Réduire, en vue de
cette société, les hommes et les choses à l'importance
qu'il entend leur attribuer, supprimer ce qu'il veut
qu'on oublie, souligner ce qu'il désire qu'on se rappelle,
affirmer avec impudence ce qu'il prétend faire croire,
taire effrontément ce qu'il prétend faire oublier (1),
ramener les grands personnages à la mesure des acteurs
de salon et les grands événements aux dimensions d'une
scène de château, flatter la méchanceté par ses médi-

____

(1) « M. de Talleyrand a entrepris une petite tâche où il échouera :
c'est de persuader que tous les *Mémoires* où l'on parle de lui et qu'il n'a
pas écrits sont apocryphes. » Le comte Molé au baron de Barante.
Souvenirs du baron de Barante, t. III, p. 213, Paris, Lévy, 1893.

sances, la curiosité par ses anecdotes, la vanité par ses
dénigrements; faire admirer son talent de dire, d'insinuer, de se taire; rappeler en passant, par des digressions adroites, que le causeur est doublé d'un politique
supérieur et découvrir, par instants, de vastes horizons
politiques derrière un paravent de boudoir, voilà son
objet et son art. Il y a excellé dans le morceau sur
Erfurt; on peut dire qu'il y raffine dans le morceau
sur Choiseul : chef-d'œuvre d'atrocité mondaine, avec
des échappées de vues profondes d'homme d'État.

A Vienne, en 1814, dans la fameuse conférence pré-
liminaire du 30 septembre, on discutait sur le Congrès et sur les États qui y devaient être représentés.
« Une conversation, écrit Talleyrand, s'ensuivit dans
laquelle, à l'occasion de celui qui règne à Naples [Murat],
M. de Labrador s'est exprimé sans ménagement. Pour
moi, je m'étais contenté de dire : « De quel roi de Naples
« parle-t-on? Nous ne connaissons point l'homme dont
« il est question. » Talleyrand parlait ainsi devant des
hommes qui l'avaient tous vu vicaire diplomatique et
grand chambellan de Napoléon. Jamais on n'a poussé
plus loin le dégagé dans l'impertinence, et voilà, si j'ai bien
su lire, le véritable esprit, le dernier mot et la clef de ses
Mémoires.

UNE AGENCE D'ESPIONNAGE

SOUS LE CONSULAT

Si vous aimez les romans d'aventures, je n'en connais pas un qui soit, avec un héros plus singulier, traversé de plus de péripéties, agité par plus de catastrophes, semé de plus d'épisodes surprenants, mêlé à de plus grandes affaires et à de plus fameux personnages, que la vie du comte d'Antraigues (1). Si vous aimez les énigmes historiques, je n'en ai pas rencontré de plus irritante à la curiosité, de plus décevante aux conjectures que celle des correspondants anonymes ou pseudonymes d'Antraigues à Paris pendant le Directoire et le Consulat. M. Léonce Pingaud, à qui une main très libérale avait déjà ouvert les précieux tiroirs où dormait la correspondance de Vaudreuil, a rassemblé de toutes parts, de Moscou à Dijon et de Londres à Paris, les pièces incohérentes de cet

____

(1) *Le comte d'Antraigues,* par Léonce PINGAUD, 1 vol., 2ᵉ édition. Paris, Plon, 1894. M. Pingaud, en publiant cette seconde édition, a joint à son ouvrage de précieux appendices contenant des extraits des correspondances de Vannelet, des *amis* et de l'*amie* de d'Antraigues à Paris.

8

extraordinaire dossier. Il en a fait un résumé, un extrait, comme on disait autrefois, clair, substantiel, sobre et constamment intéressant. Ceux qui connaissent, pour s'y être plus ou moins égarés, les labyrinthes et les broussailles de l'émigration, sauront à M. Pingaud un gré particulier de la suite et de la discrétion qu'il a mises dans son ouvrage. Les autres lecteurs en profiteront tout simplement, sans en apprécier autant le mérite. La trame du roman d'Antraigues est trop serrée et trop compliquée pour qu'on la résume. Je vais tout droit à l'énigme : ce n'est pas seulement un divertissement de haute curiosité; c'est un objet pénible, mais instructif d'études. L'ouvrage de M. Pingaud jette sur un coin du monde consulaire une lumière inattendue, très trouble et très inquiétante.

I

LES CORRESPONDANTS D'ANTRAIGUES A PARIS.

Proscrit de France et ruiné par la Révolution, dégradé dans son monde par son mariage avec une comédienne assez scandaleuse, congédié par le comte de Provence qui l'accuse de l'avoir trahi pour Bonaparte, traqué par la police française qui l'accuse, à juste titre, de conspirer contre la République et contre la France, détestant cette République qui faisait de lui un vagabond, enragé contre les Bourbons, qui ne voyaient en lui qu'un *espion dévalisé* et un agent *brûlé*, « la fleur des drôles », acharné contre tous les gouvernements de sa patrie, celui du Directoire comme celui de Bonaparte, d'Antraigues ne

trouva plus qu'un moyen de vivre et d'exploiter, à la
satisfaction de toutes ses rancunes, son étrange génie
d'intrigues : il monta une agence d'espionnage, au profit et aux gages de l'Autriche, d'abord, de 1797 à 1799,
puis de la Russie, de 1800 à 1806. Je dis : espionnage;
il n'y a pas d'autre mot. Il ne s'agit ici ni d'un atelier
de presse comme celui qui alimenta tour à tour le *Mer-
cure* et la correspondance manuscrite de Mallet du Pan,
ni d'un atelier de complots comme la fameuse agence
royaliste qui se transforma tant de fois de 1795 à 1805.
D'Antraigues ne travaille pour personne et travaille
contre tout le monde. Il n'est ni un fanatique, ni un
politique; il n'a ni desseins, ni principes, ni convictions,
ni affections; il n'a que des haines. C'est un ligueur ressuscité et déclassé qui prend Laclos pour Machiavel : les
passions féodales d'un gentillâtre pirate avec la morale
des *Liaisons dangereuses;* « malfaisant au peuple et
rebelle au Roi », libertin d'intrigues qui, faute de cour
où cabaler contre ses maîtres et contre les grands, se
jette dans l'espionnage. Il y porte un art incontestable
de machination. Il enrôle, bon gré, mal gré, débauche et
exploite tous ceux qu'une vie très mouvementée et des
fréquentations dans tous les mondes, un attrait et un
talent de séduction presque irrésistibles, un mélange de
cœur, de charlatanisme et d'escroquerie élégante ont faits
ses connaissances, ses obligés ou ses tributaires. Des services rendus, des secrets surpris, le souvenir encore
ému d'amours passées ou d'amitiés de jeunesse, la confiance ou le chantage, tous moyens lui sont bons pour
arriver à ses fins, qui sont de procurer à Thugut d'abord,
puis à Czartoryski pour Alexandre, des pièces de chancellerie ou, ce qui est plus rare et plus précieux aux
hommes d'État, des jugements, des desseins, des plans

non surpris à demi-mot à travers une porte, mais déro-
bés à l'intimité par un confident hypocrite. Tout le
Vivarais et tout le Forez errants, dispersés, émigrés,
déchus ou parvenus, les commis, clients ou familiers de
l'ancienne intendance de Saint-Priest, en Languedoc,
y passent, dupes ou complices, compromettants ou
compromis, souvent l'un et l'autre.

Je fais la part de la mise en scène, où d'Antraigues
était maître. Qui dit agence d'espionnage dit atelier de
trompe-l'œil, magasin d'accessoires, cabinet de postiches,
toilette de comédien ou de policier de roman. Il faut
mettre en valeur la pièce achetée à un subalterne; il
faut relever les propos recueillis dans le cabaret ou l'antichambre. Il faut jeter du mystère sur la personne du
nouvelliste, ne fût-ce que pour donner du ragoût aux
nouvelles; il faut un spécieux étalage de ressorts compliqués, ne fût-ce que pour faire croire à la puissance de
la machine. D'Antraigues et ses correspondants multi-
plient à plaisir et embrouillent les détails personnels,
moins pour rompre les chiens que pour persuader qu'il
y a une piste. C'est l'enfance du métier et ils raffinent
dans ce métier. Je ne suis pas sans quelque inquiétude
sur le texte des documents cités par M. Pingaud : ce
sont des extraits, des déchiffrements et des copies faits
par d'Antraigues pour Thugut et pour le prince Czartoryski. M. Pingaud assure que d'Antraigues copie fidèlement. Il est prudent de douter de la fidélité de d'Antraigues, même en matière de copie! C'était un article
sur lequel les plus honnêtes gens de son temps avaient
peu de scrupule, et il était l'un des hommes les moins
scrupuleux de ce temps-là.

Quoi qu'il en soit, et la part faite, même large, au
laboratoire et à l'alchimie de d'Antraigues, le fond n'est

pas de lui, et c'est le fond qui nous intéresse. Ses correspondants, sous le fard, le maquillage, les perruques, les lunettes bleues dont il les affuble ou dont ils s'affublent eux-mêmes, donnent l'impression d'êtres très réels et personnels. Ils ont réellement des entrées dans les ambassades françaises à Vienne et à Dresde, aux Affaires étrangères à Paris, aux bureaux de la guerre et jusque dans le cabinet du Premier Consul. S'ils jouent un personnage, ce personnage est parfaitement suivi; il a son caractère, sa physionomie, son langage.

A l'affût dans son repaire, à double issue, de Dresde, d'Antraigues intercepte les correspondances qu'échangent les agents français en Allemagne. Il profite de ses relations de jeunesse avec Champagny pour le détrousser et mettre ses cartons à contribution : il y emploie un ancien ami de sa famille, Posuel, qui est secrétaire de l'ambassade de France à Vienne, et Jean de Müller, qui en est le publiciste consultant; cet écrivain fait, dans ce commerce, pour les motifs les plus inavouables, la plus honteuse figure. A Paris, d'Antraigues opère dans le grand.

Il a deux agents principaux désignés, l'un de 1797 à 1799, sous le nom de Vannelet, l'autre de 1802 à 1804, sous le nom de l'*ami de Paris*. Tous deux travaillent dans la même partie et avec le même zèle. Vannelet renseigne sur les finances, sur l'armée, sur la propagande; il révèle le secret de l'entreprise sur Malte et prévient le grand maître sept semaines à l'avance; il envoie des extraits de la correspondance diplomatique d'Allemagne, de Rome, de Naples. L'*ami* transmet « des états d'effectifs de l'armée française, des rapports de Laforest, ministre à Berlin, des lettres de La Rochefoucauld, ministre à Dresde, des parties de la correspondance d'Hédouville, ministre à Pétersbourg; en février

1804, un relevé diplomatique complet, des extraits importants des dépêches des agents français à l'étranger, faits par Durant (1) et Talleyrand, et mis sous les yeux du Premier Consul... ». L'*ami* a des complices, « entre autres deux frères Simon, employés aux bureaux de la guerre et des relations extérieures ». Il dénonce les agents secrets de Talleyrand à l'étranger, il décèle l'organisation du cabinet noir.

Non seulement il a le secret de la poste, il dispose de la poste même, et le cadenas de la valise des courriers ne lui résiste pas plus que celui des armoires ministérielles. Il envoie ses lettres à d'Antraigues par les propres courriers de l'État. D'Antraigues faisait prendre les plis à Francfort. « Pour lui, il écrivait directement à Paris, mais, comme jadis Brotier, en un style à double sens et à l'aide d'intermédiaires. » C'est la toile d'araignée qui accroche partout sa trame gluante, agglutinante et inextricable.

Vannelet commence la correspondance destinée à Vienne, 15 mars 1798, dans le temps où Mallet du Pan finit la sienne, 26 février 1798. L'*ami* entreprend la correspondance destinée à la Russie après que Vannelet a cessé celle qui était destinée à l'Autriche. Vannelet et l'*ami* rappellent fort le principal correspondant de Mallet : il y a des profils de Treilhard et de Lenoir-Laroche, des jugements sur Bonaparte et sur l'Italie, une dénonciation des projets du Directoire sur l'Angleterre qui semblent des décalques. Les informateurs masqués de d'Antraigues sortent du même milieu que l'informateur occulte de Mallet. C'était, dit M. Sayous,

(1) Chef de la première division; affaires du Nord de l'Europe. Voir MASSON : *Le département des Affaires étrangères pendant la Révolution*, p. 369, 464, 470.

« un de ces hommes intelligents et précieux en administration, à qui les partis les plus jaloux pardonnent
beaucoup parce qu'ils leur sont nécessaires et qu'eux-
mêmes savent avec adresse se renfermer dans la sphère
de leurs laborieux services. Quoiqu'il partageât, au fond,
dès longtemps, les principes de Mallet et bien qu'il eût
en profonde horreur la République et ses chefs, il servait ceux-ci en se persuadant qu'il empêchait beaucoup
de mal. »

Quels hommes se cachent sous ces pseudonymes?
M. Léonce Pingaud a des raisons très respectables, sans
aucun doute, de taire leurs noms; peut-être a-t-il la
meilleure de toutes. Cependant il paraît ou connaître ou
soupçonner de fort près celui de l'*ami* de Paris. Vannelet le déroute davantage. Il serait tenté, en désespoir de
cause, de le confondre avec l'*ami de Paris*. Cet *ami*, à la
vérité, parle une fois de Vannelet comme d'une de ses
connaissances; mais c'est là un déguisement élémen-
taire. Je n'aperçois ni dans les extraits des deux correspondances que donne M. Pingaud, ni dans ce qu'il
révèle sur la vie des deux agents, rien qui manifeste
entre eux des différences irréductibles. Vannelet tient
de plus près au monde des agioteurs, l'*ami* au monde
des fournisseurs et des munitionnaires. Qui sait si Vannelet n'est pas la raison sociale de deux compères qui
collaborent et mettent leurs renseignements en commun?
Celui qui plus tard s'appellera l'*ami* tient déjà la plume,
ce qui explique que les lettres de Vannelet et celles de
l'*ami* soient « du même ton et du même style (1) ». Ce

(1) Voir à l'Appendice et comparer la lettre de Vannelet, du 5 mars
1799, p. 358, et celle de l'*ami*, du 14 février 1804, p 366. — Vannelet
envoie à d'Antraigues un mémoire sur les finances, et il ajoute: « C'est,
j'ose le dire, un morceau unique en Europe et qui ne déparera pas

ton et ce style sont ceux d'un méridional sournois, hâbleur à froid, menteur par précaution et menteur avec délices, excellant au jeu de l'apocryphe et de la contrefaçon : le petit fait probant et inventé, le détail technique, précis et faux, ou plutôt transposé, de façon à garder le naturel tout en déconcertant la recherche (I). Dans tous les cas, si Vannelet et l'*ami* ne se confondent point, ils se touchent de fort près, et si d'Antraigues les a créés, il l'a fait avec les mêmes pièces et d'après un même original. Il y a entre eux identité d'origine, de carrière, de profession, d'opinions, de relations, de moyens et, ce qui est plus rare, similitude et concordance de caractère et de « signes particuliers ».

Vannelet est un ancien ami de d'Antraigues, peut-être son compatriote, client et obligé de sa famille; il a commencé sa carrière à Montpellier, dans les bureaux du grand-père, l'intendant Saint-Priest. *L'ami* est tendrement attaché à la famille et à la personne de d'Antraigues; il a travaillé dans les mêmes bureaux de l'intendance de Languedoc; il a débuté sous le même Saint-Priest à Montpellier. « Votre vénérable grand-père, écrit-il à d'Antraigues, l'homme le plus juste qui ait

votre sublime *Histoire de la Révolution*, si vous y donnez un peu de votre coloris, car cela est sec et froid; au lieu que de ma vie, je n'ai rien lu de si beau que votre histoire... » — *L'ami* conseille à d'Antraigues de remanier ses correspondances : « Il faut faire connaître votre talent; pour cela, mon avis est que vous gardiez pour vous seul tous les moyens que nous vous donnons, c'est-à-dire les garder tels qu'ils sont pour, avec votre talent, donner à cela l'existence qu'il vous plaira... »

(1) Comparer la lettre de Vannelet, p. 357, avec les lettres de l'*ami* sur Hédouville *et* sur la mort du duc d'Enghien; j'ai vérifié les dates et les textes cités. Les détails donnés par Vannelet sur son rôle de chef de la comptabilité, sa démission, etc., sont aussi faux ou falsifiés, sortent de la même officine et trahissent les mêmes procédés que ceux des lettres de l'*ami*.

existé, mon cher maître et protecteur. » Fidèle à
Louis XVI jusqu'à la mort de ce prince, Vannelet s'est
insinué près des meneurs de la Révolution ; il est indifférent, sinon hostile, aux frères de l'ancien roi ; il
méprise les émigrés ; — l'*ami* a rompu avec la monarchie depuis la mort de Louis XVI ; s'il ne se montre ni
indulgent ni sympathique aux républicains, il parle de
Louis XVIII avec mépris, des émigrés avec aversion.
Secrétaire de Bonnier, qui est de Montpellier, ami du
conventionnel Gamon, qui est né à Antraigues même,
dans le Vivarais, qu'il cite, qu'il compromet dans la correspondance et qu'il considère comme le plus grand
génie de l'époque, Vannelet travaille dans les assignats
et les fournitures militaires ; il se dit chef de la comptabilité du Trésor national et de la Caisse des comptes
courants ; il a fait une fortune qu'il évalue à deux millions ; — l'*ami* a fait fortune dans l'administration militaire en qualité de fournisseur et commissaire ordonna-
teur ; cette « fortune est de près de deux millions » , écrit
d'Antraigues en 1804. Vannelet est répandu dans la
société d'Auteuil et il a ses grandes entrées au Directoire ; — l'*ami* a les siennes dans la cour consulaire et
les cercles littéraires du temps. Tous les deux se piquent
de belles-lettres. Ils se targuent, à l'envi, d'influence, de
relations, de crédit. Ils sont dans tous les secrets ; ils ont
partout des créatures (1). Vannelet se montre conversant.

(1) **Vannelet écrit :** « ... Le feu a été au Directoire ; on ne croira jamais ce qui s'y est passé la nuit du 7 au 8 de ce mois. Mais *j'y étais,* je
l'ai vu et entendu ; il y a eu menaces, coups de pieds et de poings donnés
à Merlin par le bossu Larevellière, et enfin six heures de débat de cro-
cheteurs... » L'*ami :* « *J'y étais* avec Talleyrand. J'entendis la fin du
discours de Berthier, et vis la fureur de Bonaparte. Elle fut horrible ;
sa femme vint, la Leclerc vint aussi ; il était hors de lui, et deux fois il
présenta le poing fermé à Berthier... » P 237 et 358.

avec Scherer, ministre de la guerre; — l'*ami* se met en
scène causant avec Berthier et portant des papiers con-
fidentiels au Premier Consul. Vannelet reçoit une mission
secrète à Berlin, après la paix de Bâle, et entre, un
instant, aux bureaux des relations extérieures; en 1798
et 1799 il continue de fréquenter ces bureaux : « un de
ses neveux y est chargé de la correspondance d'Allemagne »; il lit et copie dans le bureau de ce neveu les
pièces qui l'intéressent; — l'*ami* fréquente le même
bureau, celui des affaires du nord de l'Europe et de
l'Allemagne; il y pratique les mêmes opérations avec la
même facilité; « il sert d'aide et de suppléant à un
homme qu'il a formé et élevé », qui est le chef de cette
division.

En 1798 et 1799, la première division, qui embrasse
les correspondances du nord de l'Europe, a pour chef
Durant, fils d'un receveur des rentes de Paris, qui a tâté
du commerce et des assignats et est entré aux Affaires
étrangères du temps de Lebrun : il quitte Paris en 1799,
à l'époque où la correspondance de Vannelet tarit. Quand
la correspondance de l'*ami* commence, Durant est de
retour à Paris depuis 1800 et a repris la direction de la
première division : c'est lui, nominativement, que l'*ami*
désigne comme son élève. C'est de lui qu'il prétend être
l'aide et le suppléant, dont il occupe constamment le
cabinet et dont il met les cartons en coupe réglée. En
1798, Vannelet dérobe et fait passer à Berlin les instructions de Sieyès, dont la minute a été rédigée par Durant;
en 1804, l'*ami* dérobe et fait passer à Dresde les extraits
de la correspondance générale faits par le même Durant.
Vannelet et l'*ami* se prétendent dans le secret de Sieyès
et dans celui de Laforest. Je crois qu'ils se vantent et
qu'ils se bornent tout simplement à opérer, à Paris.

des découpures dans la correspondance de Berlin (1).

Vannelet « fréquente Talleyrand » sous le Directoire et gère les biens de madame de Talleyrand en 1804; l'*ami* « jouit, sans titre officiel, de la confiance de Talleyrand »; Talleyrand, dit M. Pingaud, est « la source principale de ses renseignements ». L'*ami* l'a connu de tout temps. Il n'est pas difficile d'établir le lien entre eux. Vannelet et l'*ami* ont eu, en même temps, les m mes occasions de rencontrer à Montpellier l'oncle du ci-devant évèque d'Autun, le comte Gabriel de Talleyrand-Périgord, gouverneur du Languedoc et président des États, bienveillant et « vertueux » comme l'intendant Saint-Priest et tout disposé à aider, à Paris, les hommes qu'il avait appréciés pendant ses séjours dans le Midi (2).

Vannelet prend soin des intérêts de la mère de d'Antraigues, demeurée en France; il voit toujours en d'Antraigues le « Benjamin » de Saint-Priest; l'*ami* « veille sur la tranquillité de la mère »; il fournit au fils des moyens destinés à « forcer la faveur » de la cour de Russie, et restitue, en mourant, 50,000 francs prêtés par le père de d'Antraigues et qui ont été le commencement de sa fortune. Vannelet disparait en 1799, reparait

(1) La seconde division, celle des affaires du Midi, confiée à d'Hauterive, paraît être restée inaccessible aux *amis*. Le correspondant de d'Antraigues qualifie quelque part d'Hauterive de « coquin »; il faut entendre le mot dans un sens « amical » et en conclure que d'Hauterive ne se prêtait point aux mêmes complaisances que Durant. Dans une lettre du 15 mars 1805, Czartoryski charge d'Antraigues de s'informer, par ses *amis*, si un sieur Simon l'aîné, ancien secrétaire de Treilhard, n'est pas rentré aux Affaires étrangères : « Il était sur le point de rentrer en activité dans le bureau de d'Hauterive et avait promis de livrer tout ce qui lui passerait par les mains... Ce serait un excellent accroissement des moyens que d'Antraigues a à Paris, et c'est pourquoi il serait de la plus haute importance qu'il tâche de l'acquérir. »

(2) Voir les *Mémoires de la duchesse d'Abrantès*, t. 1er, ch. v.

en passant en 1804, dans les papiers de d'Antraigues, et disparaît pour toujours. L'*ami* meurt dans l'été de 1804. Il avait « un souci bien entendu de l'avenir de ses fils ».

L'un d'eux, rapporte M. Pingaud, fit partie « de l'entourage impérial ». Après la mort de l'*ami*, ce fils continua la correspondance et la suivit jusqu'à l'entrée de Napoléon en Allemagne, dans l'automne de 1805. « Encore mieux que son père à portée de connaître les hommes et d'observer les événements », on le voit dans la même familiarité aux bureaux de la guerre, dans la même intimité avec Durant, dans un commerce plus fréquent encore avec Talleyrand, dont il se donne pour un des *faiseurs* attitrés. Travaillant à cette besogne politique, incognito et dans la coulisse, il envoie à d'Antraigues ses lettres écrites à l'encre sympathique sur les marges du *Moniteur,* et il les expédie, avec les pièces à l'appui, par les courriers de l'État. Parmi ces pièces, M. Pingaud signale de substantiels mémoires sur la Saxe et la Bavière, dans leurs rapports avec la France; la primeur d'un document politique de la plus haute importance : le rapport de Talleyrand sur l'établissement du royaume d'Italie, lu en conseil secret le 5 février 1805 (1). Le *fils de l'ami* correspond avec d'Antraigues par l'intermédiaire de Suchet, de Molinier-Montplanqua, avoué au tribunal de cassation, qui, dit-il, ne se doutent pas de ce qu'ils transmettent, et enfin d'un certain Limolin, policier très louche et artisan notoire de complots. Il reçoit la protestation du gouvernement russe contre l'exécution du duc d'Enghien : « C'est une pièce superbe, écrit-il à d'Antraigues, le 30 juillet 1804; depuis quinze ans nous n'en avons pas une seule à lui comparer.

(1) Voir à l'Appendice, p. 412, la lettre du *fils de l'ami.*

C'est beau, c'est raisonné, c'est noble, c'est clair, c'est parfait... Ici, on n'en dira pas un mot; mais elle sera connue dans ma tournée annuelle aux frontières. Je me charge de la répandre sur une ligne de neuf cent quatre-vingts lieues. Elle doit influer sur l'opinion. » Czartoryski écrit à d'Antraigues, le 15 mars 1805, au moment où se noue la coalition : « L'état de l'armée française que vous m'avez envoyé est une pièce très essentielle que j'ai lue avec bien du plaisir. » Le *fils de l'ami* se montre lui-même, à une heure très critique des préliminaires de la campagne, occupé à ranger des papiers militaires dans le cabinet de Napoléon, le 14 juillet 1805, et il livre à la Russie des états de situation du corps de Bernadotte, en Allemagne. Il déclare d'ailleurs, comme son père, qu'en desservant ainsi Napoléon il n'entend servir à aucun degré les Bourbons.

Mais il entend servir et il sert très utilement l'Angleterre; il ne sépare pas les intérêts de l'Angleterre de ceux de la Russie. Vannelet correspondait avec Londres et donnait aux Anglais, au moins en substance, les mêmes informations qu'à d'Antraigues. « Je fais savoir tout cela à Grenville », mande-t-il à d'Antraigues, le 27 novembre 1798; et le 6 mars 1799 : « Enfin on m'a compris à Londres! »

L'*ami,* dans une lettre du 14 février 1804, est amené à s'expliquer sur ses relations avec l'Angleterre, et il le fait dans des termes qui ne peuvent laisser aucun doute sur le rôle qu'il jouait et sur la gravité des opérations qu'il suivait, en même temps à Londres et à Pétersbourg : « Les Anglais, le premier peuple du monde pour établir et conserver des amis et des intelligences, ont ici la machine la mieux montée qui existe sûrement; celle-là, rien ne la ferait sortir de son orbite et de la

main du premier sous-secrétaire d'État (1). On est sûr
de cela ici. Quand ils font des entreprises, jamais il n'y
mêlent en rien ni pour rien la tête de la machine (2);
elle reste toujours intacte, isolée sans qu'il y ait possibilité
physique qu'elle puisse être compromise. Ils font à cela
tous les sacrifices, même celui du plus ou moins de succès
de toute autre entreprise secondaire... » Et il ajoute,
pour le cas où d'Antraigues quitterait le service russe
et passerait l'Angleterre : « Là vous n'aurez que de
l'argent à avoir et pas de places ni titres, avec votre
volonté bien juste de garder votre religion; mais pour
de l'argent, vous en aurez et tant que vous voudrez, et
cela vaut bien un cordon. Tous les moyens, je les ferais
aboutir à vous seul, bon gré, mal gré, et rien ne sortirait
que de votre main. Enfin, j'offre de vous placer à la tête
de toute la besogne à Londres avec l'appointement qu'il
vous plaira et le traitement éventuel de retraite consé-
quemment à l'appointement. Voilà ce que mon amitié
sans bornes vous propose, au cas qu'il n'y ait rien à faire
en Russie. » Un certain Latour, qui se prétend ami de

(1) « Le cabinet de Londres », dit M. Pingaud, résumant les lettres
de l'*ami*, « était servi à Paris par bon nombre de gens en place, dans
les armées et les bureaux. Ceux-là — et l'*ami* cite comme pensant ainsi
Sieyès, Masséna, Suchet — détestaient les Anglais et n'eussent rien
voulu accepter d'eux, et néanmoins, sans se faire connaître, ils réussi-
saient à surprendre les secrets du cabinet consulaire et faisaient passer
au delà de la Manche des avis propres à contrecarrer les desseins du
maître. » Comparez comte DE MARTEL, *Conspiration de Georges*. L'auteur a consulté à Londres les correspondances des agents anglais à
Paris; il a vu fonctionner la « machine » par l'autre extrémité. Ses
notes, très curieuses, donnent la contre-partie et presque toujours la
confirmation de celles de M. Pingaud. Pour les antécédents, voir André
LEBON, *l'Angleterre et l'émigration* (p. 203 et 248). Paris, Plon, 1882.

(2) Cela s'applique à la conspiration de Georges : l'*ami* en a suivi
tous les fils, mais il ne les tient pas, il n'y est pas mêlé et il rassure d'Antraigues sur cet article. Voir la lettre de l'*ami*, p. 366. Sur la *machine*,
lire la lettre de l'*amie*, p. 368, 375, 394, 395.

Fox, sert d'intermédiaire entre Londres et Paris. Le *fils de l'ami* continue, après l'été de 1804, à faire jouer la même *mécanique*, par les mêmes procédés et avec la même sécurité; il entretient les mêmes rapports indirects avec le sous-secrétaire d'État Hammond, qui ne l'a jamais trahi; il travaille à la même *besogne*, avec le concours de ce qu'il appelle quelque part les « chefs du parti de l'Angleterre en France ». C'est ainsi qu'il révèle aux Anglais les desseins de Napoléon sur l'Italie et les projets de diversion maritime conçus par l'empereur en 1805.

A ces redoutables écumeurs de secrets d'État, d'Antraigues associe, pour la chronique, les intrigues des boudoirs et la politique d'alcôve, une correspondante, passionnément dévouée à sa personne, parfaitement déliée au manège, et d'un esprit singulièrement alerte et aiguisé, l'*amie de Paris*. C'est une femme du monde, du grand monde même; elle figurait à la cour, dans l'entourage de Marie-Antoinette; elle a rencontré d'Antraigues en 1788 et ébauché avec lui un roman d'amour qui lui laisse de longs regrets et d'inaltérables souvenirs. Veuve en 1790, elle eût été prête à donner à d'Antraigues sa main, après son cœur; mais d'Antraigues est engagé avec la Saint-Huberty; l'*amie* se remarie. Faute de pouvoir encore aimer cet amant inoubliable, elle s'attache à sa carrière avec un zèle tantôt attendri, tantôt emporté, qui rappelle tour à tour la protection de la duchesse Sanseverina pour son cher Fabrice et les services rendus par la duchesse de Maufrigneuse à de Marsay. L'*amie* n'a pas émigré; elle est riche, elle vit dans le monde de madame Bonaparte, elle y est en faveur; elle rentrera même à la cour, du temps de Marie-Louise, ralliée par ce mariage autrichien, mais ni gagnée ni convertie. Elle veut la fortune de d'Antraigues en Russie; elle le renseigne dans des lettres volumineuses, diffuses, délayées, qui semblent des feuillets détachés des *Mémoires* de la duchesse d'Abrantès et par moments aussi, dans les bonnes pages, comme des brouillons des *Mémoires* de madame de Rémusat; elle fait plus, elle presse, dirige, éperonne les *amis* de Paris, le père et le fils, qui n'ont rien à lui refuser. Comme elle a éprouvé toutes les séductions de d'Antraigues, elle lui prête tous les mérites. Elle rêve pour lui les grandes aventures de l'exil. Il ne tient pas à elle et à ses collaborateurs que ce héros de théâtre politique, ce contrebandier d'État et cette contrefaçon de grand homme, — Mirabeau sans la flamme, Talleyrand sans la tenue, Lauzun sans la bravoure, — n'ait, en Russie, prévenu Richelieu, supplanté Speranski et évincé Czartoryski lui-même (1).

Ainsi se complète cette association qui, si elle a été inventée par d'Antraigues, égale et dépasse ce que les romanciers ont imaginé de plus machiavélique; qui, si elle a existé réellement, comme tout presse de le croire, est une des plus insidieuses et des plus dangereuses que la haine politique ait jamais formées. Napoléon en ressentit les coups, sans deviner la main qui les portait : ses soupçons se rassemblèrent sur Talleyrand, et les complices échappèrent à la triple et quadruple police de l'Empire, aux observateurs de Fouché aussi bien qu'aux gendarmes de Savary.

J'aimerais à penser, et j'en ai été plus d'une fois tenté, au cours d'une première lecture du livre, avant de connaître le texte des lettres, que toute cette mise en

(1) Voir, p. 376, les lettres du 6 au 11 décembre 1804. Les X et le nom en blanc désignent le *fils de l'ami*. Il y est fort question de *l'ami*, le père, mort dans l'été de 1804.

scène des *amis* et de l'*amie* n'est qu'une fantasmagorie du cerveau» volcanique et sulfureux », de la vanité exubérante et grossissante de d'Antraigues; que les correspondances sont apocryphes et les correspondants fictifs; qu'avec des secrets épiés, devinés ou imaginés, avec des lambeaux de pièces dérobées, des extraits de gazette habilement réchauffés et épicés, d'Antraigues compose un roman politique dont il se fait le héros; que recevant, d'un côté et par les bas-fonds, des documents volés, de l'autre, et, de plus haut, des lettres imprudentes, il mélange les unes avec les autres, intercale les pièces dans les lettres, compromet ses *amis* à leur insu, transforme ainsi en agents de simples mécontents, et sur leur canevas d'indiscrétions, de commérages et de scandales, brode impudemment son ouvrage d'espion. Mais, jusqu'à preuve du contraire, je dois prendre les papiers et les gens comme je les trouve dans le livre de M. Pingaud. Le vol des papiers d'ailleurs est manifeste, l'envoi des renseignements est certain; le gouvernement russe a jugé, sur ces lettres, l'opinion de Paris, dans l'entourage du Premier Consul, et, quels que soient les correspondants, il y a intérêt à rechercher le caractère et l'esprit de la correspondance.

II

LE CARACTÈRE DE LA CORRESPONDANCE.

Si le nom des correspondants de d'Antraigues est une énigme, leurs motifs sont un abîme. J'imagine que, si on les démasquait, le problème n'en paraîtrait que plus indéchiffrable. Qui les meut et les anime en cette besogne ténébreuse où ils exposent leurs biens, leur liberté, leur tête? Ils n'ont aucun fanatisme monarchique ni républicain; ni foi, ni principes, ni attachements; ils trahissent, ils ne conspirent pas; ils nuisent et ne servent point. Ils sont riches, ils ne sont pas payés et ne veulent pas qu'on les paye. Ce n'est ni la prétention, ni l'ambition : ils se dissimulent. Ils désirent rester inconnus du gouvernement russe qu'ils servent, et c'est à leur insu que d'Antraigues, au lieu de remanier et de résumer leurs lettres, les copie (1).

L'intrigue? C'eût été pour des gens si prudents une distraction étrangement dangereuse avec un maître si peu patient (2). La reconnaissance envers d'Antraigues et sa famille? Vannelet s'en vante, l'*ami* s'en targue, le *fils de l'ami* y ajoute : « la piété filiale »; cette « sensibilité » est dans le goût épistolaire du temps, et ces sentiments expliqueraient à la rigueur une correspondance comme celle de Mallet; ils n'expliquent pas les pièces dérobées, les secrets d'État révélés, la haute trahison, enfin, avec toutes ses circonstances et toutes ses preuves. Aucun de ces motifs n'est en proportion avec les actes accomplis et les risques encourus.

Je ne vois qu'un mobile qui satisfasse l'esprit; assez âpre, insidieux et despotique pour tout expliquer sans excuser rien : l'intérêt, qui remue, pousse et meut le fond des choses humaines, jusque dans leurs plus grandes crises; le régulateur sourd et permanent des âmes communes et du commun des âmes : la peur de perdre, seule plus obsédante et dominante que la peur d'être

(1) Voir p. 229, 395.

(2) « L'*ami* de... qui est prudent parce qu'il sait les risques à courir et qu'il a la tête froide. » D'Antraigues à Czartoryski, 4 décembre 1803.

perdu. Il mine continuellement, abat, rase, pioche, terrasse et laboure. Il n'est ni palais, ni forteresse, ni temple qui résistent, à la longue, à l'invasion de cette bande noire, vorace et avare, infatigable et insatiable. L'intérêt a fait triompher l'égalité dans la Révolution et succomber la liberté dans la République; il a fait prévaloir le Code civil et abroger les Droits de l'homme; il a consolidé le grand livre de la dette et fait échouer le *blocus continental*. Bonaparte, élevé par la coalition des intérêts, est tombé sous leur coalition. Il a obéi aux intérêts, il en a profité, il les a exploités, il les a compromis, et ils ont conspiré sa chute avec la même persistance de taupes, acharnées à leur besogne, qu'ils avaient préparé son avènement. « Il n'y a plus d'esprit révolutionnaire, écrivait l'*ami* en juillet 1803, mais il y a nécessité de tenir à la Révolution... Il n'existe peut-être pas le vingtième de la France qui voulût ce qui a été fait; mais il n'y en a pas mille qui voulussent détruire ce qui est. Les Bourbons leur sont ou à charge ou à mépris; ils n'en veulent pas; Louis XVIII, ils le couvrent de boue... »

Voilà le fond de Vannelet, qui a ses deux millions à conserver et à employer; voilà le fond de l'*ami*, qui a aussi ses deux millions à faire valoir et ses fils à pourvoir; voilà le fond du *fils de l'ami*, qui place à douze pour cent, en avances au département où il sert, sa part des capitaux paternels, qui ne soutient cette grosse fortune que par son crédit et sait bien qu'on n'a de crédit que tant qu'on est « dans la machine ». Ils craignent deux choses : une restauration de l'ancien régime, avec les émigrés, qui les forcerait à dégorger, restituerait les biens nationaux et renverrait les agioteurs et fournisseurs dans leurs bas-fonds originaires; ils craignent davantage encore la folie de la guerre et les

hyperboles conquérantes de Napoléon qui feront sauter
la machine, rompront les affaires, mettront le pays en
banqueroute, anéantiront la fortune publique, ruineront
les particuliers; les réquisitions, enfin, et les confiscations qui, en cas de déroute, retourneront, videront et
secoueront impitoyablement le sac aux écus des fournitures militaires. Il faut donc la paix, le plus tôt possible, par tous les moyens et avec l'Angleterre surtout.
L'Angleterre est pour les survivants de 1789 l'arche
sainte de la liberté; elle est pour les parvenus de 1793-
1804 la Bourse universelle du commerce, la caisse cen-
trale du trésor européen : elle est sacrée. Ces spéculateurs
enrichis par la guerre deviennent pacifiques comme
leurs émules les jacobins, préfets ou conseillers d'État,
deviennent conservateurs et réactionnaires. Ils sont plus
Européens que Français, plus Anglais qu'Européens.
« Assurez Pitt que je ne donnerai pas 24 sols », écrivait, en 1798, le soi-disant chef de comptabilité de
la Caisse des comptes courants, Vannelet, qui « place
1,500,000 francs en Angleterre et en Amérique ».
L'*ami* professe qu' « une Angleterre puissante est nécessaire afin d'empêcher Bonaparte d'être un fléau chez lui
et chez les autres ». Il opère en conséquence : il est
l'âme damnée de ce qu'on appelle, autour de lui, le
parti de l'Angleterre en France. Le fils sert le même
parti, très considérable, dit-il, et qui étend partout
ses plis et ses replis. Il tient, avec ce parti, que l'Angleterre « est nécessaire à la France pour empêcher la
tranquillité d'un règne qui, s'il était paisible, effacerait celui de Néron » : « Sans l'Angleterre, écrit-il en
février 1805, la France serait un enfer. » « Tous nos
principes, ajoute-t-il quelque part, se réduisent à celui-
là. » Ce sont les antipodes de l'empire d'Occident et du

système continental, cet « infernal système » que le *fils de l'ami* maudit, dès mars 1805, et dont il dénonce le dessein en livrant à la Russie les plans de Napoléon sur l'Italie.

Leur politique, c'est une alliance de l'Angleterre et de la Russie qui leur assurera la sécurité dans une France pacifiée selon leurs intérêts au milieu d'une Europe organisée selon leurs vœux. L'*ami*, qui a la tête plus froide, ne cache pas ses préférences pour l'Angleterre : l'*amie*, qui a plus de sensibilité et aussi plus d'*avenir* dans l'imagination, s'envole vers la Russie : « Elle en est amoureuse », écrit l'*ami*, « et me traite comme un chien au moindre retard. » « J'aime l'empereur de Russie, c'est une passion déclarée »; elle le nomme : « mon empereur ». Alexandre est déjà pour elle « l'ange » qu'il sera pour madame de Krüdener, madame de Choiseul-Gouffier et tant d'autres *Eloas* de boudoir et d'oratoire (1).

Le premier article, c'est de renverser Bonaparte : l'Angleterre et ses amis ont cru que la rupture de la paix d'Amiens lui porterait un coup mortel : ils se sont trompés (2). Dès lors, il n'y a plus de ressource que dans « une révolution de palais », selon l'euphémisme

(1) Sur cette politique voir Pingaud, p. 235-236, 384, 392 — Comparez, pour le contre-coup et la contre-épreuve, les *instructions secrètes* données, en septembre 1804, à Novosiltsof, envoyé du tsar en Angleterre, pour négocier l'alliance destinée à « affranchir la France du despotisme sous lequel elle gémit », à « libérer la France » et à « délivrer de son joug les pays qu'elle opprime »; et, pour y parvenir, à « enchaîner la France, à restreindre la puissance française », à « faire rentrer la France dans ses anciennes limites », et à donner à l'Europe, sous la direction de la Russie et de l'Angleterre, « un état de paix et de prospérité comme elle ne l'a jamais eu. » Czartoryski, *Mémoires*, t. II, p. 27, 31, 33, 35, 46. Paris, Plon, 1887.

(2) Pingaud, p. 240.

de Pétersbourg et de Constantinople : supprimer Bonaparte, et, comme il n'y a guère d'autre moyen, le tuer. Les agents de l'Angleterre y travaillent, et c'est le lien entre la conspiration de Georges et la troisième coalition. L'*ami* qui souffle cette coalition à Pétersbourg, couve le complot à Paris. Il n'y trempe pas, mais il en connaît l'objet et toutes les affiliations. « Sûrement, écrivait-il quelque temps après, si la chose avait réussi et que l'on eût voulu mettre un roi, la chose était très faisable ; mais la chose n'était point le but principal de l'Angleterre ; le but était de se délivrer de Bonaparte et de traiter de la paix avec le nouveau gouvernement, sans le gêner en rien sur ce qu'il aurait voulu établir. De cela je suis sûr comme de ma propre existence (1). »

Latour, le principal courtier du commerce de l'*ami* à Londres, est aussi à Paris l'un des principaux boutefeux du complot. L'*ami* a vu Georges : « Je le connais ; c'est un homme très gros, très lourd, une tête comme un muid, un paysan, un fermier qui, élevé par Charette, s'est fait chef, qui sait à peine lire et n'écrit presque pas ; mais c'est la tête la plus forte, la plus riche en moyens, le cœur le plus élevé que j'aie rencontré depuis cinquante-

(1) Voir à l'Appendice la lettre du 14 février 1804, p. 366 et suiv. — Le gouvernement anglais, dit M. DE MARTEL, *Conspiration de Georges,* p. 73, « n'eut pas besoin de chercher à créer les haines atroces qui se manifestèrent à cette époque, il n'eut qu'à ne pas les arrêter Comme les royalistes, comme les républicains, les ministres britanniques étaient convaincus que la mort du Premier Consul amènerait une révolution et sauverait l'Angleterre des dangers redoutables dont la présence du général Bonaparte à la tête du gouvernement de la France la menaçait. Pour faciliter le mouvement qui devait le renverser du pouvoir, ils ne reculèrent pas plus que les royalistes, pas plus qu'un grand nombre de républicains devant les moyens que l'action délétère des révolutions inspirait en France aux hommes ardents des divers partis et donnèrent les fonds nécessaires pour exécuter le complot dont Georges et Pichegru étaient les principaux agents. »

quatre ans que je vois les hommes et que je peux les
juger, et s'il était pris, ce serait un malheur; mais Dieu
lui-même ne lui arracherait pas une révélation. Sa perte
sera irréparable, mais l'homme est unique. » L'*ami* est
averti, trente-six heures à l'avance, de l'arrestation de
Moreau; il l'annonce à d'Antraigues dans une lettre datée
du 14 février 1804, et il révèle, en même temps,
l'étendue et la gravité du complot : « Ceci n'est pas une
conspiration de roman; le fond est vrai ... » « On [le
gouvernement consulaire] sait la mécanique du coup
monté; mais on ignore et on ignorera toujours les partisans qui sont jusque dans le ministère, jusqu'au Conseil
d'État et jusque dans le Sénat (1). On ignorera ceux qui
sont dans les armées; mais si Moreau parle, ceux de la
garde et garnison de Paris sont perdus, car il a bien fallu
les lui faire connaitre. Oh! pour ceux-là, le danger est
grand, si Moreau est faible. Mais la crainte qu'il ne le
soit peut porter à des actes d'audace qui finissent Bo-

(1) « La haute position des chefs de ce complot et le nombre considérables d'officiers et de fonctionnaires qui y étaient compromis... »
« Puis les fournisseurs et les agioteurs de toutes les natures; ceux qui
avaient fait des fortunes sur les biens nationaux, sur les fonds publics... »
« ... Quand on réfléchit à la facilité avec laquelle les hommes les plus
éminents du parti républicain, Moreau et Sieyès, et presque tous les
mécontents civils et militaires, parmi lesquels des sénateurs et trois
ou quatre des futurs maréchaux de l'Empire, Bernadotte, Augereau,
Macdonald et peut-être Masséna, acceptaient le bénéfice d'un acte
inavouable, c'est-à-dire d'un assassinat, on ne doit pas être surpris de
voir les royalistes, qui avaient tant souffert de la Révolution, ainsi que
le gouvernement britannique, ne pas se montrer plus difficiles que ces
grands citoyens..... » En outre Souham, Liébert, Lecourbe, Delmas,
Laborie. DE MARTEL, *Conspiration de Georges*, p. 42, 46, 49, 53, 71. —
M. Pingaud, d'après l'*ami*, p. 250, cite, à côté de Moreau et de Pichegru, « dans le ministère, aux armées, jusque dans les assemblées politiques, une foule de gens effectivement ou moralement complices, vingt-
trois sénateurs, deux généraux en chef, Lecourbe et Macdonald, Suchet
et Dessoles », Réal enfin, « plus enfoncé que tout autre par les lettres
de sa main à Pichegru ».

naparte; il le sent, et redouble de fureur et de vigilance, et, pour cette fois, il a raison, le péril est grand. » L'*ami* incrimine Moreau, et donne la note juste du procès : « Moreau a infiniment d'amis, qui ne cesseront de l'être que quand ils verront l'évidence de sa manœuvre; mais, ajoute-t-il, cela ne se pourra démontrer judiciairement (1). »

Balzac a eu l'intuition de ce « plan très vaste et très bien conduit qui devait atteindre Bonaparte à l'extérieur par la vaste coalition de la Russie, de l'Autriche ét de la Prusse, qu'il vainquit à Austerlitz, et à l'intérieur par la coalition des hommes les plus opposés les uns aux autres, mais réunis par une haine commune, et dont plusieurs méditaient la mort de cet homme sans s'effrayer du mot *assassinat* ». Mais à cet admirable roman — *Une ténébreuse affaire,* qui éclaire l'histoire bien plus qu'il ne la reflète — il manque un personnage que Balzac n'a pas connu et que lui seul aurait pu peindre : l'*ami*. Il en eût fait ce que l'*ami* était en réalité, l'usurier d'État, une sorte de Gobseck politique, machiniste monstrueux qui a sa place marquée dans les coulisses de la *Comédie humaine.* « Croyez-vous, disait Gobseck en tendant son visage blême et qui sentait l'argent, croyez-vous que ce ne soit rien de pénétrer ainsi dans les plus secrets replis du cœur humain, d'épouser la vie des autres et les voir à nu?... Ces sublimes acteurs jouent pour moi

____

(1) Comparez les *Mémoires du chancelier Pasquier :* « Il paraît — j'ai toutes les raisons de le croire — que le Premier Consul comptait sur la faiblesse de son caractère et qu'après en avoir obtenu une confession à moitié sincère, le pardon devait lui être facilement accordé..... La maladresse de M. Regnier fit manquer ce plan... Un parti considérable dans l'armée, tous ou presque tous les Bretons... se trouvèrent amenés par le besoin de se défendre, à prendre intérêt à la conspiration... » P. 170.

et sans pouvoir me tromper. Croyez-vous qu'il n'y ait pas de jouissances sous ce masque blanc dont l'immobilité vous a si souvent étonné? » Telles étaient, sans doute, les sinistres débauches de l'*ami*.

Je me figure ce vieux commis de province, obséquieux, cafard, âpre à la curée, infatigable à la besogne, périphrasant, important, à prétentions d'éminence grise et à mine de cuistre, le sachant et en profitant pour faire le bonhomme et se recroqueviller devant les chefs et capter le maître même par la docilité silencieuse de son travail, sa mémoire toujours dispose, sa plume toujours servile, son esprit, inépuisable en arguments, raisons et consultations, avide, captieux, impénétrable. Il abhorre Bonaparte pour la nécessité où il est de lui obéir, pour l'hypocrisie qu'il s'impose, pour la trahison qu'il consomme, pour la peur mortelle qu'il en ressent et qui le talonne jour et nuit. Quand il revient chez lui, le sang échauffé par la contrainte et l'effort, congestionné, bourru, il trouve cependant le courage et le temps d'écrire à d'Antraigues, puis de chiffrer à l'encre sympathique d'interminables lettres. C'est qu'il y épanche sa bile et sa colère rentrée. Il se venge de sa peur en montrant le maître détesté, tremblant à son tour dans son palais, malgré le triple cordon de sentinelles, les portes barricadées, les gardes de confiance dans sa chambre à coucher, les escortes sur les routes suspectes et les essaims de policiers tourbillonnant partout autour de lui (1). Et l'*ami* jouit d'autant plus de ces frayeurs à la Crom-

(1) Voir PINGAUD, p. 248, et comparez comte DE MARTEL, *Conspiration de Georges*, p. 17-19, correspondances des agents anglais : « Il vit entièrement renfermé dans ses Tuileries, qui sont gardées comme une véritable forteresse... Les fréquents changements de commandant de la garde ne permettent à aucun d'eux de prendre sur leurs hommes une autorité dangereuse, etc. »

well dont il ridiculise le vainqueur de Lodi et de Marengo,
qu'il sait que le péril est plus réel et que Bonaparte lui-
même en ignore toute l'étendue (1).

Ainsi des colères : je vois l'*ami* assistant aux emportements de Bonaparte, promenant son regard faux du
maître en fureur aux papiers qui trainent sur la table,
et notant, tout en tremblant lui-même, l'expression de
ces accès de « rage » qu'il a provoquées et où Bonaparte paraît comme fou. « Il n'en peut être autrement,.
écrit-il à d'Antraigues. Il voit l'Angleterre savoir tous ses
plans, sans avoir aucune possibilité d'aller à la source... »
Le monde d'alors connut plusieurs de ces machiavels
bourgeois qui avaient vu sans regrets tomber l'ancien
régime, qui avaient traversé la Révolution sans préjugés
et abordaient le régime nouveau sans illusions ; ne cherchant que l'utile et le profitable, tandis qu'autour d'eux
on s'entre-tuait pour la liberté, l'humanité, la justice,
la gloire et les insignes passagers de la puissance. Ils
vivaient et ils exploitaient les réalités du pouvoir. Leur
politique, en France et en Europe, est l'envers réaliste
et la caricature avilie de la politique, tout abstraite et
idéaliste, de madame de Staël. Napoléon railla, pro-
scrivit et persécuta cette femme, dont il avait peu à
craindre en France et en Europe, car elle était généreuse et elle était isolée. Il garda dans son palais, conserva dans sa confiance, enrichit, combla d'honneurs,
fit princes et barons de son Empire des ennemis secrets
dont la défection constante et la trahison continue
faussaient et contrariaient ses desseins : il avait tout à re-

(1) Voir la lettre du 14 février 1804, p. 370, 372. — « On peut dire
aujourd'hui que Bonaparte ne connut pas plus l'étendue des dangers
qu'il courut alors, que l'Angleterre ne connaissait le péril où la mettait
le camp de Boulogne. » BALZAC, *Une ténébreuse affaire.*

douter d'eux, car ils étaient avares et ils étaient légion.

Ils travaillent pour eux-mêmes et veulent une combinaison de révolution et de gouvernement qui leur assure leurs emplois, leurs titres, leurs placements et leurs rentes (1). Écoutons-les, écoutons leurs interlocuteurs. C'est un étrange concert. Vannelet appelle, en 1798, un héros libérateur, un monarque constitutionnel consacré par le génie. L'*ami* reconnaît que Bonaparte ne sera pas cet homme-là. Il n'est pas seul, dans l'entourage du Consul, à juger de la sorte. Champagny, ambassadeur à Vienne en 1802, est un compatriote de d'Antraigues. Il le rencontre secrètement chez un ci-devant chanoine de Troyes, émigré en Autriche, Pierre Maydieu, leur ancien gouverneur commun. Champagny parle de la République, de l'Europe et du Premier Consul presque dans les mêmes termes que Vannelet et que l'*ami*. « Bonaparte est un tyran... Il a ce qu'il faut pour l'opération qui nous est nécessaire, il n'a rien de ce qu'il nous faut quand l'ordre sera rétabli ; mais il aura rendu le règne à son successeur facile, et c'est alors qu'on songera à l'avenir. » Que sera cet avenir ? « Une Charte assez puissante pour que nous soyons bien avec un roi de médiocre talent. » Louis XVIII n'est pas plus l'homme de la monarchie que Bonaparte ne l'est du gouvernement provisoire. Il ne garantirait pas les acquéreurs de biens nationaux contre les émigrés. « On ne fait pas, dit le judicieux Champagny, une révolution pour obéir aux vaincus, on ne prend pas leurs propriétés pour les leur rendre... Il nous faut un roi qui soit roi parce que je

(1) Comparez, dans *Une ténébreuse affaire*, Malin de Gondreville, conseiller d'État, familier de Talleyrand et son affilié depuis 1797, correspondant du comte de Provence « avec lequel il s'est toujours entendu, même pendant la Terreur »; compromis en 1800 et en 1814 dans les complots contre Bonaparte.

suis propriétaire, et qui ait une couronne parce que j'ai
cette place ; il faut donc, pour finir la Révolution, un roi
créé par elle, tirant ses droits des nôtres ; sans cela il
faut se battre jusqu'à la fin des siècles (1). »

Voilà bien le roi selon les intérêts de Vannelet et des
amis. Mais où le prendre? demande d'Antraigues. —
Ce n'est pas difficile, répond le futur duc de Cadore.
« Je n'ai vu, poursuit-il, balancer qu'entre deux personnes, le duc d'Enghien et le duc d'Orléans... On le
préférerait à tous les autres de sa famille, mais on préfère Enghien à lui... » C'était en 1800, dit Champagny,
l'avis d'une quantité de généraux, de sénateurs, même
de ministres. Dès juillet 1797, Kilmaine désignait à
d'Antraigues « le duc d'Orléans comme étant propre à
devenir le chef de la République... ». Enfin, déclarait en
décembre 1804 Berthier à l'*amie*, « s'il en revient
un, il n'y a que d'Orléans en état de régner, dans toute
la famille (2) ».

Je m'arrête sur ces mots : « On préfère d'Enghien à
d'Orléans. » Champagny ajoute : « On l'a même pressenti à ce sujet; Barthélemy a eu des moyens de le faire
tâter... » Voilà qui entr'ouvre un jour étrange sur le
drame de Vincennes (3). Que Bonaparte ait eu vent de

---

(1) Champagny, qui devint pair de France en 1819, lors de la fameuse
fournée du ministère Decazes, était, en 1799, dit la *Biographie Didot*,
« dans la catégorie des hommes d'État libres de toute affection politique, sans regrets pour les institutions féodales, sans amour pour la
liberté », auxquels Bonaparte confia le nouvel ordre de choses.

(2) « Les cabinets de Saint-Pétersbourg et de Saint-James s'enten-
dront sur l'individu et la famille qui pourrait être appelée à régner en
France. Si c'est le Bourbon, lequel d'entre eux... » Instructions de
Novosiltsof, 11 septembre 1804. CZARTORYSKI, *Mémoires*, t. II, p. 32. —
Cf. PINGAUD, p. 250, les dispositions de Moreau et de Pichegru pour le
duc d'Orléans.

(3) Et aussi, au moins, un demi-jour sur les étranges sous-entendus
des agents de Louis XVIII sur la mort d'Enghien, « un des secrets »,

ces singulières conversations qui se tenaient au temps
de la campagne de Marengo, c'en est assez pour expliquer qu'en 1804 il ait si aisément cru à la conspiration
d'Enghien et ait si résolument sacrifié ce prince à l'intérêt de faire un exemple. Le duc d'Orléans, plus avisé,
se rapprocha moins de la frontière. Il vécut, et c'est
ainsi qu'en 1830 il fut appelé à réaliser le gouvernement
défini par Champagny dès 1802.

III

TALLEYRAND ET LES AMIS D'ANTRAIGUES.

Mais cette évolution, cette théorie des régimes de passage, des transitions nécessaires, du service obligatoire
et universel des gouvernements, du serment tempéré
par la direction d'intention; ces restrictions mentales
qui permettent de solliciter, accepter, accaparer les
places, « non pour servir des hommes ou des choses qui
déplaisent, mais pour les faire servir au profit de l'avenir »; cette nécessité de « travailler au rétablissement de
la monarchie sans s'occuper de la maison de Bourbon »;
cette manière d'obéir en détestant le maître, en « s'in-

disait Balzac, « sur lequel, comme sur quelques autres, les princes de
la maison de Bourbon ont gardé le plus profond silence. » Voir la lettre
de Villèle à Talleyrand, 15 novembre 1823, à propos du débat que Talleyrand prétendait soulever sur l'affaire de 1804 : « Sa Majesté a voulu
que le passé restât dans l'oubli. — Le Roi ne pourrait donc approuver
une démarche inutile et inusitée qui ferait éclater de fâcheux débats et
réveillerait les plus douloureux souvenirs. » TALLEYRAND, *Mémoires,*
t. III, p. 318.

dignant de tout ce qu'on voit, de tout ce qu'on entend » ; cette désinvolture à se dégager des devoirs directs et simples, sous le prétexte d'une utilité supérieure, celle de ménager l'Europe et de faire rentrer la France dans la société européenne; cette justification des moyens, où l'on s'attribue toute licence, par une fin dont on se fait seul juge; cet aplomb superbe et cette suffisance à se faire son État à soi-même, en dehors du gouvernement qui vous paye et de la politique que l'on feint d'appliquer, ce sont des doctrines et des pratiques que Talleyrand a illustrées et nous a rendues familières. C'est Talleyrand même, tel qu'il s'est expliqué dans ses écrits, tel qu'il se dévoile avec une impertinence magnifique à Erfurt. Et voilà tout d'un coup, par cette correspondance de d'Antraigues, le fond de ces fameux *Mémoires* vérifié et attesté dans les chapitres les plus contestés et qui paraissaient, en réalité, les plus contestables. Ce n'est pas du vernis de circonstance, un voile rétrospectif jeté sur un passé équivoque. Ce sont des notes au jour le jour, de la couleur locale, des aveux secrets; ce qui paraissait à quelques-uns le sophisme posthume d'un apologiste à gages, le voilà en action dans ces lettres contemporaines. C'est l'esprit même du temps et de la cour consulaire.

Le danger de ces marches nocturnes à travers des chemins creux, couverts et tortueux, c'est d'y rencontrer des pèlerins de la même secte qui vous guettent aux détours, officieux, encombrants et menaçants à la fois. Ç'a toujours été la destinée de Talleyrand, qui détestait pourtant la mauvaise compagnie, d'être obligé de la subir, au moins le matin, au petit lever, lorsque les gens du beau monde ne sortent pas encore. Ce grand seigneur exquis, ce diplomate raffiné, a vécu parmi les drôles et les flibustiers. Il s'est servi d'eux, il les a payés, ils l'ont détroussé, trompé et poursuivi de leurs « chantages » jusque dans la postérité (1). « Les hommes doubles, a dit un fin connaisseur, sont utiles en ce qu'ils apportent, mais il se faut garder qu'ils n'emportent que le moins qu'on peut. »

Les hommes doubles de Talleyrand ont beaucoup emporté. L'*ami* d'Antraigues emportait vraiment trop. Je sais bien qu'en ce commerce louche on ne peut toujours payer de fausse monnaie; il faut bien créer un crédit au courtier interlope que l'on charge de surprendre et de duper autrui. Lee plus onéreux sont ceux qui, comme l'*ami,* se font payer en nature. Le plus fort et le plus subtil sont toujours joués à ce jeu. Talleyrand et Bonaparte en donnent ici la preuve. Bonaparte se servait de Talleyrand comme Talleyrand de l'*ami et du fils de l'ami;* les deux *amis,* le père et le fils, méprisaient, haïs-

(1) Sur l'entourage de Talleyrand aux Affaires étrangères, ses *faiseurs* et son *cabinet,* voir Frédéric MASSON, *Le département des Affaires étrangères,* p. 489-492. « Ce que l'histoire aura peine à découvrir, dit M. Masson, c'est le rôle joué dans ce drame, dont Talleyrand est l'impresario, par tous ces agents volontaires, rétribués on ne sait comment, paraissant et disparaissant, occupés de politique d'affaires de spéculations, impassibles malgré toutes les responsabilités dont on les sent chargés, se révélant tout au plus par quelque bon mot qu'ils n'ont pu retenir et découvrant alors des abîmes d'ignominie que l'histoire n'ose sonder. » M. Pingaud y a jeté un terrible coup de sonde. Quant aux rétributions, la principale ressource en est connue : ce sont les sécularisations d'Allemagne, expropriations dont Talleyrand fut le grand courtier et le bénéficier par privilège, et dont Durant paraît avoir été le grand notaire. On lit, à ce sujet, dans les *Mémoires du chancelier Pasquier,* t. I, p. 249 : « J'ai entendu évaluer ces profits par des gens bien instruits à dix millions au moins. Il faut rendre cette justice à M. de Talleyrand qu'il ne gardait pas pour lui seul les produits de sa vénalité. Il sentait la nécessité de faire entrer dans le partage un assez grand nombre de ses collaborateurs; c'était un bon moyen de se créer des instruments utiles et dévoués. »

saient, dénigraient, trahissaient et servaient cependant Talleyrand comme celui-ci Bonaparte (1).

Talleyrand connaissait l'*ami,* ses liaisons avec d'Antraigues et sa correspondance russe. Cela ne fait aucun doute pour moi. Une telle familiarité dans les bureaux les plus intimes, chez Durant, en particulier, le confident et le bras droit de Talleyrand dans le ministère, l'homme de ses pensées de derrière la tête, et qui a cheminé à ses côtés, — une telle familiarité serait inexplicable sans le service occulte et la complicité. L'*ami* voyait travailler Talleyrand; il maniait ses papiers; il travaillait avec lui. Le *fils de l'ami* se présente comme un de ses *faiseurs* assidus et l'*alter ego* de Durant. Il donne sur les procédés de composition du travail de Talleyrand des détails précis, singuliers, inconnus du public, opposés à l'opinion reçue, discutés encore aujourd'hui par la légende, incontestables à qui a pratiqué les originaux, et qui ne peuvent venir que d'une observation directe et personnelle. Ce sont choses vues. Talleyrand fermait les yeux par indolence, négligence, scepticisme, intérêt surtout. Il avait dans l'*ami* un moyen de faire parvenir à la Russie des avis utiles. Il voulait que ces avis fussent crus authentiques, et il laissait l'*ami* choisir ses preuves à l'appui dans les cartons de Durant. Il voulait que ces avis fussent crus spontanés et sincères, et il s'inquiétait peu que l'*ami* le peignît « sans honneur ni rancune », « la matière la plus puante et la plus vile », pourvu qu'il le peignît à la fois plein d'esprit, « d'un très grand esprit », « ayant dans la tête le courage que l'on a dans le cœur », détestant Bonaparte et possédant néanmoins le secret de toutes ses intentions, détestant l'Angleterre,

_____

(1) Voir l'Appendice, p. 417, 418.

dédaignant la Russie et néanmoins travaillant au succès final de leurs desseins. L'essentiel était, par ce canal, d'arriver à l'oreille d'Alexandre. Une lettre comme celle qu'écrivit l'*ami* sur l'affaire du duc d'Enghien, n'a pas dû paraître à Talleyrand payée trop cher par la copie d'un article de traité ou d'un dossier diplomatique.

On a mené, lorsqu'elle a paru pour la première fois, quelque bruit autour de cette lettre. La scène, je le reconnais, est merveilleusement accommodée et filée : la consternation de Talleyrand, arrivant « pâle comme un mort » dans le bureau de Durant, où naturellement l'*ami* se trouvait ; son rôle dans le drame, réduit à celui de comparse désolé et de confident malgré lui. Au lieu de conseiller et d'apologiste de l'attentat, il en devient presque une victime ; loin d'avoir contribué à l'enlèvement et à la mort du prince, on le voit, avec le fidèle Durant et le plus fidèle *ami*, travailler à sauver Enghien. Il expédie au prince cet avis : *Partez à l'instant ;* cet avis est porté par un neveu de l'*ami,* qui est employé à Strasbourg, et qui a trois postes d'avance sur Caulaincourt ; le duc reçoit ce billet vingt-neuf heures avant d'être arrêté, et il n'en tient pas compte.

On s'explique, à la perfection du travail, que l'auteur ait mis un mois à l'accomplir : la scène racontée est du 11 mars, la lettre du 19 avril. L'auteur s'est, en bon « faiseur », environné de tous les détails : il nomme tous les agents : le neveu, frère d'un ancien consul que d'Antraigues a connu en Égypte ; le commissaire de Strasbourg, le maître de poste de Kehl, qui portaient l'avis ; tout est précis, tout semble vu ; tout est à côté et tout est inventé, y compris le raffinement de calomnie contre le malheureux Caulaincourt. Il suffit, pour démasquer l'apocryphe, de comparer, justement dans les détails, la

lettre de l'*ami* avec les récits minutieux qu'ont donnés
des mêmes événements MM. Boulay de la Meurthe et
Henri Welschinger (1). La scène qui se serait passée
chez Durant, le 11, est inconciliable avec celle qui s'est
passée le 21 dans le cabinet du ministre et que d'Hauterive a rapportée à M. Pasquier (2). Mais n'eussions-nous
pas les instruments de comparaison, voici la pierre de
touche. On sait avec quelle insistance, infructueuse
d'ailleurs, Talleyrand s'est efforcé de se disculper de cette
terrible accusation. S'il avait tenu réellement la conduite
qu'il se fait attribuer par *l'ami* de d'Antraigues, cette
justification eût été autrement facile et péremptoire. Il
insinua, paraît-il, au duc de Bourbon qu'il avait envoyé
un courrier; mais ce courrier, envoyé au prince, d'après
la lettre de *l'ami*, aurait été, d'après cette insinuation,
envoyé à mademoiselle de Rohan; d'autre part, il aurait
été arrêté à Strasbourg et serait arrivé trop tard, tandis
que, selon *l'ami*, il arriva un jour avant l'arrestation.
Le duc de Bourbon paraît s'être contenté de cette explication; ce prince ne passait pas pour avoir un esprit
fort critique; mais interpellé par M. Pasquier sur l'événement de 1804, Talleyrand n'eut garde de hasarder le
même récit. Il n'y fait, dans ses *Mémoires*, aucune allusion, et Bacourt ne le rapporte pas davantage dans ses
notes justificatives. Enfin, au lieu d'écrire, en 1823, à
Louis XVIII la lettre piteuse qui commence par ces mots
malheureux : « Sire, je n'apprendrai rien à Votre Majesté... », il n'aurait eu qu'à invoquer le témoignage du

(1) Voir en particulier, dans le livre de M. Welschinger, dont l'enquête est décisive, les tentatives réellement faites pour avertir le prince,
le 9 mars, par M. de Vauborel, le 13 par les domestiques, le 14 au soir
enfin, par le général Fririon, qui dépêche à Ettenheim un ancien émigré, M. de Stumpf. P. 262, 272-277.

(2) Voir ci-dessus, p. 66.

fils de l'*ami* qui vivait peut-être, et celui de Durant,
qui vivait certainement encore. Talleyrand a eu, en 1823,
pour ne les point appeler, ses raisons, et elles étaient
graves. Les allégations de l'*ami* lui paraissaient suf-
fisantes, en avril 1804, pour démontrer à la cour de
Russie son innocence.

La lettre de l'*ami* n'établit qu'un fait, mais il est capital, c'est que l'évolution de Talleyrand vers la Russie,
qui se consomma à Erfurt, en 1808, et qui se continua
en un commerce secret après Erfurt (1), avait commencé
dès le Consulat. Sous ce rapport, la lettre du 19 avril
est un document. Dès 1802, une série d'avis, appuyés
de pièces diplomatiques et militaires, prévenait la
Russie des desseins de Bonaparte et lui montrait, en
même temps, ces desseins contrariés et desservis par
plusieurs de ceux qui étaient chargés de les exécuter (2).
Alexandre voyait le Premier Consul détesté par son
entourage, haï par les classes supérieures et les bourgeois; la peur universelle, seul tempérament de l'infidé-
lité de tous; le régime à la merci d'une balle perdue ou
d'une défaite; la France avide de la paix, appelant un
roi, appelant l'Europe, en un mot tout ce qui fit 1814
et tout ce qui explique la politique d'Alexandre de 1803
à 1807, de 1808 à 1815. D'après cet esprit public que

(1) Voir Albert VANDAL, *Napoléon Ier et Alexandre,* notamment, t. II,
p. 6, 14, 46. — Réal en avait le soupçon dès 1804. *Mémoires du chancelier Pasquier,* t. I, p. 191-192.

(2) On le soupçonna en 1812, lors du procès de l'espion Michel; mais
on perdit la trace. Michel « avoua qu'il faisait depuis huit ou dix ans
ce coupable métier. Tous les ambassadeurs russes à Paris s'étaient
transmis le secret de cette utile corruption... Napoléon affecta une grande
colère contre une perfidie qui s'était poursuivie, dit-il, au temps de sa
plus grande liaison avec l'empereur Alexandre. » *Mémoires du chancelier Pasquier,* t. I, p. 519. Cf. dans PINGAUD, p. 231, et ci-dessus, p. 118
et 123, le fait relatif aux frères Simon.

leur décrivaient leurs correspondants, les alliés, Alexandre en particulier, réglèrent leur conduite envers la France, subissant Napoléon par l'impossibilité de le battre, attendant la balle perdue ou la défaite inopinée, espérant qu'à la fin il lasserait la fortune et excéderait la victoire, et, en attendant, consentant à partager avec lui le profit de ses guerres, sauf à s'en faire un moyen de le mieux accabler le jour où, décidément, on le verrait faiblir.

. Voilà l'intérêt historique de la publication de M Pingaud. Quant à l'importance et au caractère des avis des *amis* de d'Antraigues, un exemple suffira à en donner la mesure. Le 30 juillet 1804, alors que la Russie, depuis le mois d'octobre 1803, s'efforçait d'attirer dans une coalition nouvelle l'Autriche encore hésitante, l'*ami* écrivit à d'Antraigues : « Au nom du Ciel, que l'*on* forme une alliance avec l'Autriche, offensive ou défensive, n'importe; cela est égal pour l'effet. C'est parce qu'*on* (Bonaparte) ne craint que cela qu'il faut le faire. Ces maudits ministres autrichiens ignorent-ils que l'hiver ne se passera pas sans qu'ils soient attaqués... Je vous en supplie, engagez la Russie par pitié pour ces sots à signer l'alliance qui seule peut les sauver. » Cette lettre est postérieure de trois mois à celle qui justifiait Talleyrand de l'attentat de Vincennes et présentait l'*ami* dans la plus intime confiance de ce ministre. Je lis dans la précieuse histoire des *Traités de la Russie* de M. de Martens : « Au mois de septembre (1804), la patience de l'empereur Alexandre avait atteint ses dernières limites. Il ordonna à l'ambassadeur (de Russie à Vienne) de demander immédiatement une réponse catégorique et définitive sur l'alliance proposée. » Cette alliance fut signée le 6 novembre 1804.

Si cela est vrai, et toutes les vraisemblances s'élèvent contre d'Antraigues et son *ami,* il faut en juger avec la dernière sévérité. Je ne confonds ni les gens ni les choses. Il ne s'agit point ici de guerre civile, de factions politiques ou de luttes ouvertes, où il y a franchise de langage, drapeau déployé et jeu déclaré de la vie. C'est la trahison nue. Ne nous disons pas que l'honneur national et le devoir envers la patrie étant conçus de nos jours et depuis la Révolution même autrement que ne les concevaient nos pères, ces hommes, qui vivaient dans l'entre-d'eux, ont pu tâtonner et s'y méprendre. L'argument porte pour un Charette, pour un La Rochejaquelein, pour un Frotté, pour un Hyde de Neuville; il ne porte ni pour les Vannelet, ni pour les *amis* de d'Antraigues. Il n'y a point de casuistique politique qui puisse transformer en un devoir, même faussé et sophistiqué, leur espionnage et leurs prévarications. Une commission comme celle qu'ils ont reçue ou acceptée porte sa note évidente de trahison : « Qui vous la donne vous acuse », disait Montaigne.

On retrouve souvent, dans les *Mémoires* de Czartoryski, l'impression directe de leur correspondance, et c'est peut-être là qu'il faut chercher le dernier mot de leur conduite et de celle de leurs pareils. « On demande, écrit Czartoryski, quel fut le parti de Napoléon; l'on pourrait répondre qu'il n'existait nulle part. Il ne fut composé que de ceux chez qui la peur l'emporte sur toute autre considération... Ce parti s'augmenta quand on crut que toute opposition serait inutile et ne mènerait qu'à de plus grands désordres; mais encore une fois, il ne fut contenu que par la peur. Dès que cette peur diminua, dès que les sentiments véritables purent se faire jour, ce parti diminua immédiatement, et il n'y eut plus qu'une voix contre l'homme qui, après s'être fait et déclaré despote ordinaire, avait partout voulu imposer son joug à ses pairs (1). » Jusqu'en 1804 on put se leurrer de l'espoir de renverser Bonaparte et de substituer à son consulat une anarchie militaire qui ramènerait les Bourbons; jusqu'en 1805, on put se figurer qu'un grand effort de l'Europe, où la Russie donnerait, comme en 1799, aurait raison de Napoléon. Après l'exécution de Vincennes et après Austerlitz, on dut ajourner les illusions : la peur l'emporta. La correspondance du *fils de l'ami* s'arrêta brusquement; d'Antraigues, abandonné par la Russie, passa en Angleterre; Alexandre vint à Tilsit et à Erfurt; l'Autriche donna une archiduchesse; « l'*ami*, le fils, dit M. Pingaud, et l'*amie* de Paris, convertis à leur tour par le succès, faisaient partie de l'entourage impérial ». La peur diminua après Moscou; les conspirations recommencèrent; Moreau revint d'Amérique; mais d'Antraigues était mort, assassiné à Londres, et ses papiers ne purent nous apprendre ce que l'*ami* et l'*amie* devinrent après 1814; si le fils de l'*ami*, toujours hostile aux Bourbons, tint pour Bernadotte ou pour le duc d'Orléans; si l'*amie*, toujours engouée d'Alexandre, alla verser quelques larmes divines dans l'oratoire de madame de Krüdener, enfin, comment ils se comportèrent avec les nouveaux gouvernants. Je l'imagine en suivant leur chef de file et patron, Talleyrand; je l'imagine mieux encore, en suivant leurs similaires et leurs succédanés de la *Comédie humaine*, la duchesse de Maufrigneuse et Malin de Gondreville. En 1833, la duchesse, qui a pris le nom de princesse de Cadignan, donne une soirée à laquelle assiste son ancien amant, de Marsay,

(1) *Mémoires*, t. **1**, p. 388.

devenu le principal ministre de Louis-Philippe : on annonce le comte de Gondreville : « L'ancien clerc venu d'Arcis, l'ancien représentant du peuple, l'ancien thermidorien, l'ancien tribun, l'ancien conseiller d'État, l'ancien comte de l'Empire et sénateur, l'ancien pair de Louis XVIII, le nouveau pair de Juillet fit une révérence servile à la belle princesse de Cadignan. Il était alors en grande faveur sous le douzième gouvernement qu'il a l'avantage de servir depuis 1789 et qu'il desservira sans doute... » *Une ténébreuse affaire.*

LE CONSULAT DE STENDHAL

Stendhal diplomate (1), titre piquant, livre agréable,
écrit avec goût, composé de première main par un historien expert dans son art et parfaitement informé.
M. Louis Farges ne dit que ce qu'il sait. Ce n'est pas à
lui qu'on doit s'en prendre si la moisson est un peu
maigre. Je critiquerai seulement le titre : *Stendhal diplomate*. Diplomate s'entend, au sens matériel du mot, de
la personne qui occupe un poste diplomatique, et, au
sens intellectuel, de celle qui déploie dans les affaires les
qualités que l'on attribue aux diplomates, la politique,
l'adresse, le manège subtil et supérieur. Stendhal n'a
été que consul, pendant une douzaine d'années; il n'a
jamais été mêlé à des négociations. On trouve dans
sa correspondance officielle des rapports d'information politique qui contribuent à faire connaître les
choses d'Italie en ce temps-là. Ce serait très suffisant,
si le titre n'annonçait pas autre chose et quelque chose
d'infiniment plus alléchant à la curiosité : voir à

(1) *Stendhal diplomate*, Rome et l'Italie de 1829 à 1842, d'après sa
correspondance officielle inédite, par Louis FARGES, in-12. Paris,
Plon, 1892.

l'œuvre et aux prises avec des Italiens réels le créateur du plus ingénieux, du plus raffiné caractère de politique italien qu'ait produit la littérature, le comte Mosca (1).

On cherche vainement dans les lettres de Stendhal (2) les notes et les études recueillies sur le vif qui ont servi à former cette merveilleuse statuette de ministre, selon les « principes » de 1815. On ne découvre rien de plus dans les rapports officiels. Le volume de M. Louis Farges n'ajoutera donc aucun trait au Stendhal qui nous intéresse le plus, celui de la postérité, prophète de la critique moderne, « grand romancier, le plus grand psychologue du siècle », dont Taine a coulé l'image en bronze il y a environ trente-cinq ans, et dont M. Bourget a, dans les dernières années, élevé le monument sur des bas-reliefs admirablement fouillés (3). En revanche, on y trouvera, très vivant et très naturel, le Stendhal que les contemporains ont seul connu, qui leur dérobait l'écrivain de l'avenir et que l'écrivain consacré aujourd'hui nous dérobe : l'ancien intendant militaire de la Grande Armée, dilettante très délicat, fonctionnaire très convaincu, bourgeois très exalté de 1830.

Je voudrais m'arrêter à ce Stendhal réel, jeté dans la politique et parlant politique. Ses idées sur ce chapitre méritent d'être relevées : elles nous semblent, par l'effet des transfigurations que la critique a fait subir à Stendhal, devenues comme invraisemblables et presque inin-

(1) Sur le comte Mosca, Metternich et l'esprit de 1815 voir : *Essais d'histoire et de critique*, l'étude sur Metternich.

(2) *Correspondance inédite*. Paris, Lévy, 2 vol., 1855.

(3) Taine, *Essais de critique et d'histoire*, 1858. — Paul Bourget, *Essais de psychologie contemporaine*, 1883.

telligibles aux lecteurs de 1892. J'en juge par l'étude
fort intéressante et fort suggestive, d'ailleurs, de M. Rod
dans la *Collection des grands écrivains français* (1).
M. Rod est un critique très moderne, un littérateur original, un psychologue consommé; mais il me parait plus
familier avec l'analyse des « états d'âme », en général,
qu'avec la lecture des documents qui décrivent ou trahissent les « états d'âme » de la société où Stendhal a
vécu. Il s'étonne, et le dit ingénument, de ne point
découvrir chez Stendhal, sur les choses de la Révolution
et de l'Empire, les sentiments d'un lecteur de Lanfrey et
surtout de Taine. Les opinions de Stendhal lui semblent
bizarres et incohérentes, « si flottantes, si contradictoires qu'on peut à peine les saisir ». « Comment concilier, en effet, dit-il, sa passion pour Napoléon qui fut,
de son propre aveu, « sa seule religion », avec l'enthousiasme non moins vif que lui inspirait la Révolution?...
Les excès mêmes de la Terreur ne lui déplurent pas...
La mort du roi le remplit de joie. Il se félicite du
18 brumaire...; affamé de liberté..., il n'admettra que
le césarisme militaire. » Politique misérable et triviale,
conclut M. Rod; et voilà le dilettante des *Promenades
dans Rome*, le dandy des *Récits d'un touriste*, l'amant
idéal de la duchesse Sanseverina, assimilé « aux commis
voyageurs libre-penseurs ». C'est un « Homais », — le
nom y est, — dans ses propos de table; c'est un Bouvard
ou un Pécuchet — le nom n'y est pas, mais il se devine
— dans « ses recherches incomplètes d'érudit de hasard
et d'historien de pacotille ».

C'est tout simplement un Français qui est né de
famille bourgeoise, en 1783, et qui est mort consul sous

(1) Paris, Hachette, 1892

le gouvernement de Louis-Philippe, en 1842. Il a aimé
avec enthousiasme la Révolution qui émancipait sa classe
et exaltait ses idées ; il a servi avec ardeur l'Empire qui,
à ses yeux, représentait cette révolution et en consacrait
le triomphe ; il a détesté le clergé et honni la Restauration qui rabaissaient, combattaient, visaient à détruire
tout ce qu'il avait aimé ; il a confondu la liberté d'abord
avec la suprématie des bourgeois voltairiens, puis avec
la gloire et les conquêtes napoléoniennes ; il a confondu
la République avec l'épopée impériale et les jésuites avec
le christianisme ; il a salué dans la Révolution de 1830
la chute du « parti prêtre », la revanche immédiate de
la bourgeoisie, la revanche prochaine de l'armée. C'est
le cas de l'immense majorité des Français, et c'est pourquoi Béranger a été, à juste titre, qualifié de poète
national. Stendhal était, par ses écrits, en avance de cinquante ans sur la critique contemporaine ; il est, par ses
opinions politiques, en retard de cinquante ans sur la
critique d'aujourd'hui.

Il faut, pour comprendre cette génération, lire les
Mémoires qui commencent à affluer, ceux des militaires
en particulier, et des militaires obscurs, de préférence.
Il faut surtout lire Balzac, ce Saint-Simon du roman, le
seul homme peut-être qui puisse donner aux hommes
de notre temps l'intelligence des passions et des sentiments des hommes du temps de Stendhal. Stendhal conserva ces passions, avec tout leur cortège de haines, de
soupçons et de préjugés, jusqu'à la fin de sa vie. Il se
sentit toujours sous le coup de l'invasion étrangère et du
retour des émigrés, En 1834, il déclare que le 21 janvier est « un grand acte de justice nationale » ; il écrit,
en 1831 : « Souvenez-vous du 3 septembre ; le peuple,
en marchant à l'ennemi, ne voulut pas laisser *derrière*

lui des abbés pour égorger les femmes (1). » Il a, en même temps, l'exaltation de la Révolution débordante conquérante, et le mépris des étrangers, qu'on affranchit en les rançonnant; qui « ne se battent que pour conserver leurs chaînes, imbéciles pitoyables, ou fripons vendus aux despotes » ; race taillable à merci, destinée au prosélytisme des intendants et à la propagande des munitionnaires. « Nous avions le feu *sacré*, disait-il à Mérimée; et moi aussi, quoique indigne. On m'avait envoyé à Brunswick pour lever une contribution extraordinaire de 5 millions. J'en ai fait payer sept, et j'ai manqué d'être assommé par la canaille qui s'insurgea, exaspérée par l'excès de mon zèle. Mais l'empereur demanda quel était l'auditeur qui avait fait cela et dit : « C'est bien. » Et, ne vous y méprenez point; ce n'est point l'avarice qui le fait parler. Il mit, en ces réquisitions, de la gloire, presque de la vertu, au sens romain du mot : « Notre sentiment intérieur et sincère était tout rassemblé dans cette idée : *être utile à la patrie...* Dans la rue, nos yeux se remplissaient de larmes en rencontrant sur le mur une incription en l'honneur du jeune tambour Bara... Il y avait des hommes qui n'admettaient d'autre base pour juger des actions de l'empereur que l'*utilité à la patrie...* et, chose étrange à dire, tel il était lui-même; car il aimait la France avec toute la faiblesse d'un amoureux. » Avec la même faiblesse, Stendhal idolâtre dans Napoléon la France, la République, la Révolution incarnées et magnifiées.

Sa politique, c'est Béranger traduit dans la prose du *Code civil*. Tout s'y enchaîne jusqu'à l'apothéose de la garde nationale, jusqu'au panégyrique de La Fayette,

______

(1) *Correspondance*, II, p. 131. — Rod, p. 70.

jusqu'à ce jugement sur les « trois glorieuses », qui
donne à réfléchir sur la portée des jugements de Stendhal sur l'Italie de la Renaissance et le génie des Borgia :
« Plus on s'éloigne de la *grande semaine*, comme dit
M. de La Fayette, plus elle semble étonnante. C'est l'effet produit par les statues colossales ; par le mont Blanc
qui est plus sublime vu de la descente des Rousses, à
vingt lieues de Genève, que vu de sa base. L'admirable
La Fayette est l'ancre de notre liberté... La dernière
canaille a été héroïque et pleine de la plus noble générosité après la bataille. » Son cosmopolitisme, c'est Béranger
mis en musique par Rossini, mais c'est encore Béranger.
M. Rod l'a bien vu et bien dit. « Cosmopolitisme volup-
tueux », écrit finement M. Paul Bourget ; mais aussi
cosmopolitisme fiscal et impérial, de la Rome d'autrefois pour les réalités politiques, de la Rome moderne
seulement pour les divertissements, l'opéra, l'amour.
La cité idéale de Beyle, c'est une grande et triomphale
avenue des Champs-Élysées, bordée de villas et de con-
certs, où la Grande Armée victorieuse défile, musique
en tête, devant les peuples qui l'acclament, au milieu de
jeunes femmes qui lui prodiguent les sourires et les
fleurs.

Madame de Staël a compris l'Italie, pénétré l'Allemagne, deviné la Russie, adoré l'Angleterre : elle est la
vraie cosmopolite. Le génie de la nation britannique est
l'antipode de l'esprit de Stendhal, comme la Constitution
anglaise est le contraire de la constitution de l'an VIII.
Shakespeare fournissait à Stendhal des arguments contre
la tragédie classique, et Stendhal lui en savait gré. La
Russie ne lui révéla rien que les misères de la déroute.
Il a traversé l'Allemagne au temps de la transformation
nationale et de la « guerre d'indépendance » : il paraît

n'en avoir rien vu ni rien compris. Il n'a considéré dans les Allemands que des contribuables, dociles et indolents jusqu'en 1812, égarés et dénaturés depuis 1813.

En 1840, après que les poèmes et les récits de voyage de Heine ont paru, il dit encore : « Ils sont si bêtes ! J'ai passé plusieurs années chez eux et j'ai oublié leur langue par mépris. » Reste l'Italie, terre promise du dilettantisme et de la volupté : les Autrichiens l'encombrent, les prêtres la gâtent ; mais qu'elle obtienne le César attendu depuis Dante et Machiavel, « un monarque vigoureux comme Frédéric II » ; que ce grand Frédéric reprenne et achève l'œuvre de Bonaparte, et l'idéal italien de Stendhal sera réalisé. Voilà le fond politique de son cosmopilitisme, et c'est le fond des documents publiés par M. Farges.

Les rapports diplomatiques de Stendhal, ce sont des *Promenades dans Rome* découpées et expédiées sur papier officiel. On aura tout plaisir et tout profit à les lire. Les extraits qu'en donne M. Farges continuent et complètent les *Promenades* suspendues en 1829. Civita-Vecchia était un poste d'observation ; un gouvernement avisé devait y placer un consul qui y résidât le moins possible. La mission consistait à errer dans Rome, à y fréquenter les sociétés que les usages, la politique, la pompe et la morgue interdisent aux diplomates de profession. Charles Tissot, qui était un homme d'un esprit rare et d'une culture exquise, a rempli cet emploi au temps où le marquis de la Valette était ambassadeur près le Saint-Siège. L'ambassadeur, au temps de Stendhal, Sainte-Aulaire, appréciait fort le collaborateur un peu inattendu que le ministère lui avait donné et savait profiter de sa conversation.

Les qualités et les défauts de Stendhal le servaient

également dans son consulat, ainsi entendu et compris :
ce fonds d'activité, d'énergie, « de feu sacré » que l'âge
n'avait pas éteint; cette attention sur lui-même qui lui
faisait prendre au sérieux tout ce qui le touchait et l'occupait; la manie du détail; puis cette indolence, cette
curiosité infinie, cette faculté de se disperser, l'aptitude
à concevoir indéfiniment des ouvrages, l'indifference à
les achever; ce don de familiarité populaire qui lui permettait de se répandre dans le peuple; cette intelligence
passionnée des choses du monde italien qui lui ouvrait
non seulement les salons, mais les âmes et les cœurs. Il
n'était point comme ces pauvres jeunes Français du
grand monde, voyageurs d'ambassade ou de passage,
« fort bien élevés, fort doux, fort aimables », mais ré-
duits à se réunir entre eux le soir « dans une chambre
d'auberge, pour jouer à l'écarté et maudire l'Italie ». Il
sentait sa supériorité : « Nos agents s'isolent et ne
voient rien... On ne vit qu'avec les *ultra* d'un pays qui,
encore, pour vous faire la cour, vous cachent ou s'abs-
tiennent de parler devant vous de tout ce qui peut
vous choquer. Dominique (c'est un de ses innombrables
pseudonymes) en sait plus au bout de deux jours, en
parlant avec les négociants, que ces beaux messieurs
qui sont ici depuis deux ans (1)... »

Il procédait par touches et retouches, sans prépara-
tion, ni méthode, ni composition, au fur et à mesure
que les idées s'associaient dans sa pensée et que les anecdotes se présentaient à sa mémoire. Ses rapports diplomatiques sont écrits comme ses lettres intimes et ses
notes de voyage. Aucun apprêt de chancellerie; rien d'officiel. Il reste le même partout. M. Farges a été trop dis-

(1) *Correspondance*, II, p. 134, 147; FARGES, p. 13; *Promenades dans
Rome*, II, p. 165.

cret : il ne nous a point donné de spécimen des réponses que les bureaux adressaient à ces rapports, faits pour les déconcerter. Il eût été piquant d'opposer aux petites phrases précises et serrées de Stendhal les flasques métaphores de la phraséologie officielle, à ces mosaïques italiennes le délayage et la détrempe bureaucratiques. Le ministre a-t-il *pris connaissance avec intérêt* de la correspondance de Civita? Son Excellence engagea-t-elle M. Beyle à continuer de *lui transmettre les informations qu'il pourrait recueillir?* Tout porte à croire que les rapports de Stendhal furent peu lus et encore moins encouragés. Il reçut plus d'une fois des observations pour s'être absenté de sa chancellerie au jour où quelque voyageur de marque y venait, par malechance, faire viser son passeport. Malgré ses sollicitations réitérées et motivées sur le grand intérêt de son consulat, les préséances, il n'obtint point la croix par les bureaux des affaires étrangères. Il fut réduit à la recevoir des mains du ministre des beaux-arts, ce qui eût été le comble de la gloriole pour un secrétaire d'ambassade auteur d'une nouvelle insérée dans une revue et dont on eût parlé, à Paris, dans un salon à la mode. Il avait rédigé, en 1829, un Mémoire sur le conclave. « Il y a aussi, écrit Chateaubriand, dans les cartons du ministère quelques notes venues par une autre voie. Ces portraits, assez souvent de fantaisie, peuvent amuser, mais ne prouvent rien. » J'ai bien peur que cet arrêt des *Mémoires d'outre-tombe* ne résume et ne confirme les jugements des bureaux sur Stendhal et sa correspondance.

Le rabaissement serait injuste; mais l'excès d'admiration serait encore moins de mise. Le consul, en Stendhal, est bien pareil à l'homme qu'avait connu Sainte-

Beuve et qui, pour lui, malgré la *Chartreuse,* demeurait
tout Stendhal : « Sagace, fin, perçant et excitant, mais
décousu, mais affecté. » Rien, absolument rien du
« profond diplomate » et du politique méconnu du siècle,
révélé à Balzac par le comte Mosca. « Nul, écrivait
l'auteur de la *Comédie humaine,* après avoir lu la *Chartreuse,* ne serait plus à portée de représenter la France
à Rome. »

C'eût été certainement une grande ambassade, quelque chose, dans l'État de la *Comédie humaine,* comme
la mission de Chateaubriand à Rome au temps de Mar-
tignac. Mais l'auteur de la *Chartreuse* n'aurait pu être
ambassadeur près le Saint-Siège apostolique que sous le
« célèbre ministère de feu de Marsay, le seul grand
homme d'État qu'ait produit la révolution de Juillet »,
et tout le monde sait que ce prototype de Morny, « le
seul homme par qui la France eût pu être sauvée » !
avait disparu déjà quand la *Chartreuse* fut publiée (1).

Stendhal avait-il l'étoffe du diplomate? Sa correspondance officielle n'en donne pas plus de signes que ses
notes sur l'Italie et ses lettres intimes. Je sais bien qu'il
a créé le comte Mosca; mais pour avoir fait d'incompa-
rables portraits de Pie VII, de Napoléon, de Talleyrand,
David n'en était pas plus capable de vertu chrétienne,
de diplomatie ou de grande politique. Observer, peindre,
composer, imaginer sont d'un ordre; agir est d'un autre.
Corneille a fait *Cinna,* Richelieu a fait *Mirame ;* appeler
Corneille au ministère eût été aussi frivole que d'en
exclure Richelieu, sur leurs seules tragédies. « Si Corneille vivait, je le ferais prince », a dit Napoléon. Il n'a
pas dit : « Je le ferais ambassadeur ou conseiller d'État. »

______

(1) Balzac : *Le député d'Arcis.*

Corneille avait « le cœur grand, l'esprit grand, l'âme grande » : le père Joseph n'en eût fait qu'une bouchée. Le premier Mosca venu, le comte de Saurau (1), par exemple, ou toute autre doublure du ministre de Ranuce-Ernest eût joué Stendhal en un tour de main : il n'aurait eu, vraisemblablement, pour cela, qu'à flatter ses prétentions et à paraître sa dupe.

Stendhal se prenait très au sérieux. C'est une des parties du diplomate, mais ce n'est pas celle par où il surprend les autres. Pour le reste, Stendhal en était dépourvu. Il avait l'horreur des sots; il ne savait pas s'ennuyer; il trouvait la gravité bête; cependant il manquait de grâce et d'aisance. Il n'avait point ces « grands traits » du comte Mosca, « sans aucun vestige d'importance, cet air simple et qui prévenait en sa faveur »; il ne possédait ni le machiavélisme de derrière la tête, ni la négligence supérieure dans l'allure et le ton. Avec son collier de barbe, sa figure grasse et son cou court d'apoplectique, sa redingote sanglée, il est lourd, emprunté, engoncé. C'est le commensal, très raffiné dans ses propos, mais très peu dégagé dans sa tournure, de Rossini, de Balzac, de Mérimée : ce n'est point l'émule de Metternich. « J'achète, écrit-il en 1811, une canne avant d'aller chez madame P... Cela a fort bien réussi. Je me suis trouvé avoir dans la main une douzaine de tours de canne qui prouvent, à n'en pas douter, un homme du grand monde et un homme à femmes. » Ni le « célèbre » de Marsay, ni le comte de Morny n'ont jamais acheté cette canne-là. Stendhal raisonne fort ingénieusement et subtilement sur les qualités du diplomate : il en raisonne trop. Il en va des grandes manières

<hr>

(1) Sur ce comte, l'un des originaux de Mosca, voir le livre de M. Farges, en particulier p. 66.

comme de l'audace en amour : qui s'y dresse par conseil et s'y efforce n'y atteindra jamais.

Stendhal se flattait d'écrire pour faire penser vingt personnes qui le liraient en 1860 ou en 1880. L'ambassadeur écrit pour être lu de son ministre ou de son prince, le persuader et le déterminer à agir. L'homme d'État ne parle que pour être compris de tous les hommes de son temps, des plus cultivés comme des plus simples. Son talent est d'exprimer en termes clairs ce que tout le monde pense confusément. Il n'est rien s'il n'est tout le monde. L'État est l'opposé d'un cénacle : réduit même au cabinet de Richelieu ou à celui du grand Frédéric, c'est encore le *forum;* il faut que toute la cité y soit comme présente et que tout s'y fasse pour elle. L'homme d'État doit avoir le regard étendu, et, comme disait Talleyrand, de l'avenir dans l'esprit; mais qui n'a que de l'avenir dans l'esprit s'égare dans le présent. En politique, travailler pour une vingtaine de lecteurs de cinquante ans après, c'est travailler pour les amateurs de paradoxes et les entrepreneurs de réhabilitations posthumes.

L'esprit de la critique moderne est précisément le contraire de l'esprit d'État. Dans le tissu enchevêtré des affaires humaines, le critique découpe l'étoffe, dénoue, détisse, effile et parfile, et plus le fil qu'il détache est ténu, ailé, flottant au moindre souffle, irisé au moindre rayon, plus l'ouvrage s'approche de la perfection : ramener l'étoffe artificielle et compliquée au produit primitif de la plante ou de la chenille. L'homme d'État ramasse les fils errants, tord les brins, noue, tresse, tisse, et plus les nœuds sont durs, plus la trame est forte, plus il approche de son chef-d'œuvre : un câble pour tenir l'ancre, une toile à voile pour prendre le vent. Il

cherche les idées simples, celles qui rassemblent les
âmes. Il ne s'attache qu'aux passions saines et fortes,
celles qui remuent les hommes en masse et font durer les
sociétés. L'extraordinaire, le curieux, l'étrange, l'excep-
tionnel, les maladies de l'âme et de la raison, il ne s'y
intéresse que pour les combattre et ne s'en occupe que
pour les neutraliser ou les détruire. La créature humaine
en général, l'homme abstrait lui importent peu; il ne
connaît que certains hommes, ceux avec lesquels il traite,
et ce qu'il étudie en eux, ce sont les moyens de les mener
à ses fins. Le critique se plaît à considérer l'éternel
échappement de l'homme à soi-même et de la vie à
l'homme; il fouille, il scrute, et plus il avance vers l'in-
consistant et l'incertain, l'ondoyant, le fugitif, le divers,
plus il se croit voisin du fond des choses. Le politique
ne se soucie que de ce qui résiste et de ce qui persiste.
Ainsi, dans un paysage, le peintre se délecte aux jeux
incessamment renouvelés de la lumière et de l'ombre,
surprend les nuances et suit la perpétuelle métamorphose
des formes et des couleurs, tandis que le militaire ne
voit que des mouvements de terrain, des passages à
suivre, des positions à occuper. Je veux bien que le *moi*
domine chez tous; mais le *moi* du politique est l'État
même : il est absorbant et envahissant. Le *moi* du critique se cherche perpétuellement et se dissout dans les
choses. Le *moi* de La Rochefoucauld diffère autant de
celui de Condé que le livre des *Maximes* de la bataille
de Rocroi. Condé dormit, ses dispositions prises, la veille
de la bataille : « Il est tranquille, tant il se trouve dans
son naturel. » S'il s'était arrêté à s'étonner de sa destinée et s'était occupé d'analyser, dans son journal
intime, l'état d'âme d'un prince de vingt-deux ans qui
va livrer sa première bataille, il eût laissé peut-être un

intéressant document humain, mais eût-il, le lendemain, gardé sa fraicheur de génie et son impétuosité de
conception?

Les procédés d'observation et de description de Stendhal sont particulièrement dangereux et illusoires en
politique. La politique ne vit que de faits, et, parmi ces
faits, elle ne doit s'arrêter que sur les faits permanents.
Nulle part, sans doute, plus que chez les diplomates, on
n'abuse de l'anecdote : expliquer les grands événements,
qui leur ont échappé, par de petites aventures dont ils
ont eu le secret, est un tour d'esprit dont ils tirent
vanité. Le *nez de Cléopâtre* est à peu près la seule philosophie de l'histoire qui ait cours dans les fumoirs diplomatiques. Mais les diplomates à historiettes ne sont
point en général ceux qui mènent les affaires, et pour
les meneurs d'affaires, les historiettes n'ont jamais été
qu'un divertissement d'après dîner, un passe-temps de
visites obligatoires ou la glu à prendre les sots de la
galerie. Stendhal y attribue trop d'importance et les
généralise trop aisément.

Je suis frappé de le voir répéter, dans ses rapports
politiques, un même trait qui n'aurait de signification
que s'il était un exemple choisi dans la masse : s'il le
répète, c'est qu'il n'en a pas d'autres, et, si le trait est
isolé, il ne signifie plus rien. Ce n'est plus un exemple,
c'est un fait divers. Je trouve dans son journal des notes
qui, sans diminuer en rien, tout au contraire, sa valeur
de critique et de littérateur, montrent cependant à quel
point il était, par goût et par système, dépourvu des
facultés qui font le grand observateur politique, encore
plus de celles qui font l'homme d'État : « Je ne retiens
que ce qui est peinture du cœur humain... C'est singulier, et cela me rend impropre à une discussion où il faut

des faits... Tout ce qui m'éloigne de la connaissance du cœur de l'homme est sans intérêt pour moi. Ce que j'ai trouvé de mieux dans ma bibliothèque, c'est la *Pologne* de Rulhière, et je saute encore tout ce qui est *fait*, sûr de l'avoir oublié demain. » Le fait qu'il dédaigne et oublie ainsi est justement ce que doit retenir le politique; le trait qu'il recherche, l'anecdote qu'il recueille et qui lui découvre le cœur de l'homme, est de peu de valeur pour le vrai diplomate. Stendhal s'étudie, et cela lui suffit pour connaître l'homme, mais, ajoute-t-il, « pour connaître les hommes, il faut les pratiquer. Je connais bien peu les hommes, mes études ont été sur l'homme (1). » C'est ainsi qu'il a composé l'un des chefs-d'œuvre du roman de caractère, qu'il a suscité toute la nouvelle psychologie critique, qu'il n'a été, en service, qu'un bon agent d'information et qu'il n'a révélé nulle part le diplomate ou l'homme d'État.

(1) *Journal de Stendhal*, p. 369, 370 et 373, publié par Casimir Stryienski et François de Nion. Paris, Charpentier, 1888.

NAPOLÉON ET ALEXANDRE

L'ALLIANCE ET LE CONFLIT.

Un historien français et un publiciste russe, M. Albert
Vandal et M. Serge Tatistcheff, ont eu, en même temps,
l'idée d'étudier, d'après des documents originaux, les
relations de Napoléon et d'Alexandre Ier. M. Thiers avait
été jusqu'à présent seul admis à explorer ces sources, et
il en avait tiré plusieurs des passages les plus intéressants de son grand ouvrage. Sans prétendre refaire ce
qui a été fait avec une vivacité sans égale, on pouvait
reprendre, dans leur suite, et à part, ces relations singulières de la France et de la Russie, en détailler les
épisodes, en faire parler les témoins et citer directement
les récits de première main qui en ont été conservés.
L'ouvrage de M. Vandal et celui de M. Tatistcheff se
complètent l'un par l'autre. Ils ont été composés côte à
côte, les archives russes s'ouvrant à M. Vandal avec la
même libéralité que les archives françaises à M. Tatistcheff (1).

(1) *Napoléon et Alexandre Ier*, t. Ier : *De Tilsit à Erfurt;* t. II : *Le
second mariage de Napoléon, déclin de l'alliance,* par Albert VANDAL.

Le fond commun, qui se dégage des deux livres, c'est
l'impossibilité de l'alliance franco-russe à cette époque :
cette alliance était contradictoire dans son objet, dans
ses données, dans ses conditions. Elle était destinée à

Paris, Plon, 1891-1893. *Alexandre Ier et Napoléon, d'après leur correspondance inédite*, 1801-1812, par Serge TATISTCHEFF, 1 vol. Paris,
Perrin, 1891.

Aux relations manuscrites des diplomates français et des diplomates
russes, de Savary et de Caulaincourt en particulier, qu'ils ont consultées
l'un et l'autre, aux textes des fameux traités de 1807, qu'ils publient
pour la première fois intégralement, M. Tatistcheff ajoute la correspondance intime de Napoléon avec Alexandre Ier, M. Albert Vandal
des notes laissées, dit-il, « par l'un des hommes qui ont été le mieux
initiés aux secrets des deux empereurs et chez lequel un inébranlable
dévouement n'a jamais fait tort à une impartiale sagacité ». M. Vandal
ne le nomme point, mais tout le monde a reconnu le duc de Vicence.

Le livre de M. Tatistcheff conduit le lecteur de l'avènement d'Alexandre à 1812, de la pacification à la guerre, à travers l'alliance. M. Tatistcheff manie très agréablement notre langue. C'est un politique autant
qu'un historien. C'est avant tout un politique russe ; je le loue en
le disant, et je le loue d'autant plus volontiers que sa politique tend
à concilier les intérêts de la Russie avec ceux de la France. Son livre
est ménagé dans l'esprit de l'alliance. Il s'y opère une insinuation constante du passé au présent et du présent au passé. Le lecteur français
y trouve l'expression de sentiments dont il ne peut être que touché
pour le passé et réconforté pour l'avenir.

M. Albert Vandal a conservé le culte de Napoléon ; il souhaite à la
France l'alliance de la Russie. Il n'est pas moins bon Français que
M. Tatistcheff n'est bon Russe. Il expose les événements de 1807-1812
avec les sentiments d'un Français de ce temps-là, et il les commente
avec nos sentiments d'aujourd'hui, ce qui met d'accord en lui l'historien
et le patriote.

Son ouvrage est un de ceux qui ont marqué dans les dernières années.
Il fait honneur à cette école très française dont M. Thiers a été le
chef illustre, et dans laquelle M. le duc de Broglie a apporté, avec une
si haute distinction personnelle, un art si consommé. M. Albert Vandal
raconte et décrit. Il se complaît aux analyses de sentiments et d'idées,
au développement des caractères et des « états d'âme » ; il est, par cette
prédilection et les nuances qu'il y apporte, tout à fait de son temps. Il
travaille très consciencieusement sur les documents et presque toujours
de première main. Il prépare, dispose très adroitement, enveloppe ses
pièces ; il les glisse, pour ainsi dire, dans des récits limpides et cou-
lants. Il n'aime, dans le pittoresque, que les beaux tableaux de cour, les

échouer parce qu'elle prétendait concilier ce qui était inconciliable : les passions opposées de deux autocrates, les intérêts opposés de deux États et de deux nations. Alors même que les ambitions qui avaient un instant rapproché Napoléon et Alexandre ne les auraient pas aussitôt séparés, l'alliance se serait nécessairement rompue par son propre jeu, par son propre poids, par la gravitation même de ses éléments constitutifs, qui étaient en réalité, non pas Napoléon Ier et Alexandre, mais la France et la Russie, dans l'Europe de 1807-1811.

I

L'ALLIANCE.

Lorsqu'en 1807, après Friedland, Napoléon se rapprocha d'Alexandre, il suivit un calcul politique. Les événements le conduisaient alors à une guerre d'extermination avec la Russie. Il était vainqueur, il s'arrêta, il essaya de l'alliance : c'était agir avec prudence. Mais cette alliance, facile à conclure par surprise, était impossible à appliquer avec suite. M. Albert Vandal l'a discerné avec une clairvoyance et exposé avec une fermeté que je ne saurais trop louer. Il y a eu du mérite, car il va contre le préjugé. Il le heurte même, et du premier coup, sans ménagement. La première phrase de son livre

cortèges élégants et somptueux, amples, mais toujours bien ordonnées, les grandes scènes d'opéra de la politique et du monde. Point de bibelots, ni de *bric-à-brac* encombrants; mais des meubles Louis XVI, sveltes et dorés, et le long des murs des pièces bien ouvertes, de larges tapisseries dans les notes claires, d'après Guérin et le baron Gérard.

a été critiquée; elle prête au malentendu. « Pendant toute la durée de son règne, dit-il, Napoléon poursuivit au dehors un but invariable : assurer par une paix sérieuse avec l'Angleterre la fixité de son œuvre, la grandeur française et le repos du monde. » Ainsi jetée à l'improviste et placée comme en épigraphe, cette proposition paraît tout ensemble et un peu naïve et singulièrement paradoxale. Il suffit, cependant, d'un bien court commentaire pour la rendre juste. Ce que M. Vandal a voulu dire, j'en suis persuadé, car tout son livre le prouve, c'est ceci : Napoléon poursuivit un but invariable, assurer, par une paix sérieuse avec l'Angleterre, *la conquête des limites naturelles de la France*, assurer, *par cette paix et par cette conquête*, la fixité de son œuvre, *la suprématie de la France, et, par cette suprématie, le repos du monde*. Or, cette paix et cette suprématie, l'Angleterre ne les voulait à aucun prix; c'est pour s'y opposer que l'Angleterre a combattu jusqu'en 1815, et c'est pour les imposer à l'Angleterre que Napoléon a combattu jusqu'à Waterloo.

La conservation des limites naturelles exigeait que la Hollande fût soustraite à l'influence de l'Angleterre et que l'Allemagne fût soustraite à l'influence de l'Autriche : la Hollande fut subjuguée et l'Allemagne fut confédérée, sous le protectorat de Napoléon. Pouvait-on, sans compromettre cet ouvrage, abandonner l'Italie à l'Autriche? Si on ne l'abandonnait point aux Autrichiens, il fallait la défendre contre leurs entreprises; il fallait donc s'y établir et s'assurer le libre passage par le territoire piémontais. En dehors de cette politique, avec ses inévitables conséquences, il n'y en avait qu'une autre possible, c'était celle que l'Angleterre et l'Europe prétendaient imposer à la France, la renonciation à la plus grande partie des conquêtes et la renonciation à la suprématie Talleyrand la préconisait dès 1792; il sut en tirer grand parti en 1814. Elle impliquait la modération et la paix, comme l'autre impliquait la domination et la guerre; mais il n'y avait pas moyen de les concilier l'une avec l'autre : ni Napoléon ni l'Europe n'y étaient disposés; quand Talleyrand le proposait, il qualifiait lui-même ses propositions de rêveries. Personne n'y a songé qu'après coup, à distance, lorsqu'on refait l'histoire à loisir, ou que plutôt on la défait. C'est une vérité qu'il faut avoir toujours présente à l'esprit, quand on veut comprendre l'histoire de ce temps-là.

Telles étaient les nécessités de la politique française : les gouvernements issus de la Révolution l'avaient ainsi conçue (1). Napoléon la faisait prévaloir. Les intérêts de la politique russe et l'ambition d'Alexandre y étaient entièrement contraires. Alexandre considérait les victoires de Napoléon, son génie même, comme autant d'usurpations sur sa propre destinée; il se proposait d'effacer le nouveau César et, faute de pouvoir le surpasser par les conquêtes, il rêva d'abord de l'éclipser par la justice. « Il regardait comme sa mission providentielle l'affranchissement de l'Europe du joug français », dit M. Tatistcheff, et ce qu'il voulait, il l'insinua à Vienne, en octobre 1803, quand il y envoya Anstett pour renouveler l'alliance contre l'ennemi commun; il le fit déclarer à Londres, lorsqu'en septembre 1804 il y envoya Novosiltsof pour conclure l'alliance : « Le premier objet, suivant les idées de Sa Majesté Impériale, est celui de faire

(1) Voir *l'Europe et la Révolution française*, t. **IV**, p. 359; *le grand dessein de Sieyès*, p. 389; *le blocus de l'Angleterre*, p. 461, 464-468; *les conditions de la politique extérieure en* 1795. — *Essais d'histoire et de critique*, p. 51-53, et ci-dessus, p. 95-96.

rentrer la France dans ses anciennes limites, ou toutes autres qui paraîtront convenir le mieux pour la tranquillité générale de l'Europe » ; il le fit dire à Napoléon en 1805 : la Belgique cédée à un prince prussien ou anglais et réunie à la Hollande ; le Piémont restitué au roi de Sardaigne, devenu roi des Lombards. « Il me parle, dit Napoléon, comme il aurait pu parler à un boyard qu'on voudrait envoyer en Sibérie ! » Napoléon entendait parler à Alexandre comme à un prince d'Allemagne qu'il aurait envoyé régner en Pologne. La guerre s'ensuivit, et elle ne finit que quand Napoléon fut envoyé non en Sibérie, mais à Sainte-Hélène, cette Sibérie anglaise, aussi cruelle et meurtrière que l'autre.

En 1807, Napoléon, qui avait battu Alexandre dans trois grandes batailles, tenta de se l'attacher par un coup de grandeur et de le retenir par l'ambition. On ne saurait lui reprocher d'avoir manqué à Tilsit de magnanimité ou de sagesse ; on lui reprocherait à plus juste titre d'avoir manqué de prévoyance, s'il eût livré l'Orient à Alexandre, sans obtenir rien de lui en Occident. Il ne lui demanda ni argent, ni territoire ; il lui laissa tout espérer. On connaît leurs engagements respectifs. Alexandre promit de déclarer la guerre à l'Angleterre et et d'observer le *blocus continental* si l'Angleterre n'acceptait point sa médiation ; Napoléon promit sa médiation auprès de la Turquie et, si cette médiation n'aboutissait point, son alliance contre les Turcs : alors, « les deux hautes parties contractantes s'entendront pour soustraire toutes les provinces ottomanes en Europe, la ville de Constantinople et la province de Roumélie exceptées, au joug et aux vexations des Turcs ».

Voilà la pierre d'attente et tout ce qui fut posé à Tilsit. C'est par là que Napoléon tenait Alexandre. Reconnaissons que, s'il ne l'eût pas tenu par là, il ne l'eût point tenu du tout. Il pénétrait fort bien ses intentions et son jeu. M. Albert Vandal, par touches et retouches successives, a su donner une impression juste du caractère de ce tsar, le plus ondoyant et le plus divers des hommes dans les dehors, infiniment plus suivi au fond et dans les desseins qu'on ne l'a cru : « Attrayant, mystérieux et décevant, il passe sa vie à changer d'idéal » ; cela s'entend des moyens, car, pour la fin, c'est un même idéal de grandeur et de suprématie qu'il poursuit continuellement. On est porté, comme il l'est lui-même, selon un bien joli mot de M. Vandal, « à prendre ses séductions pour des vertus ». M. Vandal tombe peut-être aussi dans le piège, quand il écrit : « Napoléon c'est l'action, Alexandre c'est le rêve. » Le grand rêve, ici, c'est l'empire avec son épopée, c'est 1811 ; la réalité, c'est la France envahie et protégée deux fois, mais ramenée à son ancienne frontière, c'est la Russie portée à l'hégémonie de l'Europe, c'est 1814, 1815, 1818.

Alexandre parut se livrer avec enthousiasme : son vainqueur lui offrait de partager les bénéfices de la victoire ! Toutefois, son enthousiasme était réfléchi et doublé de précautions. Devait-il, dit finement M. Vandal, « reconnaitre la loi de l'avenir dans un accord de principes entre la Russie se désintéressant des affaires occidentales et la France débordant sur le monde ? A cet égard, il évitait de s'interroger ; en descendant au fond de sa pensée, on y eût retrouvé la crainte que la sécurité durable de la Russie ne pût se concilier avec l'excès de la puissance française. Il ne renonçait pas absolument à rétablir l'Europe dans ses droits, à rejeter la France dans de plus étroites limites, mais il n'attendait plus la réalisation de ce vœu que d'un concours problématique de circonstances. Changent les circonstances, disait-il confidentiellement, la politique aussi pourra changer. En 1807, Alexandre ne souhaitait pas encore, mais prévoyait par instants 1812. »

Napoléon s'en doute et il se méfie, à juste titre : « Il sait que, si sincère qu'on la suppose, l'alliance russe ne tient qu'à la durée des sentiments d'un monarque impressionnable et mobile, entouré de nos ennemis, exposé lui-même à tous les accidents qui menacent le trône et la vie du tsar... » En conséquence, il prend ses sûretés.

Voilà les arrière-pensées des deux alliés de Tilsit; elles procédaient autant de leurs caractères que de leur politique et des calculs mêmes qui les rapprochaient. Il n'y avait entre eux d'autres liens réels qu'une haine commune contre l'Angleterre, permanente chez Napoléon et inhérente à son système, passagère chez Alexandre et combattue incessamment par les passions et les intérêts du peuple russe. La Russie était une cliente économique de l'Angleterre, le *blocus continental* affamait le peuple, tarissait les revenus des nobles, privait l'aristocratie de tous les objets de luxe auxquels elle était habituée et blessait la nation entière. La France restait toujours aux yeux de l'immense majorité des Russes l'instrument de la Révolution; ils redoutaient, non de la voir propager chez eux les *droits de l'homme,* mais, ce qui était infiniment plus effroyable pour eux, de la voir « réunir les israélites dispersés par la volonté de Dieu, pour les lancer à l'attaque de l'Église chrétienne (1) »! L'alliance française rendait Alexandre impopulaire, et l'on sait ce que le mot impopularité signifiait alors en Russie. Les rap-

---

(1) Sur cette crainte, qui put être un instant fondée et sur le grand dessein conçu, un moment, par Napoléon sur Israël, voir les *Mémoires du chancelier Pasquier*, t. Ier, p. 278 et suiv.

ports de Savary ne laissent aucun doute à cet égard. Il s'organisa, contre les ambassadeurs de Napoléon, un véritable blocus des salons. Napoléon n'avait pour lui que le tsar (1). Il n'y avait qu'un moyen de gagner ces redoutables salons à l'alliance française et de réconcilier ces aristocrates, au moins sur un article, avec l'œuvre de la Révolution, c'était de combler la Russie de territoires. « Voyez, disait Roumiantsof à Savary, combien peu l'opinion a fait de progrès depuis votre arrivée..... La raison en est que l'on se demande ce que l'on a gagné à la guerre. On se dit : Mais pourquoi ne prend-on pas aussi, quand tout le monde prend?... Soyez sûr, général, que si votre empereur aide le nôtre et montre un beau côté à la nation, le revirement des esprits se fera en un instant. »

« Observez bien, disait de son côté Alexandre, que tout ce monde était accoutumé sous Catherine, dans les guerres de Potemkine, à se battre uniquement pour dépouiller les vaincus. Nous sommes un peu asiatiques de ce côté-là : aujourd'hui c'est autre chose, et l'on se plaint. »

Ainsi parlaient ces champions du droit public et ces restaurateurs de la vieille Europe; le droit pour eux signifiait toujours le droit de conquête, et la vieille Europe demeurait à leurs yeux caractérisée par le dernier de ses ouvrages : le partage de la Pologne. Napoléon laissa prendre la Finlande à titre de hors-d'œuvre, puis il parla de s'emparer de l'Inde. Alexandre consentit à l'entreprise, mais sous la condition que la Russie passerait par Constantinople et qu'elle y resterait. Napoléon prétendait, du même pas, s'établir en Égypte; Alexandre ne

(1) Comparer ci-après les dispositions de la même société au temps de la mission de M. de Morny en 1856, p. 207.

12

l'admettait point et Napoléon s'inquiéta. Que lui servirait d'avoir expulsé les Anglais de la Méditerranée, s'il y introduisait les Russes? Qui le garantirait contre cette puissance qu'il aurait rendue si formidable? Il cherchait des barrières, il n'en voyait que dans la restauration de la Pologne et dans la clôture des Dardanelles. Mais la conquête de Constantinople et l'anéantissement de la Pologne étaient, au contraire, pour Alexandre, la condition première de l'alliance. L'antagonisme était donc complet, et c'est pourquoi, au moment d'agir et de se livrer, chacun hésita. « C'est une chose qui demande bien des combinaisons, sur laquelle il faut marcher bien doucement », écrivait Napoléon. Quel aveu, sous sa plume, et combien significatif!

De part et d'autre on réserva sa foi. « Pour vaincre la Russie, dit M. Vandal, Napoléon l'avait entourée d'ennemis, avait relevé sur ses frontières ceux qu'elle croyait avoir définitivement abattus : il avait tiré la Pologne du tombeau et réveillé la Turquie d'une longue léthargie. Après avoir évoqué ces forces, il ne crut pas pouvoir les rejeter au néant : à Tilsit il conserva une Pologne sous le nom de grand-duché de Varsovie; s'il tenta les convoitises orientales d'Alexandre, il ne leur sacrifia point tout à fait la Turquie..... Laissant beaucoup espérer à la Russie, il s'était réservé de ne céder à ses exigences que le moins et le plus tard qu'il pourrait. » Il attendit les grands services, pour procurer les grands profits, et c'était sage. Alexandre attendait les grands profits pour savoir s'il rendrait les grands services, et c'était politique.

II

LE CONFLIT.

« L'empereur Napoléon, dit Talleyrand (1), appréciant
la force de sa position après le traité de Tilsit, voulait
qu'il n'y eût en Europe aucun prétexte de mouvement
jusqu'à ce que ses desseins sur l'Espagne fussent accomplis. Jusque-là, les projets de guerre dans l'Inde, les projets de partage de l'empire ottoman semblent des fan-
tômes produits sur la scène pour occuper l'attention de
la Russie. Enfin, pendant l'intervalle des deux entrevues
de Tilsit et d'Erfurt, toutes les questions agitées, soit à
Paris, soit à Pétersbourg, paraissaient-elles tourner sur
elles-mêmes. Il n'y avait pas un pas de fait. » A Erfurt,
il se fit un grand pas, mais en retraite et en recul. « J'étais
effrayé pour l'Europe d'une alliance de plus entre la
France et la Russie, dit encore Talleyrand. A mon sens,
il fallait arriver à ce que l'idée de cette alliance fût assez
admise pour satisfaire Napoléon et à ce qu'il y eût cependant des réserves qui la rendissent difficile. » C'est dans
cet esprit que Talleyrand, chargé de ménager cette
alliance, la détourna et la déroba : « Au premier mot,
l'empereur Alexandre me comprit, et il me comprit précisément comme je voulais l'être. »

Alexandre, en effet, content d'avoir pris la Finlande,
ne paraissait plus songer qu'à la réforme des institutions
de son empire. Il désirait prolonger la paix en Allemagne,

---

(1) *Mémoires*, t. I, p. 399. Sur les relations secrètes de Talleyrand
avec la Russie, voir ci-dessus, p. 147.

dit M. Albert Vandal, « non qu'il tînt pour bon et définitif le régime imposé à l'Europe; il le haïssait en secret
mais jugeait qu'aujourd'hui tout effort pour le modifier
n'aboutirait qu'à l'aggraver ». Il conseilla aux Autrichiens, par son représentant officiel à Vienne, de se tenir
en repos, de « choisir entre des revers inévitables et des
dangers peut-être imaginaires »; il les avertit ostensible-
ment qu'il avait des engagements défensifs avec la France
et qu'il les remplirait. Mais à Pétersbourg, dans ses entretiens intimes avec l'ambassadeur d'Autriche, Schwar-
zenberg, il laisse apercevoir « au travers même de ses
admonestations un fond d'intérêt, de tendresse pour la
cause autrichienne, en même temps qu'une hostilité
sourde contre Napoléon ». A l'entendre, écrit Schwar-
zenberg le 15 février 1809, son but n'était point
d'imposer à nos ennemis une éternelle résignation; il leur
demandait seulement d'attendre, de temporiser; il fallait se réserver pour l'avenir, se garder intact pour de
meilleures occasions : « l'heure de la vengeance sonnerait un jour ».

Il s'ensuivit que, comptant sur Alexandre pour contenir l'Autriche, Napoléon partit pour l'Espagne; que,
disposant de toutes ses forces, il crut facile de réduire les
Espagnols et de chasser les Anglais de la péninsule; qu'au
lieu d'effrayer l'Autriche, Alexandre la rassura; que l'Autriche arma à outrance, précipita ses mouvements et
résolut de se jeter sur les derrières de Napoléon pendant
que le gros de notre armée était en Espagne; que Napoléon dut abandonner la direction personnelle de la guerre,
ce qui était rendre, tôt ou tard, l'Espagne aux guérillas
et la péninsule aux Anglais; qu'il revint en hâte à Paris
et décida de surprendre les Autrichiens, encore en formation; que, comptant toujours sur Alexandre pour

immobiliser une partie des forces autrichiennes, il crut pouvoir vaincre l'Autriche avec une partie de ses propres forces; qu'Alexandre, imitant le langage et copiant les procédés de sa grand'mère Catherine en 1793-1795, prodigua les promesses et les encouragements, adula Napoléon, enguirlanda Caulaincourt, et donna très tard des ordres très incertains; que ses généraux surent le comprendre, selon le mot de Talleyrand, « comme il voulait être compris »; que les Russes, préludant au double jeu de 1813, opérèrent de façon à ne pas gêner les Autrichiens, ennemis de Napoléon, et à paralyser les Polonais, ses alliés; qu'enfin Napoléon trouva plus de difficultés, avec cette alliance russe, à battre les seuls Autrichiens qu'il n'en avait trouvé, en 1805, à battre les Autrichiens et les Russes coalisés. Cette marche des affaires amena, en mai 1809, les journées troubles et sanglantes d'Essling.

Entre temps et en passant à Paris, Napoléon avait disgracié bruyamment Talleyrand. Le prince de Bénévent, soupçonné de trahir son maître, protesta par le silence et continua de correspondre secrètement avec Alexandre. Ce tsar l'avait d'ailleurs impérialement récompensé. Talleyrand en avait reçu, pour son neveu, la princesse Dorothée de Courlande, l'incomparable duchesse de Dino, qui fut le joyau de sa maison, l'enchantement de son âge mûr et les délices de sa vieillesse. Talleyrand se détachait de Napoléon, Alexandre se détachait de la France, et tous les deux, en ne suivant chacun que ses vues propres, ses intérêts et ses passions, s'acheminaient vers la rencontre qui devait faire d'eux, sans qu'ils l'eussent désiré et presque à leur insu, les instruments de la restauration des Bourbons.

A la nouvelle d'Essling, « les salons de Pétersbourg

poussèrent des cris de triomphe ». Alexandre, redoublant d'effusions et de caresses, continua « de prodiguer les vœux et de refuser les troupes » ; cependant il envoya un aide de camp de confiance à Napoléon pour l'assurer de sa loyauté. C'était le troisième officier russe qui arrivait à l'état-major de l'empereur. Napoléon n'eut pas un instant de doute sur la mission que ces trois confidents de son allié y venaient remplir : ils venaient voir comment il pouvait être battu. Il s'accommoda de façon à leur montrer comment il savait encore retourner et forcer la victoire. Tandis qu'il s'y préparait, il fit écrire à Caulaincourt, le 2 juin 1809 : « L'empereur veut que vous regardiez comme annulées vos anciennes instructions… », toutefois, paraissez satisfait ; « par cela même que l'empereur ne croit plus à l'alliance de la Russie, il lui importe davantage que cette croyance, dont il est désabusé, soit partagée par toute l'Europe ». L'éblouissement était dissipé. Napoléon et Alexandre revenaient aux réalités de la politique.

Wagram releva les armes de Napoléon, mais ne rétablit point son prestige : il était encore victorieux ; il ne paraissait plus invincible. Le lendemain de cette journée, il se trouva avec les mêmes difficultés que la veille, un grand embarras de plus, celui de la paix à dicter, et de grands moyens d'action en moins, les milliers de soldats qu'il avait perdus. Il avait connu à Eylau la victoire douteuse, il avait entrevu la défaite à Essling, il connut à Wagram la victoire inutile. L'Angleterre restait debout, cramponnée au Portugal ; l'Autriche n'était ni écrasée ni épuisée ; la Russie était douteuse et menaçait de devenir hostile. La Pologne, appelée aux armes et à l'indépendance, s'offrait comme le seul moyen de réduire l'Autriche à merci et de contenir la Russie ; mais employer

les Polonais et ressusciter la Pologne, c'était précipiter
la rupture avec Alexandre; les abandonner, c'était livrer
aux Russes les avant-postes de la Grande Armée.

La victoire, plus que jamais nécessaire, devenait ainsi
comme redoutable à Napoléon. Il arrivait à ce détour
décevant de son histoire où le succès même des moyens
qu'il employait allait démontrer l'absurdité de la fin qu'il
prétendait atteindre. Comme on s'explique qu'il préférât
la guerre et s'y jetât, si l'on peut dire, comme pour se
reposer de la paix! La guerre suspendait un moment la
marche naturelle des choses; elle arrêtait la destinée; elle
voilait l'avenir; elle obligeait cette imagination toujours
exaltée et en éruption à rentrer en soi-même, ce génie
toujours impatient de l'inconnu et affamé de l'impossible
à s'arrêter sur des objets prochains, précis et certains;
elle avait une nécessité : vaincre; elle avait un terme :
la victoire.

La paix, au contraire, échappe toujours et partout à
la fois. C'est l'incertitude incessante et indéfinie; un
horizon vague, voilé et toujours fuyant; pour tout repos,
dans les rêves, le mirage d'une monarchie universelle.
Les combinaisons, même démesurées, de la diplomatie,
restent impuissantes et disproportionnées avec leur objet.
Ce sont des échafaudages grêles, des cloisons molles et
ployantes qui fléchissent sous le poids des sables accu-
mulés; le sable s'ébranle, s'effondre, fuit par toutes les
fissures, et l'édifice se mine en dessous, s'écroule par les
côtés à mesure que l'on s'efforce de l'étendre et de
l'élever davantage.

Napoléon ne croit ni à l'amitié d'Alexandre ni à l'alliance de la Russie; mais il a besoin de la neutralité russe
sur le continent et du concours de la Russie contre l'Angleterre. Il s'ingénie et il s'efforce de rassurer les Russes

sur l'article de la Pologne, le plus inquiétant pour eux, et, en même temps, d'enchaîner Alexandre. Il propose, en octobre 1809, de stipuler cette déclaration : « Sa Majesté approuve que les mots de Pologne et de Polonais disparaissent non seulement de toutes les transactions politiques, mais même de l'histoire. » En compensation, il demande la main d'une grande-duchesse. L'offre et la demande sont liées dans sa pensée et constituent une sorte d'*ultimatum :* « Que l'on calcule les moments, écrit, sous sa dictée, Champagny, le 12 décembre 1809, parce que tout cela étant une affaire de politique, l'empereur a hâte d'assurer ses grands intérêts par des enfants. » Point de grande-duchesse pour garantir à Napoléon l'établissement de la dynastie, point de traité pour garantir les Russes contre la rétablissement de la Pologne. C'est à prendre ou à laisser, sur-le-champ, sans détours et sans phrases.

Alexandre et son ministre Roumiantsof ne considèrent que la Pologne. Ils trouvent la déclaration de Napoléon insuffisante et font signer à Caulaincourt (4 janvier 1810) un traité où on lit cette clause : « Le royaume de Pologne ne sera jamais rétabli. » C'est, dit M. Vandal, l'*ultimatum* de l'amitié d'Alexandre et, selon Roumiantsof, le moyen de gagner l'opinion en Russie et de *nationaliser* l'alliance. Le traité signé, Caulaincourt demande la grande-duchesse. Alexandre l'aurait probablement accordée; mais il avait à compter avec sa mère, sa cour, la société russe; et il incline, sans aucune résistance d'ailleurs, à colorer un refus, à le traîner surtout de façon que Napoléon, tenu en haleine, ratifie auparavant le traité de la Pologne. S'il réussit, il remporte un double succès qui le relèvera devant sa cour et devant l'Europe. Les rôles seront changés, Napoléon sera réduit au personnage assez peu flatteur de prétendant évincé et de parvenu éconduit. « La Russie aurait recueilli et tiré à elle tout le bénéfice de la double négociation : ayant su se faire payer d'avance, elle eût atteint ce merveilleux résultat de recevoir sans donner, de surprendre la ratification sans livrer la grande-duchesse. »

C'était compter sans l'orgueil, sans l'impatience et la clairvoyance de Napoléon; c'était compter aussi sans l'intervention d'un acteur destiné à nouer et à dénouer, dans cette grande tragédie, tous les fils de l'intrigue, et dont M. Albert Vandal a admirablement ménagé l'entrée en scène, merveille de souplesse diplomatique, de fourberie supérieure, de dextérité mondaine, d'aisance dans les insinuations, de belle tenue dans la mauvaise fortune, d'un art enfin presque impertinent à tourner un échec militaire en un succès politique, Metternich. Avertie des désirs de mariage de Napoléon, l'Autriche s'offre au moment où la Russie se dérobe. Napoléon devine qu'Alexandre cherche à « filer un refus » ; dès qu'il en est persuadé, le 5 février, il se retourne. Le mariage autrichien est bâclé en vingt-quatre heures. Quant au traité de la Pologne, Napoléon en jouera comme Alexandre a joué du mariage : il suspend sa ratification, amende le texte et, à son tour, « file son refus ». Le courrier qui porte cette réponse dilatoire à Alexandre se croise avec celui qui apporte à Napoléon le refus définitif du mariage. C'est vraiment un maître coup de partie. Napoléon se relève de toute la hauteur qui séparait alors, dans les anciennes cours, un mariage autrichien d'un mariage russe, une arrière-petite-fille de Marie-Thérèse d'une petite-fille de Catherine II.

Alexandre avait perdu. M. Albert Vandal le montre consterné, mais payant de contenance et combinant déjà

sa revanche. Sa combinaison est assez inattendue : c'est
la résurrection de la Pologne. Il la lui faut anéantie ou
assujettie. Ne pouvant l'anéantir, il tâchera de la gagner.
Il revient à un rêve de sa jeunesse, au temps où le prince
Czartoryski jouait auprès de lui le rôle du marquis de
Posa. Le tsar sera roi de Pologne, restaurateur de la
nation et des libertés polonaises. De cette Pologne dont
Napoléon prétend se faire un avant-poste contre la Russie, il fera l'avant-garde de l'armée russe contre Napoléon. Mais, dans cette guerre, qu'il juge désormais inévitable, sinon imminente, il a besoin du concours de
l'Autriche. L'Autriche doit lui rendre le même service
qu'il lui a rendu en 1809. Les approches avaient été
ménagées l'année précédente. Alexandre pouvait parler
à Vienne avec toute l'autorité de l'amitié prouvée et du
service rendu.

Il y envoya, sous le prétexte d'un voyage en Italie, le
comte d'Alopeus. « Si votre politique, devait dire aux
Autrichiens ce diplomate, a pour objet de faire récupérer
à votre monarchie, par les négociations, une partie des
forces qu'elle a perdues..., Sa Majesté n'y trouve rien
qui ne convienne à ses intérêts. » « Au nombre des provinces perdues dont l'Autriche peut désirer la récupéra-
tion, la presque totalité peut retourner sous sa domination sans blesser l'intérêt direct de Sa Majesté. En effet,
qu'importe à la Russie si les *Pays-Bas* ou le Milanais,
ou bien l'État de Venise, le Tyrol, Salzbourg, la partie
de l'Autriche qu'elle vient de céder, si Trieste, Fiume,
le littoral étaient convoités et même de nouveau succes-
sivement acquis par l'empereur François et ses succes-
seurs ? La seule règle qu'aurait à suivre en pareil cas le
cabinet de Pétersbourg ce serait de rester fidèle au sage
principe de l'équilibre et de ne pas permettre d'accrois-

sement qui n'en procure un à la Russie (1)... » Ce n'était pas la paix de Vienne seule qui était mise là en question, ni même la paix de Presbourg ; c'était la paix de Lunéville. Nous voilà loin du radeau de Tilsit et des salons d'Erfurt. Mais si ce n'est pas l'esprit de l'alliance, c'est bien celui des coalitions (2). Alopeus reprenait les choses où son prédécesseur, Anstett, les avait placées, en octobre 1803.

Napoléon était devancé. Sans pénétrer le secret de la Russie, il le soupçonna. Les mêmes intérêts le portèrent à des combinaisons analogues, et on le vit, dans le même temps qu'Alexandre, s'efforcer de captiver la cour de Vienne et de capter les Polonais. Ces deux empereurs, qui naguère disputaient sur les termes de ces deux propositions : « Sa Majesté approuve que les mots de Pologne et de Polonais disparaissent... de l'histoire », ou : « Le royaume de Pologne ne sera jamais rétabli », méditent désormais de régénérer cette même Pologne, et chacun d'eux offre de la faire vivre, pourvu qu'elle promette de mourir pour lui. « Chacun d'eux, dit très justement M. Albert Vandal, estime que sa supériorité dépend du concours spontané d'une nation opprimée, trois fois spoliée, aux deux tiers captive, mais en qui s'affirme un principe... Lorsqu'ils se tournent vers la Pologne, ils cherchent moins encore à se donner une armée de plus qu'à enrôler dans leur parti une grande force morale : c'est un hommage involontaire qu'ils rendent à la puissance de l'idée et du droit méconnu. Spectacle étrange que celui de ces deux potentats, dont l'un dis-

(1) Instructions d'Alopeus, 31 mars 1810.
(2) Voir *l'Europe et la Révolution française*, t. IV, p. 461 ; t. I, p. 545 ; t. III, p. 367 et suiv., 449 et suiv. — *Essais d'histoire et de critique :* METTERNICH, p. 28 et suiv.

pose de toutes les ressources de l'ancienne Europe, dont
l'autre possède un empire plus grand que l'Europe, et
qui se disputent les faveurs d'une poignée d'hommes
aspirant légitimement à reformer un peuple, comme si,
entre tant d'éléments de force matérielle et de succès
qu'ils s'opposent l'un à l'autre, ce grain de justice et de
bon droit pouvait faire pencher la balance! »

A Varsovie, ils trouvent des passions, de la générosité,
des illusions : admirable matière à exploiter les hommes.
Il ne s'agit que de savoir par qui la Pologne sera dupée
et à qui les Polonais se sacrifieront. A Vienne, ils trouvent
l'habileté consommée et l'adresse diplomatique dans ce
qu'elle a jamais eu de plus insidieux. Napoléon sera
joué et Alexandre abusé. C'est la lutte d'un Italien contre
un Grec, dit M. Vandal en parlant de l'assaut de dissi-
mulation et de ruse d'Alexandre et de Napoléon ; le tsar
« généreux, chimérique et faux », le César glorieux,
hyperbolique et subtil, rencontrent leur maître dans ce
jeune Allemand romanesque, aux nonchalances de dandy,
raffiné de boudoir, amoureux de cour, qui tourne la
tête des reines et porte des bracelets d'or, qui calcule
quand il semble tout au plaisir, qui médite quand il parait
écouter, au fond plus Grec que le Slave et plus Italien que
le Corse. Son objet, qu'il atteindra en 1813, c'est d'obtenir la confiance de Napoléon, de gagner ainsi le temps
de l'abandonner opportunément et de mettre, sous le
manteau, l'Autriche en mesure de trahir avec fruit. Il y
a un attrait rare à suivre le personnage et son jeu dans le
livre de M. Albert Vandal; c'est aussi la partie la plus
neuve et la plus personnelle de l'ouvrage (1). M. Thiers,
sous le prestige de Metternich, et plus abusé encore par

(1) Voir, en particulier, les chapitres intitulés : *le Secret du tsar,
Autour d'une phrase.*

cet Autrichien dans l'histoire de l'Empire que Napoléon ne l'avait été dans la réalité, semble n'avoir considéré ces manœuvres de cour et d'État que de loin et du dehors. M. Martens, en Russie, M. Beer, en Allemagne, ont levé le voile; Armand Lefebvre, en France, l'avait, avant eux, soulevé; mais personne n'avait si bien déroulé la trame et débrouillé le filet que M. Albert Vandal.

« En 1810, ni Alexandre ni Napoléon ne veulent la guerre de parti pris. Mais ils y sont entraînés d'un mouvement irrésistible, sans fixer, d'un regard assuré, le but dont ils se rapprochent tous les jours. » Pour Alexandre, c'est la conviction que l'alliance ruine la Russie, amoindrit son prestige, compromet sa politique, menace sa sécurité, sa vie même, peut-être par l'exaspération où un excès de complaisances de leur maître envers « le tyran de l'Europe » peut porter les Russes; c'est « son horreur croissante pour une politique dont il n'aperçoit plus que les côtés d'iniquité et de violence, une ambition vague de se poser en vengeur des couronnes et en libérateur des peuples ». Pour Napoléon, c'est l'obsession de cette pensée que l'Angleterre est à bout de ressources et à bout de constance, que le prodigieux mouvement tournant conçu en 1795, préparé par une série inouïe de victoires, touche à son dénouement. « Que l'Angleterre et la Russie s'allient! disait Sieyès au Comité de salut public, elles seront signalées comme ennemies du droit des nations; une résistance commune triomphera de leurs projets (1). » Elles ont été alliées; Napoléon a brisé cette alliance, et la Russie est maintenant, avec le continent, coalisée contre l'Angleterre. Le dénouement semble n'être plus

____

(1) *L'Europe et la Révolution française*, t. IV, p. 359.

qu'une question de semaines : que la Russie ferme ses ports aux marchandises anglaises et aux convois des neutres, et l'Angleterre sombre dans la banqueroute. Mais au moment où toutes les conditions, sauf une, du *blocus continental* semblent accomplies, le paradoxe fondamental du système va paraître par l'impossibilité d'accomplir cette condition dernière et de frapper ce dernier coup, sans lequel rien n'aura été fait et pour lequel tout a été disposé. C'était une marche à l'inaccessible. Il fallait que l'Europe fût soumise : elle l'est, à l'exception de quelques rochers d'Espagne et d'une falaise en Portugal. Il fallait que la Russie fût complice : elle ne pouvait l'être sans s'anéantir, et elle s'y refuse. « Je vais, s'écriait le conventionnel Kersaint, le 1ᵉʳ janvier 1793, je vais... raisonner dans l'hypothèse où une guerre avec l'Angleterre nous entraîne dans une guerre générale avec toutes les puissances maritimes de l'Europe. Que cette vérité ne nous alarme pas : notre intérêt exige que dans cette lutte il n'y ait point de neutres... Je ne vois que les Anglais et les Russes qui puissent marcher ensemble... » Plus de neutres! décrète Napoléon en 1811, et il prétend soumettre à ce décret la Russie, qui a grandi par la protection de la neutralité maritime et qui voit dans la *Ligue des neutres* de 1780 la première grande expression et la condition fondamentale de sa politique européenne.

Napoléon a comme l'instinct profond de cet échappement du monde, de cette résistance de la nature des choses, de cette rébellion de la force qui jusqu'en 1805 l'a constamment porté et soutenu. Son génie en est comme engourdi. La révolution de Suède, qui intéresse pourtant toute sa politique, le trouve indécis, hésitant, contradictoire. Il laisse Bernadotte mettre la main sur ce royaume ; il laisse Alexandre mettre la main sur Bernadotte. L'opération, il est vrai, n'a rien de malaisé. Bernadotte, qui trouve que la Suède vaut bien un prêche et se montre assidu luthérien, considère que la couronne sur sa tête vaut bien la Finlande aux Suédois et se fait Russe. La France n'est plus pour lui « qu'une *puissance* qu'il a servie utilement et peut-être honorée pendant trente ans ». Il consentirait sans doute à la gouverner, mais non plus à la servir, surtout à exposer pour elle ses sujets de rencontre et sa monarchie de fortune. A Slave, Gascon et demi ! L'envoyé d'Alexandre n'a qu'à sourire pour être compris, et l'entente de 1813 s'ébauche dès décembre 1810. Tchernitchef joue à Stockholm le personnage qu'Alopeus jouait à Vienne. Alexandre est sûr, à la fin de 1810, que l'Autriche ne le contrariera pas, que la Suède ne le gênera point et que, loin de seconder le *blocus continental,* Bernadotte ne fera que le paralyser.

Cependant Alexandre rassure les Allemands, soutient leur résistance, ranime leurs espérances et « peu à peu, dans le plus profond secret, il se met sous les armes ». Ici, grâce surtout aux documents publiés par le prince Czartoryski et confirmés par d'autres documents russes inédits, M. Albert Vandal modifie sensiblement les nuances consacrées de l'histoire. « Dans la seconde moitié de 1810, avant que Napoléon ait remué un homme, les corps russes postés près de la frontière et tenus en état de mobilisation permanente sont rejoints par d'autres... Insensiblement des armées se forment. Seulement, dans le vaste et muet empire où tout bruit s'amortit,... aucun indice perceptible au dehors ne trahit ce glissement d'hommes et de matériel sur le bord du pays. » Alexandre sait que Napoléon n'a pas cinquante mille hommes au delà du Rhin ; il le berce de

négociations lentes, de promesses incertaines entre-
coupées de disputes byzantines. Son objet, qu'il confie à
Czartoryski dans deux lettres datées du 25 décembre
1810 et du 30 janvier 1811, « c'est d'abord de prononcer la reconstitution de la Pologne, de s'en déclarer
roi, de jeter en même temps sur Varsovie cent mille
Russes, qui seront renforcés tout de suite par cent mille
autres, et auxquels les soldats du duché seront invités à
se réunir. Si cette fusion s'opère, la première ligne des
défenses françaises se trouvera du même coup aneantie,
la Vistule dépassée, Dantzig isolé et tourné : la Russie,
rassurée par la parole de Bernadotte contre toute crainte
de diversion sur son territoire, pourra atteindre l'Oder
et paraître à l'entrée de l'Allemagne. Là, fortifiée immédiatement de la Prusse, elle présentera une masse de
trois cent trente mille combattants, qui sera portée à
plus de cinq cent mille si l'Autriche, moyennant des
avantages qu'on lui offrira, entre de même en jeu contre
la France. »

En février 1811, ces préparatifs sont achevés, Alexandre a massé sur la frontière deux cent quarante mille
hommes. Nous voilà loin des « quelques travaux défensifs » de Lanfrey et de son Napoléon, se préparant « dans
le plus grand secret » pour surprendre le tsar qui « avait
accepté loyalement les conséquences de ses déclarations
de guerre à l'Angleterre ». Nous voilà tout aussi loin de
l'Alexandre de Thiers qui, « craignant qu'avec un caractère aussi entier que celui de Napoléon les formes même
les plus douces ne pussent pas prévenir une brouille,
résolut de prendre quelques précautions militaires, point
menaçantes mais efficaces (1). »

(1) Lanfrey, t. IV, p. 327-330; Thiers, t. XII, p. 451.

La combinaison offensive d'Alexandre dépendait de
la Pologne. La Pologne s'y refusa. Des Polonais fidèles
avertirent Napoléon. Alexandre ajourna ses desseins,
mais il était sincère, cette fois, lorsqu'au mois de mai
il disait à Lauriston : « Si j'eusse voulu attaquer, qui eût
pu m'en empêcher? Je suis prêt depuis deux mois. »

Napoléon, cependant, soupçonnant des mouvements,
depuis le 5 décembre 1810, décrète, le 10 janvier 1811,
la réorganisation de la Grande Armée. La Russie se déro-
bant au blocus, il le resserre, faute de pouvoir l'étendre.
Le 13 décembre il annexe la Hollande et tout le littoral
jusqu'aux bouches de l'Elbe. Il y comprend (22 janvier
1811) l'Oldenbourg, qu'à Tilsit il avait promis de respecter. Trois semaines auparavant (31 décembre 1810),
Alexandre, qui ignorait encore ces réunions, avait déjà
enfreint le même traité de Tilsit en rapportant, par un
ukase, la convention de commerce qui y était stipulée.
« Ainsi Napoléon et Alexandre, à vingt jours d'intervalle,
à l'insu l'un de l'autre, sans que les actes du second
pussent être considérés comme une réplique aux excès
du premier, en venaient à transgresser matériellement
le pacte dont ils avaient dès longtemps abjuré l'esprit.
Ils arrivaient à ce résultat naturellement, presque incon-
sciemment, comme au terme inévitable de la marche
en sens inverse qui, depuis dix mois, les éloignait l'un
de l'autre... Leur dissidence au sujet du blocus détermina l'explosion au dehors d'un antagonisme latent. »
Telle est la conclusion, parfaitement fondée et justifiée,
du volume de M. Albert Vandal.

« La guerre de Russie, a dit Napoléon, devenait une
conséquence nécessaire du système continental, du jour
où l'empereur Alexandre violait les conventions de Tilsit
et d'Erfurt. » Mais si les conventions de Tilsit et d'Erfurt

avaient pour effet de lier la Russie au système continental, elles stipulaient sa déchéance; si elles n'avaient point
cet effet-là, elles ne servaient à rien. C'est la contradiction fondamentale qui faussa l'entente dans son principe,
la fit dévier dans ses conséquences et, finalement, la
rompit le jour où Napoléon en voulut tirer les effets pour
lesquels il l'avait conclue. Alexandre n'y cherchait que
les moyens de contenir Napoléon dans le présent et
d'attendre, en partageant avec lui les conquêtes, le
temps de le renverser à l'aide même des forces que
l'association lui aurait procurées. Napoléon n'y cherchait que le moyen de dominer le continent pour anéantir l'Angleterre.

En théorie, l'alliance reposait sur ces deux propositions : la Russie et la France ont des intérêts communs
et point de frontières communes. Or, l'effet même de
l'alliance devait être, par le *blocus continental,* de mettre
leurs intérêts en antagonisme, et par l'extension continue
de l'empire français, de rapprocher leurs frontières. En
1811, ces conséquences se sont produites. La Russie est
forcée de choisir entre Napoléon qui subjugue sa politique et ruine son commerce, et l'Angleterre qui l'enrichit
et lui procurera la suprématie du continent : elle choisit
naturellement l'Angleterre. Napoléon a réuni, conquis,
enrôlé ou confédéré l'Allemagne; il tient la Prusse asser-
vie et l'Autriche dépendante; il a poussé ses avant-postes
jusqu'en Pologne : il se heurte à la Russie. Et, de même
qu'il avait été conduit à enchaîner, puis à prendre la
Hollande, pour garder la Belgique; à bouleverser, reconstituer et assujettir l'Allemagne pour garder la rive gauche du Rhin; à démembrer et refouler la Prusse, puis
l'Autriche, pour conserver la domination de l'Allemagne;
il en vient à cette conclusion insensée, mais effroyable-

ment logique, non seulement du blocus continental, qui n'était qu'un moyen, mais de la conception politique initiale, dont l'empire d'Occident était la fin : « L'empire français, disait-il à Sainte-Hélène, qu'il avait créé par tant de victoires, serait infailliblement démembré à sa mort, et le sceptre de l'Europe passerait dans les mains d'un tsar, s'il ne rejetait les Russes au delà du Borysthène et ne relevait le trône de Pologne, *barrière naturelle de l'empire !* »

« Plus de paix avec Napoléon ! s'écria Alexandre après la prise de Moscou. Lui ou moi, moi ou lui : nous ne pouvons plus régner ensemble (1)! » Il l'avait toujours pensé ; l'illusion passagère de la restauration d'un empire d'Orient, conséquence du rétablissement de l'empire d'Occident, avait seule, durant quelques semaines, quelques mois peut-être, suspendu la rivalité. Mais Alexandre n'attendit point l'invasion de son empire pour conspirer la perte de son rival. Ainsi se referma le cercle. Dès que la France commença de battre en retraite, Alexandre revint avec toute l'Europe à l'idée primitive et constante de l'Europe depuis 1792 : refouler la France dans ses anciennes limites. La République, avec ses « limites naturelles » et ses annexes de Hollande et d'Italie, l'empire, avec ses royaumes feudataires et ses protectorats d'Allemagne, se trouvèrent toujours dans la situation où se trouva Napoléon quand il eut poussé ses postes avancés jusqu'en Pologne. « Reculer d'un pas, c'était s'exposer à tout perdre. » On peut dire des campagnes de la Répu-

---

(1) « Je n'ai », dit Alexandre en 1814 aux envoyés de la municipalité de Paris, « je n'ai qu'un ennemi en France, et c'est l'homme qui m'a trompé de la manière la plus indigne, qui a abusé de ma confiance, qui a trahi avec moi tous les serments, qui a porté dans mes États la guerre la plus inique, la plus odieuse..... Avec celui-là, je suis irréconciliable » *Mémoires du chancelier Pasquier*, t. II, p. 246. »

blique, Convention, Directoire ou Consulat, ce que
M. Vandal dit très justement des campagnes de Napoléon :
« Chacune de ses campagnes n'est pas une action dis-
tincte et séparée après laquelle il eût pu poser les bornes
de sa domination et fermer l'ère sanglante ; ce sont les
parties indissolublement unies d'un seul tout, d'une
guerre unique... » Les entrevues de 1807 et de 1808
ne marquent même pas un point d'arrêt dans cette
grande histoire, elles n'y sont qu'un intermède, et n'y
forment pas une époque. Tilsit ne fut, en réalité, qu'un
troisième acte de tragédie, Erfurt un quatrième acte
d'opéra, l'alliance une fantasmagorie d'apothéose.

PRÉCURSEURS DE L'ALLIANCE RUSSE

LE MARQUIS DE CASTELBAJAC ET LE DUC DE MORNY

La guerre de Crimée ne nous apparaît plus que comme
un tournoi sanglant, un duel politique en champ clos.
Elle ne réveille plus, en Russie et en France, que les souvenirs d'une défense héroïque et d'une victoire chevaleresque. Si, comme disait Montaigne, c'est « un furieux
advantage que l'opportunité », ce serait s'en priver bien
gratuitement que de tirer de leur sommeil tutélaire les
querelles de couvent et de coupoles qui furent, en 1854,
le prétexte de la rupture. Cronstadt et Toulon ont réuni .
ce que Jérusalem séparait alors. Mais on est sûr de ne
manquer à aucune bienséance en invoquant la mémoire
et en recherchant, au besoin, les conseils des hommes
qui depuis le début de ce siècle ont souhaité, dessiné,
préparé une alliance entre la France et la Russie. On
connaît les grands rêves de Chateaubriand sous la Restauration, les grandes chimères de Polignac, la conduite, les plans, la diplomatie habile, sage et digne des

Richelieu et des La Ferronnays (1). L'alliance, en ce
temps-là, fut un dessein conçu de haut et mené de longue
main. Elle ne fut, sous le second Empire, qu'un épisode
et un intermède; les détails en sont instructifs. Le marquis de Castelbajac, qui était ambassadeur à Pétersbourg
en 1853, fit son possible pour éviter la guerre; le comte
de Morny, qui fut ambassadeur en 1856, tenta de transformer la paix en une entente réglée. On a récemment
publié divers extraits de leur correspondance; ce ne sont
que des fragments, mais ils sont de choix (2). Je voudrais les découper dans les volumes, où ils sont un peu
diffus, et les recoudre ici de mon mieux.

I

Le marquis de Castelbajac eut à faire reconnaître le
régime issu du coup d'État de décembre et à préparer la
reconnaissance de l'Empire par le tsar Nicolas. Le 2 décembre, en soi, n'était point pour effaroucher l'autocrate. Les despotes de droit divin jugent de ces coups-là
comme les révolutionnaires dogmatiques jugent des
« journées », d'après la fin, qui justifie les moyens. La

(1) Voir *Essais d'histoire et de critique* : L'alliance russe et la Restauration. Rappelons, à ce propos, que dans le fameux remaniement de
l'Europe conçu par Polignac, il s'agissait d'une alliance franco-prusso-
russe : la Prusse aurait eu la Saxe et la Hollande; la France aurait eu
la Belgique, et non la rive gauche du Rhin, comme trop d'auteurs
s'obstinent à le répéter. La Prusse rhénane était attribuée à la Saxe.

(2) *Nicolas Ier et Napoléon III; les préliminaires de la guerre de Crimée*, d'après des papiers inédits, par M. L. THOUVENEL. 1 vol. in-8°.
Paris, Calmann Lévy, 1891. — *Extrait des Mémoires du duc de Morny :
une ambassade en Russie*, 1856. 1 vol. in-8°. Paris, Ollendorf, 1892.

fin, ici, était d'écraser la République et d'anéantir la
liberté. Nicolas trouva l'entreprise louable et l'ouvrage
bien fait. Mais il se méfiait d'un second Empire et d'un
troisième Napoléon, qui, pour affermir sa dynastie en
France, déchaînerait vraisemblablement en Europe la
révolution des nationalités, prédite par Napoléon Ier et
infiniment plus redoutable aux pouvoirs établis que la
révolution cosmopolite. Le tsar aurait aimé à garder le
prince-président comme il l'avait reçu : « un en-cas providentiel » ; il aurait usé de lui pour les réalités politiques, tout en conservant le comte de Chambord pour
l'idéal, le droit, les propos de cour et le musée des souverains. Au fond, la question était de savoir ce que serait
ce second Empire. « Qu'est-ce qui a alarmé tous les cabinets (je n'en excepte aucun)? écrivait Nesselrode, en
janvier 1853. C'est de voir imprimer par des actes et
des paroles regrettables le caractère de l'ancien Empire
au nouveau. » C'est sur cet article-là que M. de Castelbajac devait rassurer Nicolas.

L'envoyé était bien choisi. Soldat de la Grande Armée,
blessé à Wagram, chef d'escadron à la Moskowa, maréchal de camp sous la Restauration, lieutenant général
sous Louis-Philippe, ambassadeur sous la République,
guerrier très vert, politique fort avisé, le plus galant
homme du monde, très bon Français, causeur d'esprit,
Gascon d'élite, ce compatriote, très loyal, de Bernadotte
et de Marbot pouvait être cru sur parole quand il déclarait que l'intérêt de la France avait toujours été, à ses
yeux, supérieur à celui de ses gouvernements. Cet intérêt, en 1853, lui paraissait être de s'arrêter sur la pente
des guerres et des révolutions. « Ce n'est pas, écrivait-
il, une *place* que je suis venu chercher dans ce vilain
climat, mais un devoir sérieux, difficile et important à

remplir, dans l'intérêt de mon pays, et je le remplirai jusqu'au bout, sans défaillances ni flatteries et toujours prêt à céder le pas à un observateur plus clairvoyant ou plus guerrier que moi. » Veut-on la guerre à Paris? Qu'on le dise. « Si c'est la force seule qui doit décider, c'est plus commode. » Mais ce n'est point l'objet des ambassades, et ce n'est point, en particulier, l'objet que Castelbajac attribue à la sienne. La révolution du 2 décembre est vraisemblablement la dernière qu'il verra; l'Empire est le dernier régime qu'il est appelé à servir : il désire que ce régime dure. Il en prend au sérieux et à la lettre le programme, autoritaire au dedans, conservateur au dehors. Il voudrait sur ses vieux jours voir se réaliser la grande utopie de sa génération : le Consulat pacifique, le Bonaparte modéré et modérateur, rêve ou roman d'histoire rétrospective qui a trompé autant d'hommes, de 1840 à 1852, que la fausse assimilation de la restauration des Stuarts avec celle des Bourbons, de l'avènement de Guillaume III avec celui de Louis-Philippe en a trompé de 1830 à 1840.

Il est aisé aux publicistes de découvrir des alliances naturelles : depuis 1740 jusqu'en 1806, l'alliance prussienne fut préconisée comme telle par tous les faiseurs de systèmes. Il est plus malaisé, quand on veut une alliance, qu'on en a besoin et qu'on la poursuit, d'en discerner les conditions naturelles et de s'y conformer. La monarchie de Juillet n'avait, en 1831, qu'une alliance possible, qui devenait, par suite, l'alliance nécessaire; mais presque tout le monde en pensait comme un ministre des affaires étrangères d'alors, Sébastiani : « Il est, disait-il à Palmerston, essentiel et indispensable à la France de ravoir le Rhin pour frontière : aussi longtemps que la politique anglaise est opposée à ces reprises,

aussi longtemps il est impossible qu'une entente cor-
diale puisse exister entre l'Angleterre et la France.....
Il est bien dommage que tous les partis ainsi que le gouvernement en Angleterre regardent d'un point de vue
aussi faux le principe d'après lequel vous devriez agir
envers la France. » Sébastiani désirait l'alliance anglaise,
mais il y mettait cette condition préalable : que l'Angleterre cessât d'être l'Angleterre. On s'y obstina à Paris,
ce qui faillit amener la guerre en 1840 et rompit la
confiance. Nombre de gens, et non des moins autorisés,
raisonnaient en 1853 sur l'alliance russe comme ces
politiques de la monarchie de Juillet sur l'alliance anglaise : « Pourquoi n'a-t-on pas mieux accueilli nos
franches explications sur les Lieux saints? écrivait un
diplomate. Peut-être, aujourd'hui, serions-nous alliés! »
Pourquoi? Parce que la politique de la Russie est essen-
tiellement russe, qu'elle est la plus simple et la plus conséquente du monde. Le concours que la France prêterait
aux vues de Nicolas sur l'Orient était la mesure du bon
vouloir que ce tsar montrerait à Napoléon III. Une Russie
qui renoncerait à la suprématie de la croix grecque sur la
croix latine, qui se désintéresserait des moines orthodoxes, du Bosphore et des Balkans, est aussi invraisemblable qu'une Angleterre oubliant qu'Anvers est un grand
port et que Gibraltar commande la route des Indes..
L'affaire des Lieux saints n'était, pour le gouvernement
de Napoléon III, qu'un expédient secondaire de politique intérieure, un moyen de conserver l'appui du
clergé, qu'on croyait avoir conquis par l'acte du 2 décembre. Il en allait autrement pour Nicolas, et Thouvenel
en jugeait sainement quand il disait : « Je connais
l'Orient et je puis affirmer que la Russie ne cédera pas.
C'est, pour elle, une question de vie ou de mort, et il

est à désirer qu'on le sache bien à Paris sı l'on veut
pousser l'affaire jusqu'au bout. »

Castelbajac pensait de même, et, comme il ne désirait
point aller « jusqu'au bout », il estima que l'on devait
s'arrêter aussitôt que les apparences seraient sauves. Il
jugea qu'elles l'étaient après le firman de février 1852 (1).
C'est qu'il connaissait Nicolas et qu'il savait que, par
l'obstination, on le pousserait inévitablement à la guerre.
Il aimait et estimait cet autocrate « noble et bizarre ».
« Né avec les plus belles qualités, écrivait-il, il a été gâté
par l'adulation, les succès et les préjugés religieux et
politiques de la nation moscovite... Il tient de Pierre le
Grand, de Paul Iᵉʳ et d'un chevalier du moyen âge; mais,
en vieillissant, c'est le Paul Iᵉʳ qui domine... Il inspire la
crainte et le respect à sa famille et à tout ce qui l'entoure;
avec cela, il est souvent le plus simple et le meilleur des
hommes, se roulant sur son tapis avec ses nombreux
petits-enfants, qui lui tirent les cheveux et le tour-
mentent de toute façon. Il est ami sûr et souvent d'une
délicatesse de cœur digne d'une jeune femme romanesque, et puis dur et intraitable pour les moindres
fautes et ne revenant jamais quand il a brisé un de ses
instruments. »

Il veut à Constantinople ce que la grande Catherine
voulait en Pologne : conserver pour dominer. Il n'en
viendrait, comme la grande Catherine, à partager avec
des rivaux que faute de pouvoir tout garder en vasse-

---

(1) Sur la possession et la jouissance des sanctuaires de Jérusalem.
« Certes, écrivait l'ambassadeur de France, le marquis de La Valette,
nous n'avons pas tout ce que le droit strict nous adjugeait, mais nous
avons sauvé la question de droit et gagné, en fait, un avantage considérable, l'accès au tombeau de la Vierge. » M. THOUVENEL, *Nicolas Iᵉʳ
et Napoléon III*, p. 24. Pour l'historique de ces questions, voir la *Notice,*
p. XVII et suiv.

lage. Il se rend compte que les peuples chrétiens affranchis par la Russie lui échapperont. Il aime mieux avoir à les protéger contre le Turc qu'à les disputer à l'Autrichien. Il ne veut, dans les Balkans, ni de républiques ni de confédérations. Il se plaît à jouer à la guerre; au fond, il désire la paix; toutefois, s'il la juge incompatible avec sa mission et avec ses intérêts, il la rompra résolument, obéissant en cela moins à la raison d'État et à ses propres entraînements qu'aux entrainements de son peuple. Il n'y a en Russie qu'un maître, et il est autocrate; mais il faut que ce maître suive, d'en haut, les mouvements sourds et profonds de la masse et qu'il s'y conforme; sinon, sa personne ne compte plus que pour un obstacle, et la poussée d'en bas la renverse. Voilà ce que Castelbajac a le mérite, très peu banal, de bien voir et de bien dire (1).

Il ne croit pas aux ambitions de la Russie dans le sens courant du mot : l'ambition toute crue, la cupidité de la terre. Mais le mot est de ceux dont le sens s'élargit avec les passions : il y a l'ambition de Louis XIV, avec les arrêts de ses chambres de réunion; il y a l'ambition de la République française, avec les décrets de la Convention nationale. Affranchir en conquérant, cette ambition-là se décore de magnanimité; elle ne se connaît pas, elle n'en est que plus intense, et, si l'esprit de prosélytisme s'y joint, elle n'en devient que plus fanatique. C'est le cas en Russie : « L'empereur Nicolas tient à l'affaire des Lieux saints par sentiment religieux per-

<hr>

(1) Comparer la situation d'Alexandre à l'égard de Napoléon Ier, les dangers de l'impopularité de l'alliance française, les craintes de complot, les confidences sur la nécessité de « nationaliser » l'alliance et de prouver « à la nation et à l'armée » qu'elle est avantageuse à la Russie. Albert VANDAL, *Napoléon et Alexandre Ier*, t. I, p. 128, 138, 209 et *passim*, et ci-dessus, p. 176.

sonnel, et bien plus encore par le sentiment religieux et fanatique de ses peuples. C'est la seule question qui ait des racines dans le sentiment national, bien plus développé en Russie qu'on ne le croit généralement. » On parle à Paris, non sans quelque scepticisme, « du vernis religieux » que la Russie sait donner à sa politique. Ce n'est pas un vernis, déclare Castelbajac. Il envoie au ministre une exhortation de l'archevêque de Moscou au tsar : « Ces courtes et bibliques paroles du principal dignitaire ecclésiastique de la Russie font vibrer actuellement le cœur de cinquante millions d'hommes qui resteraient indifférents à des traités de commerce qui ruineraient leur pays, ou à la fixation de nouvelles limites occidentales qui en diminueraient la puissance et l'étendue... » « Les Russes ne sont pas encore assez civilisés et assez industrieux pour faire des intérêts matériels tout le cas que nous en faisons, et jamais un Russe n'a été arrêté dans ses désirs par une considération d'argent. » C'est l'esprit du moyen âge et l'esprit des croisades : « Si l'on venait vous dire qu'en France on peut recommencer les guerres de religion, vous croiriez tomber de la lune ! Mais une guerre de religion, une croisade aussi ardente que celle de Philippe-Auguste est possible de la part des Russes. Cette guerre deviendrait nationale, et l'empereur lui-même pourrait être entraîné au delà de ses intentions.... L'empereur, tout despote qu'il est, doit compter avec le peuple, surtout pour les choses extérieures, dont la connaissance est très répandue... » « L'autocrate est tout-puissant pour tout ce qui touche à la fortune privée, à la liberté, à la vie de ses sujets. Mais il est obligé de compter avec eux pour tout ce qui touche à leurs sentiments religieux. C'est cette obligation pour l'empereur de Russie qu'il ne faut pas oublier dans chacune des phases de cette grosse question d'Orient... » « Il y a deux articles sur lesquels l'empereur Nicolas ne transigera jamais : les révoltés polonais et les affaires de la religion grecque. »

Castelbajac insistait encore, en février 1854, sur l'« exaltation de la nation moscovite ». « Elle est, en ce moment, portée à l'extrême. Il faut reculer, par la pensée, de plusieurs siècles pour en avoir une idée exacte.» Ceux qui ont lu les récits saisissants de M. Camille Rousset et les poignants souvenirs de Tolstoï sur le siège de Sébastopol peuvent l'imaginer. Castelbajac quitta Pétersbourg navré de la guerre, parce qu'il la jugeait sans cause nécessaire et sans résultat profitable. Ce vaillant soldat répugnait à l'effusion du sang humain. « Je pars, écrivait-il, espérant qu'une circonstance imprévue, une bonne inspiration de l'empereur Nicolas ou une ingénieuse formule de quelque sphinx diplomate viendront tout à coup calmer les cœurs et arrêter les bras prêts à frapper. »

La manière dont la guerre fut conduite et celle dont la paix fut ménagée purent le consoler : l'honneur, la gloire, la politique y trouvèrent également leur compte, et les plus remarquables conséquences de cette lutte, si redoutée par notre ambassadeur, fut de rendre possible l'alliance tant désirée par lui.

II

M. de Morny n'avait point conseillé la guerre; dès qu'il le put et partout où il le put, il conseilla la paix.

Le manège de haute coquetterie qui s'engagea, au congrès de Paris, entre la France et la Russie n'eut pas d'agent plus séduisant, plus persuasif et plus persuadé que lui. Il travailla à la réconciliation et souhaita l'entente. Il se trouva très naturellement désigné pour la première ambassade qui fut envoyée en Russie, celle qui devait représenter la France au couronnement d'Alexandre II. Mission brillante et difficile : il y fallait de la magnificence sans ostentation, de la force sans hauteur, de la grâce sans faiblesse, la politique d'un vainqueur et la tenue d'un compagnon d'armes, l'art subtil de séduire en paraissant gagné soi-même, la souplesse à se laisser enguirlander sans être jamais dupe des compliments d'autrui ni de sa propre vanité. Nul n'y était plus propre que le *gentleman* exquis qui, pour son malheur et le nôtre, n'a guère montré que dans une œuvre détestable, le coup d'État, tout ce qu'il possédait d'invention, de conseil et d'énergie.

Il avait l'étoffe de l'homme d'État et le tempérament du négociateur. Si Mazarin rêva jamais qu'un enfant de la politique et de l'amour pût naître de sa liaison avec Anne d'Autriche, il dut l'imaginer de cette figure et de ce caractère. Nul doute qu'en le voyant arriver de l'autre côté du Styx il ne lui ait tendu les bras, le reconnaissant pour l'un des siens : « Mon cher enfant, lui dit-il, en ialien très vraisemblablement, sois le bienvenu parmi nous ; mais tu nous viens trop tôt et tu n'as pas donné ta mesure. Pourquoi ces sots de là-bas ne t'ont-ils pas mis à ta place ? » Cette place, ce n'était point la présidence ironique d'un Corps législatif, sinon muet de naissance, au moins frappé constitutionnellement d'aphasie, où les règlements l'obligeaient à être seul à montrer de l'esprit : c'étaient les ambassades. Élevé au grand monde

par madame de Flahaut et initié aux grandes affaires
par le comte, fils très aimable de cette femme distinguée,
il avait reçu de l'un et de l'autre, et tout directement,
la tradition de Talleyrand. Il voyait clair et avec suite;
il portait avec une aisance parfaite une volonté inflexible;
il professait le septicisme de l'homme du monde et pra-
tiquait le « dandysme » le plus raffiné; il y mêlait la
simplicité d'idées qui est le propre du politique; il connaissait les hommes et savait les mener; mais il ne se
piquait pas plus d'analyser les autres que de s'analyser
lui-même; il aimait la vie et en jouissait sans s'écouter
vivre; il aimait l'action et agissait sans épiloguer sur
ses mobiles et scruter ses « états d'âme »; en un mot,
de la tête aux pieds, au moral comme au physique,
l'antipode d'un Benjamin Constant.

Ses lettres intimes sortent de la bonne veine : familières et naturelles. Celles qu'il adresse à Napoléon III
sont d'une nuance de goût et de ton particulièrement
charmants. « Mon bon empereur! » comme il le nomme,
et il le traite ainsi, affectueux et respectueux, flattant
ses caprices et ses chimères, l'entretenant tour à tour
des bougies qu'on allume tout d'un coup au Palais
d'hiver et de la grande réforme sociale de l'Empire
que médite Alexandre; insinuant le conseil parmi les
anecdotes et parlant des plus grandes affaires ni de
trop haut ni de trop bas, mais d'à côté, du côté du cœur,
comme à un ami très aimé, très enfant gâté aussi, qui
veut bien vous écouter, en vous emmenant par le bras
à la promenade. Les délicats pourront comparer sa correspondance à celle de Caulaincourt; ils y trouveront
des rencontres piquantes, par exemple l'impératrice
mère, Allemande, comme en 1807, légitimiste, hostile
à la France et affectant de bouder l'ambassadeur. Mais

que les temps sont changés! Alexandre II n'est pas,
comme Alexandre Ier, en 1807, contraint d'avouer qu'il
est seul dans sa cour à aimer la France et son empereur.
« Je ne puis assez vous répéter, dit-il à Morny, combien
je suis heureux de tous ces rapprochements, et, si la
guerre a eu un bon côté, c'est celui d'avoir montré
combien les deux nations ont de sympathie l'une pour
l'autre, et les deux armées, d'estime réciproque. » Cette
estime s'exprime tout simplement et franchement chez
le tsar. Elle est plus pompeuse et plus compliquée de
métaphores de chancellerie chez le ministre Gortchakof;
elle est plus enveloppante, subtile et parfumée dans la
société. Morny a les sens trop affinés pour s'y méprendre.
Il croit l'empereur, il écoute le ministre, il se laisse
encenser dans le monde; mais l'encens ne l'étourdit pas.
« Les mots « sympathie pour la France » finissent par
nous prendre sur les nerfs, tant on nous les répète; le
vent souffle ainsi. » Il est d'avis d'en profiter.

La France se trouve dans une excellente et très rare
situation diplomatique. Elle s'est montrée forte et modé-
rée; elle est recherchée des grands sans être redoutée
des petits. « L'empereur, dit Morny, a inspiré les deux
sentiments les plus opposés : la crainte et la confiance. »
Jamais la France n'a été mieux en mesure de reprendre,
en l'adaptant aux conditions de l'Europe nouvelle, sa
politique vraiment traditionnelle : celle de Mazarin, de
Vergennes, de Louis XVIII, de Talleyrand. C'est pour
l'héritier du nom de Napoléon une rencontre inouïe de
fortune qu'un tel rôle s'offrant et comme s'imposant à
lui. Une guerre où l'on s'est engagé par expédient a
pris les dehors d'une guerre de principes et ouvre toutes
les avenues de la grande politique. Mais il faut choisir
entre les avenues : elles se bifurquent.

La plus directe et la plus droite est l'avenue de la paix : l'empire se fera conservateur en Europe; il cherchera, au dehors comme au dedans, sa popularité et sa prospérité dans le développement des intérêts économiques et sociaux. Les événements en ont décidé ainsi; Morny conseille d'en suivre l'impulsion. « Je ne dis pas, écrit-il, qu'on nous aime partout, je ne dis pas qu'on ne soit pas jaloux de nos succès; mais le sentiment profond et utile qui domine tous les autres, et que n'a jamais inspiré l'empereur Napoléon Ier dans le temps de sa plus grande puissance, c'est celui d'une confiance absolue en sa sagesse, en sa modération... Quand Persigny nous compare à Louis-Philippe, il commet un grand anachronisme. Il n'a qu'à venir faire un tour dans ce pays-ci pour comprendre quelle différence il y a entre les deux situations. » Ce n'est pas une situation à prendre, c'est une situation à conserver. La Russie s'y prête : « Elle veut des garanties pour l'avenir et, à ce prix, elle met l'empereur Napoléon sur un piédestal en le désignant comme l'arbitre de l'Europe. » Mais comment Napoléon III concevra-t-il cet arbitrage? Morny redoute que tant de manifestations de bonne entente ne dissimulent d'étranges malentendus. Il se méfie des pensées de derrière la tête de Napoléon III; il redoute quelque retour des *Idées napoléoniennes*. Il reçoit, en effet, à la fin de 1856, une lettre de l'empereur qui va déchirer le voile et rompre le charme : « Voir s'il serait possible, par une entente sincère et intelligente, de résoudre ensemble les grandes questions et les petites destinées à diviser le monde, *de régulariser les vraies nationalités, enfin de remanier la carte.* »

C'est l'autre avenue où Napoléon III va engager l'empire démocratique, l'avenue de « la guerre de magni-

ficences » ; elle est pleine de détours et rompue par les
précipices. Morny s'en effraye; il sait bien que l'on n'y
mènera pas la Russie (1). « Dans mon âme et conscience,
écrit-il au ministre des Affaires étrangères, Walewski,
je crois que nous faisons fausse route à Naples et que
nous nous engageons dans une voie dangereuse et contraire aux principes... Si le mouvement est assez violent
pour réussir, prêterons-nous notre appui à un nouveau
Masaniello?... C'est la maladie chronique de la France,
et, pour l'extirper chez nous, il ne faut pas la tolérer,
l'encourager chez les autres. » Le premier exemple que
l'on donnera quelque part d'une copie du système de
Napoléon Iᵉʳ en fera redouter l'application en grand. S'il
s'agit de vexer et d'entraver l'Autriche, la Russie nous
secondera : elle déteste cette monarchie; mais elle n'ira
pas jusqu'à compromettre le système monarchique, surtout au profit de révolutions nationales qui, partant
d'Italie, retentiraient nécessairement en Pologne.

L'alliance russe n'est possible que si elle sert les intérêts de la Russie tels que la Russie les comprend. Ces
intérêts sont parfaitement compatibles avec ceux de la
France tels que Morny les conçoit et que le congrès de
Paris les a dessinés; dans ces conditions, Morny estime
que l'alliance est facile et qu'elle pourra devenir profitable. Il est convaincu de la sincérité du tsar : « Je crois
l'avoir bien étudié; je crois qu'on peut compter sur lui :
c'est un homme d'honneur... » « C'est donc une alliance
sur laquelle on peut compter si on sait se la conserver
par des bons et honnêtes procédés. » Mais Alexandre se
montre très inquiet des velléités d'intervention de Napo-

-----

(1) En 1829, Nicolas écarta le plan de Polignac; la Prusse, d'ailleurs,
refusa de s'y associer et Nicolas ne voulait rien faire sans la Prusse.
Essais, p. 114.

léon III en Italie. « J'ai bien peur, dit-il, que lord Palmerston ne vous joue là un mauvais tour et que ses agents ne fomentent à Naples une révolution dont les conséquences peuvent être de mettre le feu à toute l'Italie. Certes, c'est bien contraire à votre politique. » Morny en tombe d'accord, et il profite de l'occasion pour exposer au tsar cette politique comme il voudrait que Napoléon l'entendît. « La France est un pays honnête, fidèle, désintéressé... Bien que le gouvernement de l'empereur soit absolu au point de vue du pouvoir et de l'autorité, ses tendances sont libérales et modérées... L'empereur, en France, a ramené les choses d'un état de désordre et de liberté exagéré à un état de gouvernement ferme, mais modéré et humain. Vous, sire, vous avez trouvé un gouvernement inflexible et dur, que vous menez graduellement dans une voie plus libérale et plus en harmonie avec la civilisation moderne. En partant de deux points opposés, vous pouvez arriver à vous rencontrer avec notre empereur sur un terrain à peu près identique. » Le tsar se montre ému de ce langage : « Je vous donne ma parole que je suis tout disposé à cela... J'ai une entière confiance en vous et je vous promets de m'adresser à vous toujours avant de rien faire qui soit de nature à troubler cette bonne harmonie. »

C'était un Tilsit pacifique et sensé, qui pouvait être sincère. Aucune politique n'était plus conséquente, après le congrès de Paris. Aucune ne semblait plus avantageuse à la dynastie napoléonienne, et cette considération, qui touchait fort Morny, devait toucher plus directement encore Napoléon III. Mais Napoléon III, infiniment moins positif, méditait des desseins plus vastes et plus vagues : la France étendue jusqu'aux « limites naturelles », l'Europe répartie en grandes nations, selon le vœu de la nature, l'Italie affranchie, la Pologne libérée, l'Allemagne constituée et transformée, voilà l'œuvre que, par la plus étrange des métamorphoses, il prétendait faire sortir du traité de 1856. C'est dans cet espritlà qu'il concevait l'alliance russe; ce n'était point l'esprit de la Russie. Il lui parut, sans doute, que Morny voyait trop clair et donnait des conseils d'une évidence trop pressante. Il ne prolongea point l'ambassade extraordinaire du comte, malgré le désir que l'on marquait en Russie de le conserver et la complaisance avec laquelle Morny traduisait lui-même ce vœu dans ses lettres.

Il avait annoncé que l'occasion serait fugitive : « De grâce, ne soyons pas dupes... Suivons non pas une politique de sentiment, mais une politique dans l'intérêt français; sinon, je vous prédis qu'il arrivera que, d'ici à deux ans, nous ne serons plus bien avec l'Angleterre et nous serons mal avec la Russie. A l'égard de l'Angleterre, nous serons humiliés de nous voir à bout de caresses sans rien pouvoir gagner sur ce gouvernement égoïste et turbulent. Quant à la Russie, qui se donne à nous aujourd'hui corps et âme, si nous avons l'air de la traiter dédaigneusement, elle se repliera sur elle-même et nous en voudra de repousser ses avances; un beau jour, vous la verrez au mieux avec l'Angleterre, qui la maltraite aujourd'hui (1). » Ce fut en effet ce qui advint : Napoléon III se fit conservateur où il ne convenait point (je me place au point de vue de l'alliance russe) : en Orient, et révolutionnaire où il ne fallait pas, c'est-à-dire en Italie. Il protégea le Turc et les moines latins; mais, comme, en même temps, il laissa dépouiller Rome, ni le Saint-Siège, ni les évêques

(1) Au comte Walewski, 25 novembre 1856.

français, ni le parti clérical ne lui en surent gré. Les Italiens ne pensèrent qu'à Venise, qu'ils n'avaient pas, et à Rome, qui leur était interdite. Enfin, Napoléon parla de la Pologne, et l'alliance prusso-russe, qui n'avait jamais été rompue, se scella plus étroite que jamais.

On vit, une fois de plus, que la politique n'est point un jeu de hasard, qu'il y a des contradictions irréductibles et des conséquences inévitables. Napoléon III comptait sans les princes qu'il conviait à s'entendre pour se dépouiller les uns les autres, et sans les peuples, qu'il appelait à l'émancipation nationale, pour les arrêter dès leur premier élan et découper leurs frontières dans des congrès. Nicolas jouait avec le feu en 1854; Napoléon III joua avec la tempête. Morny, qui rêvait un empire conservateur, comptait sans le caractère de son maître, sans le Deux-Décembre, qu'il avait fait; sans les *Idées napoléonniennes,* qui avaient fait l'élection de 1848, et qui firent le plébiscite de 1851; sans le rêve de la revanche de Waterloo, de la destruction des traités de 1815, de l'affranchissement des peuples et des « limites naturelles », chimères de 1830, folie de 1840 : Louis-Philippe tomba pour avoir esquivé l'aventure, Napoléon III, pour s'y être jeté. « Il y aurait, écrivait Castelbajac au moment de quitter la Russie, quelque chose d'humiliant pour la nature humaine, pour le caractère moral de l'homme, fait à l'image de Dieu, si tous les souverains, les hommes d'État, les grands et les petits diplomates étaient fatalement conduits au rebours du chemin qu'ils veulent prendre, dans une voie contraire à leurs désirs comme aux intérêts des nations et de l'humanité entière. » Au rebours du chemin, c'est bien là, en effet, que la France était conduite; mais elle n'y a été menée que par les esprits brouillons et compliqués,

qui opèrent dans les labyrinthes et cherchent leur fortune dans les transmutations du métal politique. La
France a connu de ces crises depuis 1830; elle a couru le
grand péril en 1840, elle y est tombée en 1870; mais
ce n'a pas été par le fait de vrais hommes d'État : les
hommes d'État dignes de ce nom ne vont pas contre leurs
propres désirs; ils mènent et ne sont pas menés. Ceux
qui ont réussi, dans la seconde moitié de ce siècle, où
nos gouvernants échouaient, les Cavour et les Bismarck,
n'ont été si vite et si loin que parce qu'ils ne marchaient
ni au rebours de leur chemin, ni contre la force des
choses.

M. THOUVENEL

ET LA QUESTION ROMAINE [1]

I

La correspondance échangée de 1860 à 1863 entre M. Thouvenel, ministre des Affaires étrangères, et le duc de Gramont est d'un ton excellent : on pourrait, sous ce rapport, la proposer en modèle. Le duc de Gramont y gagnera. Le public n'a connu ce diplomate que par la catastrophe où il a sombré avec l'empire. Il avait une situation considérable à la cour et dans le corps diplomatique. Ses lettres l'expliquent en partie. On y découvre un personnage de grande surface, mais on se piperait à la rhétorique si l'on y croyait découvrir autre chose. On serait injuste surtout, si, ne comptant qu'avec la forme des lettres, on méconnaissait la distance intellectuelle qui sépare les deux correspondants. On les voit

[1] *Le secret de l'empereur : Correspondance confidentielle échangée entre M. Thouvenel, le duc de Gramont et le comte de Flahaut,* 1860-1863, publiée avec notes et index biographique par M. L. THOUVENEL, 2 vol. in-8°. Paris, Calmann Lévy, 1889.

ici tels que les montrent les souvenirs des contemporains :
M. de Gramont, très imposant, très plénipotentiaire,
très duc, brillant causeur, ambassadeur magnifique et
spécieux, l'aisance d'un parfait homme du monde et un
art d'attitude vraiment incomparable; M. Thouvenel,
sans dehors d'éclat, tout en feu intérieur, homme de
beaucoup de méditation et de fort peu de « sport » : un
grand corps maigre courbé avant l'âge sous la pensée;
causant bien et volontiers, l'esprit très ouvert sur le
monde; rarement du loisir, jamais de sécurité, l'âme
toujours aux affaires et toujours avec scrupule; épris
d'une carrière dont il était l'honneur, mais où il n'était
pas né; un peu fatigué de l'effort et inquiet de la conquête, étant de ceux qui ne se soutiennent qu'en s'éle-
vant sans cesse. Le duc de Gramont est ambassadeur, et
dans l'ambassade la moins encombrée de détails et d'écri-
tures. Il a le temps de modeler sa pensée, de préparer
ses mots, de balancer ses phrases, de nuancer son style;
il ne donne que des avis. Thouvenel donne des instructions. Il est ministre. Chacune de ses paroles est un
acte, il sent qu'il en est responsable, et il écrit dans ce
tumulte du ministère où il est plus aisé de dominer les
grandes affaires que d'échapper à l'inondation des petites.

Il est loin de s'accorder avec l'ambassadeur. Leur
correspondance découvre en eux deux figures très différentes de la politique française sous le second empire.
Ces divergences essentielles entre deux hommes, réunis
par une estime réciproque et par leur commun dévouement au souverain qu'ils servent, contribuent à expliquer l'empêchement continu et l'échec final de la politique de ce souverain. Le duc de Gramont est un grand
seigneur rallié à l'empire et un diplomate de naissance,
sinon de tradition, jeté dans la politique napoléonienne.

Il y apporte toutes les ressources d'un esprit fertile en accommodements, mais il reste un certain fonds sur quoi il n'y aura jamais de compromis possible. La « peau de chagrin » va toujours se rétrécissant; on sent fort bien que le duc ne la laissera point s'user jusqu'au bout et qu'il risquera, auparavant, pour se ressaisir lui-même et ressaisir sa politique, quelque énorme et désespéré coup de partie. Il cède à la politique révolutionnaire, comme on disait, à la politique des nationalités, comme il est plus juste de dire; il y cède sans y consentir, sans y croire, avec un continuel propos de revanche.

C'est ainsi qu'il négocie, habilement et heureusement, l'évacuation de Rome. Sans l'aventure de Garibaldi, c'était chose faite, le 12 avril 1860. Le duc tient au pouvoir temporel : « Je crois le principe du pouvoir temporel du Pape nécessaire au catholicisme, dont il fait pour ainsi dire partie. Je le crois nécessaire à la France, qui ne peut l'abandonner ni transiger à cet égard sans manquer à des engagements connus et à des traditions nationales. » En fait, M. de Gramont accorde que le patrimoine de saint Pierre suffirait, à la rigueur, au principe et aux traditions. « Un Pape content n'est pas nécessaire à la France, c'est un Pape libre qu'il lui faut. »

Il ne se fait d'illusions ni sur le gouvernement pontifical, ni sur la personne du Saint-Père. Il en parle en grand seigneur catholique, et tout à fait dans le style des anciennes ambassades, celle de Bernis, par exemple (1). La prosternation dans la poussière du Vatican est le fait du pèlerin bourgeois ou du curé de village. L'homme

(1) Voir Frédéric MASSON, *Le cardinal de Bernis depuis son ministère,* 1 vol. in-8°. Paris, Plon, 1885. Cf., pour le dix-septième siècle : comte DE MOUY, *L'ambassade du duc de Créqui,* 2 vol. in-8°. Paris, Hachette, 1893.

de qualité ne s'éblouit d'aucune lumière, il se sent avec
ses proches chez tous les grands de la terre et en familiarité dans toutes les cours, même celle du ciel. Relisez
les lettres de Bernis sur Pie VI et comparez celles du
duc de Gramont sur Pie IX : « C'est dans le Pape que
réside l'opiniâtreté et l'aveuglement... Les saintes vertus
ne suffisent pas pour régner! »

Le pontife que l'Église déclarera infaillible quand il
stipulera pour l'éternité, paraît à notre ambassadeur le
plus inconsidéré des princes dans les affaires de ce monde.
Il vieillit, dès 1860; ses facultés s'amoindrissent, dix
ans avant le concile qui lui attribuera plus que le génie!
« La mobilité de son esprit est extrême, sa loquacité
devient fâcheuse et son indiscrétion n'a plus de borne. »
« Heureusement que la réputation du Saint-Père, sous
ce rapport, est telle depuis quelque temps qu'il discré-
dite lui-même toutes les nouvelles qu'il annonce. » Tel
souverain, tel gouvernement. Celui-là est détestable,
sans commentaire. « Jamais je n'ai vu des symptômes de
décadence aussi nettement dessinés que dans ce moment-
ci. » Cette cour, qui est l'autorité même et qui possède
le grand secret d'État de la Providence, est remplie de
gens qui cabalent contre l'autorité et intriguent contre
la Providence. Un rapprochement s'impose et il s'échappe
de la plume du duc de Gramont : « Consultez vos souvenirs de Constantinople. Tout cela inspire de la pitié et
un certain dégoût, comme vous avez dû souvent en
éprouver sur les rives du Bosphore. » « A Rome même,
il n'y a pas de peuple; c'est-à-dire que la population de
la ville est une agglomération de *clients* qui se tient hié-
rarchiquement par une espèce de communisme dans les
abus, les vols administratifs, les subventions cléricales,
les pensions, les aumônes, la charité, l'usure et la simo-

nie. Tout cela, plus ou moins, a besoin d'un voile pour cacher ses turpitudes et d'un gouvernement *sui generis* pour les autoriser (1). »

Leur système politique, c'est l'excès du mal. La tâche la plus épineuse de l'ambassadeur est de les obliger à recevoir de bonne grâce les secours que Napoléon III leur accorde de mauvais cœur. « Mgr Chigi, écrit M. Thouvenel en septembre 1862, est venu me déclarer qu'il faisait des vœux pour Garibaldi, le triomphe de la révolution en Italie lui semblant le meilleur moyen d'y rétablir l'ordre par une combinaison de baïonnettes françaises et autrichiennes. » Lorsque le pontife est en belle humeur et que l'ambassadeur lui signale les manèges de la politique pontificale et le charlatanisme de la politique italienne, il lui répond : « *Buffoni, buffoni, tutti buffoni, buffoni di quà, buffoni di là, noi siamo tutti buffoni!* »

L'ambassadeur conclut : « Nous ne sauvons pas le gouvernement pontifical pour lui-même... nous le sauvons malgré ses défauts, malgré son ingratitude et malgré les fautes de sa politique égoïste, parce que nous avons besoin de la souveraineté temporelle du Pape et que, si cette souveraineté temporelle doit s'éteindre, il est nécessaire qu'elle ne s'éteigne pas dans nos bras et qu'on ne puisse pas nous accuser d'avoir devancé les décrets de la Providence. » Voilà de ces traits qui donnaient, dans

---

(1) Comparer avec les lettres et les rapports de Stendhal, au temps de Grégoire XVI : « L'extrême désordre, la vénalité et la méfiance sont partout. » « Le Pape est un philosophe à la vénitienne, vivant absolument au jour le jour, et n'ayant aucune répugnance à laisser faire, par qui veut bien en prendre la peine, les affaires qui n'intéressent pas son bien-être physique. » « Chaque famille à Rome jouit d'un petit abus qui grève le Trésor..... Personne, en général, n'obéissant à un chef pour les choses du personnel. » Manque d'autorité, indiscipline générale, etc. Louis FARGES, *Stendhal diplomate*, p. 93, 130, 172-173, 182 212.

« la carrière », au duc de Gramont, la réputation d'un
diplomate de haute allure.

II

Était-ce la diplomatie qui convenait en 1860 et 1862?
Napoléon III, parvenu à l'empire par un coup d'État,
avait en même temps gagné et effrayé les souverains du
continent. Il les avait gagnés en écrasant la République;
il les avait effrayés par son nom, par ses écrits révolutionnaires, par la nécessité où il était d'étourdir les Français au moyen d'une diversion glorieuse au dehors. Les
circonstances lui offrirent l'occasion d'un coup de maitre.
Il entreprit la guerre de Crimée, qui releva le prestige
du drapeau français et rassura toute l'Europe, en faisant
de la France la gardienne de l'équilibre européen. Le congrès de Paris porta la France à un degré de prestige et
d'influence qu'elle n'avait pas connu depuis la paix
d'Amiens. Par un comble de fortune, encore plus que
de politique, la France sortait de ce congrès, presque
réconciliée avec la puissance qu'elle avait combattue.
Les relations de Napoléon III avec Alexandre II, après
1856, étaient infiniment plus cordiales que ne le furent
jamais celles de Louis-Philippe et de Nicolas. Un champ
de très grande politique s'ouvrait devant l'empereur;
mais ce n'était pas *sa* politique. Cette politique, il l'avait
annoncée dans les *Idées napoléoniennes*.

On ne peut refuser à ce dessein de remaniement de
l'Europe, non seulement la générosité, mais la grandeur.
Conduit à ses fins, il aurait procuré à la France un

accroissement de force et une extension de territoire. Mais on peut penser, et je n'hésite pas à penser pour ma part, que l'autre dessein, le modéré, le modérateur et le pacifique, valait mieux : il était plus dans la nature des choses et dans le bon sens de l'histoire de France.

Quoi qu'il en soit, Napoléon III n'avait suivi la première voie que pour entrer dans la seconde. Il fallait passer de l'une à l'autre sans heurt et sans déraillement ; il fallait opérer ce changement de ligne avec les mêmes voitures, les mêmes mécaniciens, les mêmes conducteurs, les mêmes voyageurs aussi. Il fallait faire accepter ce dessein de guerre, de conquête et de révolution européenne à une coalition de réactionnaires et de cléricaux, force effective de l'empire, mais force éminemment inerte et rebelle aux aventures. Il fallait, pour gagner la France à la cause italienne, que l'alliance italienne fût assurée à la France ; il fallait, pour s'assurer cette alliance, accomplir les vœux des Italiens ; il fallait, en même temps, pour ne point aliéner les conservateurs français, garantir le pouvoir temporel du Pape ; il fallait enfin contenir les passions nationales des Italiens après les avoir déchaînées et violenter les sentiments des catholiques français sans perdre cependant leurs suffrages. C'était prétendre l'impossible. Cette entreprise n'aurait pu réussir que par de grands coups et de grands effets d'opinion, tant en France qu'en Italie. Napoléon III se trouva condamné par les nécessités de son gouvernement intérieur, par son caractère, par les résistances de quelques-uns de ses meilleurs conseillers et de presque tous ses diplomates, à atermoyer sans cesse, à louvoyer, à opérer par les dessous, à se faire opposer à lui-même des faits accomplis. Cela, en présence d'un homme d'État de premier ordre, Cavour, qui excellait à s'approprier la force des choses, prenait toujours les devants sur ses partenaires et les réduisait à la carte forcée. Napoléon III s'usa et usa ses ministres à trouver, comme le dit Thouvenel, « des tempéraments à une situation amenée par la logique des faits ». La vérité est qu'il n'y avait point de tempéraments.

Avant 1859, on pouvait discuter la question de savoir si l'affranchissement de l'Italie était dans les intérêts de la France. Après 1860, il fallait se dire que l'unité de l'Italie était désormais un événement inévitable, qu'il convenait de s'en assurer au moins les avantages, et que l'alliance de l'Italie serait acquise, non à celui qui aurait commencé l'œuvre, mais à celui qui la consommerait. « Ils ne peuvent se dissimuler, écrivait Talleyrand, en 1797, à propos des Américains, que, sans la France, ils n'auraient pas réussi à secouer le joug...; mais, malheureusement, ils pensent que les services des nations ne sont que des calculs et non de l'attachement. » Les politiques de Turin calculaient, ceux de Paris calculaient aussi, mais les calculs ne se rencontraient pas.

Le duc de Gramont voyait le danger : « Jamais, écrivait-il en 1860, jamais ce grand royaume d'Italie, s'il doit vivre un jour de la vie politique, n'oubliera les retards que la France a créés à l'encontre de sa formation... Le souvenir des obstacles,... des empêchements prolongés, des réserves proclamées en faveur du pouvoir temporel de la papauté, couvrira celui des anciens services... » Mais convaincu que « l'Italie une est une chose détestable pour la France », il ajoute : « L'existence du Pape à Rome comme pouvoir temporel empêche l'unité de l'Italie, donc il faut l'y soutenir quand bien même nous n'y aurions pas d'autre intérêt. » Politique de paradoxes s'il en fut jamais. Combien plus judicieuse, directe et

efficace est celle que Thouvenel s'efforçait de faire prévaloir et dont l'effort incessant occupa tout son ministère :

« Je n'étais pas ministre lorsque l'expédition d'Italie
a été décidée; il se peut qu'elle ait été une faute, mais,
au point où en sont les choses, on ne l'effacerait pas
avec une inconséquence... » Voilà qui est parlé en homme
d'État; considérez qu'il parle aussi en excellent serviteur de son maître : « Je n'ai eu à faire qu'un relevé des
conséquences d'une conduite cléricale ou d'une conduite
libérale, et, sans méconnaître les inconvénients de la
seconde solution, je les crois moindres que les dangers
de la première pour l'empereur personnellement, pour
la dynastie et pour la France. Il m'a semblé que, lorsqu'un problème était aussi ardu, aussi redoutable que
la question romaine, le plus simple était encore, pour
l'examiner, de prendre pour règle les principes de son
origine. Napoléon III, poussé au pied du mur, doit-il
agir comme le ferait Henri V? »

Le mot portait, et même très loin. Pour le duc de
Gramont, pour les hommes du parti dont il était et qui
s'étaient ralliés à l'empire, Napoléon III était sinon un
Henri V réalisé au moins un « en-cas providentiel »,
comme avait dit à Pétersbourg le patriarche de la légitimité : tout leur zèle, sincèrement, tendait à opérer
une sorte de transmutation des dynasties et à préparer·
doucement, pour le jour de la mort de Napoléon III, le
grand mystère monarchique qui absorbe dans le fait de
l'hérédité d'un homme les droits d'une nation (1). Pour

---

(1) « C'était une nécessité de travailler au rétablissement de la
monarchie, sans s'occuper de la maison de Bourbon, que le temps pourrait ramener, s'il arrivait que celui qui aurait occupé le trône s'en mon-
trât indigne et méritât de le perdre. Il fallait faire un souverain tem-
poraire, qui pût devenir souverain à vie et enfin monarque héréditaire. »
TALLEYRAND, *Mémoires*, t. 1, p. 275.

Thouvenel et ses amis, Napoléon III était le continua-
teur bien plutôt que le successeur légitime de Napoléon Ier. Son règne devait être à la fois le complément,
la rectification, l'accomplissement pratique et modéré
des desseins excessifs, à la vérité, mais si souvent
profonds en leur conception première, que le grand empereur avait reçus de la République et rompus en les
accomplissant. Napoléon III restait pour eux l'instrument de la démocratie en France et des nationalités en
Europe, deux formes parallèles du grand œuvre de la
Révolution française : la souveraineté du peuple. Voilà
pourquoi, malgré leur confiance mutuelle et leur amitié,
le duc de Gramont et Thouvenel ne pouvaient s'accorder, comment leurs partis ne pouvaient travailler au
même édifice et comment une politique tramée dans ces
tiraillements contraires ne pouvait produire qu'un déchi-
rement.

Thouvenel cherchait à gagner du temps et des occasions. Il prépara, pour évacuer Rome, l'expédient qui
devint la convention du 15 septembre 1864. Il discerna
l'issue : « La clef de la solution est à Venise, écrit-il en
1861, mais cette clef ne servira que lorsque les événements, encore assez obscurs, qui se préparent du côté
du Danube, nous permettront d'en tirer parti pour
négocier avec l'Autriche. » Venise fera prendre patience
aux Italiens, et Rome, le jour venu, tombera à l'Italie,
comme Venise, par le contre-coup de quelque crise européenne. Ce n'était point l'imagination d'un rêveur, c'était
la prévision d'un politique. Les événements se sont
accomplis : l'impéritie des hommes a fait qu'ils se sont
accomplis contre la France, mais le contraire était possible, et Thouvenel en était persuadé. La chute de Rome
s'opérant ainsi, la France, comme l'Europe et avec l'Eu-

rope, aurait constaté l'événement et, plus aisément que d'autres cours catholiques, l'Autriche par exemple, à meilleur titre que d'autres cours soi-disant légitimistes, par exemple la Prusse, elle en aurait recueilli le bénéfice, c'est-à-dire l'alliance italienne (1).

Il fallait commencer par Venise et intéresser l'Autriche à la combinaison. Ne trouvant pas l'Autriche en Orient, où les crises se faisaient attendre, Napoléon III la chercha au Mexique. C'est encore l'Italie qu'il poursuivait dans cette décevante chimère de l'Empire latin d'Amérique. Tous ces projets s'enchevêtrèrent parce que la main qui tenait les fils les laissait flotter, se mêler, se nouer au hasard, et n'osait ni serrer ni trancher aucun nœud. « C'est vraiment trop à la fois! » s'écriait Thouvenel en 1862. « Il ne suffit pas malheureusement de dire : Qu'allions-nous faire dans cette galère! Il nous faut faire voguer la galère ou nous sauver à la nage. » Il s'y épuisa.

D'ailleurs, il s'était trop hautement déclaré pour que les expédients dilatoires parussent plausibles entre ses mains. L'empereur le remercia. Il appela aux affaires M. Drouyn de Lhuys, qui se disait de l'autre école diplomatique, passait pour traditionnel, conservateur, ménager de Rome, ainsi que de l'Autriche, sans complaisance pour l'Italie. M. Drouyn de Lhuys fit la convention de Septembre, négocia la cession de Venise et procura l'alliance de la Prusse et de l'Italie qui décida la victoire

---

(1) « Nous ne pouvons pas exposer le Saint-Père à la protection inefficace de ses propres troupes. Le jour où les Français sortiront des États pontificaux, il faudrait que les Italiens pussent y entrer de plein droit et de l'assentiment de l'Autriche et de la France. Jamais nous n'aurons les Italiens avec nous de cœur et d'âme si nous ne leur retirons pas leur épine romaine. » (Le comte de Beust au prince de Metternich, 20 juillet 1870.)

de Sadowa. C'était le système de Napoléon III de faire
exécuter ses plans par des hommes qui ne les approu-
vaient pas. Il eut des serviteurs capables et dévoués, il
fut cependant un des princes les plus mal servis, et jamais
politique ne fut à la fois plus incertaine et plus contrariée
que la sienne. Après avoir tant conspué la bascule par-
lementaire de Louis-Philippe, il la reproduisait, mais à
l'envers et toute gauchie, sans autre centre de gravité
que son génie nébuleux, sans autre pivot que sa volonté
vacillante.

III

Avant de quitter le ministère, Thouvenel releva le duc
de Gramont de son poste de Rome, où les alternatives
trop répétées de la politique impériale l'avaient entièrement usé. Les lettres du duc trahissent, sans amertume,
mais par des touches souvent douloureuses, les triples
humiliations de sa politique, de sa dignité, de son orgueil.
« Vous ne pouvez pas vous imaginer, écrivait-il dès
1860, à propos du roi de Naples et du siège de Gaëte,
tout ce qu'il y a de pénible à se voir, bon gré, mal gré,
mêlé aux souffrances de cette agonie, refusant un bout
de corde au noyé qui s'enfonce sous l'eau, ou plutôt la
balançant au-dessus de sa tête, trop courte pour qu'il
puisse la saisir. » Si l'on songe à la race dont sortait le
duc de Gramont, au nom qu'il portait, au génie qu'il
croyait posséder, à la conception qu'il se faisait de l'empire et de la politique française en Europe sous Napoléon III, on se rend compte de l'impatience avec laquelle

il attendit son heure et saisit l'occasion de réaliser, à son tour, *sa* diplomatie et *son* empire.

Il crut trouver cette occasion à Vienne, où il arriva vers la fin de 1861. Il laissait en Italie Cavour, qu'il tenait seulement pour un homme heureux; il rencontra sur son chemin, en Allemagne, M. de Bismarck, qu'il paraît avoir tenu, jusqu'à la fin, pour un simple aventurier gâté par la fortune (1).

Ce n'est pas à Vienne qu'il pouvait apprendre à le connaître. M. de Bismarck a fait des victimes; il a fait encore plus de dupes. Il faut avouer que ces dupes y ont mis une obligeance extraordinaire, mais une obligeance grave, superbe, dédaigneuse, obligeance de diplomates qui se laissent bien mettre en échec, mais qui ne comprendront jamais ni comment ni pourquoi.

M. de Rechberg, ministre des affaires étrangères d'Autriche, avait été le collègue de M. de Bismarck à Francfort et l'avait « observé »; il causait un jour de lui avec le duc de Gramont : « Si, dit-il avec cette pompe de fatuité qu'on acquiert en se mirant dans le miroir de Metternich, si M. de Bismarck avait eu une éducation diplomatique complète, il serait un des premiers hommes d'État d'Allemagne, si ce n'est le premier; il est courageux, ferme, exalté, plein d'ardeur, mais incapable de sacrifier une idée préconçue, un préjugé, une idée de parti à n'importe quelle raison d'ordre supérieur : *il n'a pas le sens pratique de la politique!* » L'homme qui, ayant l'idée préconçue de la légitimité, le préjugé de l'aristocratie et toutes les passions du parti le plus aveuglément réactionnaire de l'Europe, le parti

(1) Thouvenel, dans cette correspondance, n'a dit qu'un mot sur M. de Bismarck, mais c'est un mot juste : « S'il acquiert l'art de se modérer, il jouera un rôle important. » (25 septembre 1862.)

des hobereaux prussiens, a détrôné un roi, exproprié on
ne sait plus combien de princes, proscrit des dynasties,
introduit le suffrage universel, c'est-à-dire le ferment
de la démocratie en Allemagne; combattu tour à tour et
caressé l'Église, afin de la soumettre ou de la gagner à
l'empire; l'homme du socialisme de gouvernement,
celui qui s'est fait battre par le parti catholique en Allemagne et qui est allé à Canossa pour s'y faire livrer le
parti catholique par le Pape; l'homme qui n'a jamais
eu d'autres raisons que la raison d'État, en tout et
partout, le réaliste par excellence dans le siècle des réalités, cet homme-là, selon M. de Rechberg, manque
de sens pratique! O abîme de la niaiserie! subtilité du
jeu de l'oie diplomatique! Le « sens pratique » selon les
snobs de cour et d'État, voulez-vous le connaître?
C'est de croire que les *snobs* de cour et d'État sont
quelque chose, que les propos qu'ils se tiennent entre
eux font marcher le monde, et que le monde, hors de
leurs propos, ne se permet point de marcher. Les chimères pour eux, ce sont les peuples, avec leurs passions.
C'est par là que M. de Bismarck a attaqué et culbuté
les prétendus praticiens de son temps, sauf à être culbuté
lui-même, comme de plus grands encore que lui l'ont
été, par le simple reflux des passions nationales qu'ils
ont déchaînées dans leur peuple et soulevées chez autrui.

RÉVOCATION DE L'ÉDIT DE NANTES [1]

(18 OCTOBRE 1685)

Voilà un des plus sombres anniversaires de notre histoire, une date à marquer au tableau noir des grands
désastres nationaux, des déroutes humiliantes, des traités
ruineux. On vit alors, en pleine paix et dans le plus bel
éclat d'un règne glorieux, ce qui ne suit d'ordinaire que les
guerres funestes et les temps d'anarchie : un édit réputé
« perpétuel et irrévocable », et devenu par les déclarations solennelles de trois rois comme une des lois fon-
damentales de l'État, rayé par un trait de plume du
droit public des Français ; des milliers de citoyens privés.
tout d'un coup de leurs droits politiques et de leurs droits
civils ; des proscriptions, des massacres, des confiscations
et tout un peuple, un peuple à remplir une province,
livré aux étrangers. Le même roi, qui se vantait, à juste
titre, d'avoir par sa valeur assuré à la France tant de
précieuses conquêtes, sacrifia en un jour plus qu'il n'au-

(1) Cette étude a paru dans *le Temps*, le 18 octobre 1885.

rait pu conquérir en une guerre heureuse et plus que
ses pires ennemis n'auraient osé lui demander après la
défaite de ses armées et l'invasion de son royaume. Le
nombre des Français qui furent perdus pour la France,
si élevé qu'il soit, est peu de chose en comparaison de
la valeur de leurs âmes et de la trempe de leurs caractères. Ceux qui, ayant à opter entre ce qu'ils avaient de
plus cher au monde et leur conscience, optèrent pour
leur conscience, emportaient avec eux des trésors d'héroïsme, de constance et de désintéressement : ils laissèrent dans leur patrie un de ces vides que rien ne peut
combler. C'était beaucoup déjà que la ruine de tant
d'industries prospères, le départ de tant d'hommes
savants, laborieux et vaillants; le pire était, pour une
nation qui a souvent et tour à tour péché par excès de
frivolité et par excès de logique, la disparition d'un élé-
ment de culture sérieuse, de respectueuse critique, de
contradiction féconde, de transactions salutaires, fer-
ments indispensables à la vie de l'État, sans lequel la
monarchie était condamnée à se dessécher lentement et
à se détruire soi-même en consumant sa propre substance. En même temps que la royauté abrogeait une
loi qui avait consacré sa grandeur et contenait le principe de ses progrès à venir, elle frappait d'exil la race
d'hommes la mieux faite pour la seconder dans l'œuvre
de transformation pacifique à laquelle elle semblait destinée. C'est ce qui fait le deuil ineffaçable de cette journée du 18 octobre 1685. Elle marque une déviation
dans l'histoire de France, et l'on y voit se former dans
le sol de la patrie une déchirure qui, s'élargissant incessamment, finira par découvrir un abîme.

La Société de l'Histoire du Protestantisme français,
qui réimprime les classiques de la religion réformée en

France, a choisi le deuxième centenaire de la révocation pour publier l'un des plus célèbres et peut-être le plus éloquent de ces écrits : les *Plaintes des Protestants, cruellement opprimez dans le royaume de France,* par Jean Claude (1). M. Frank Puaux, très honorablement connu déjà par ses études historiques, et entre autres par son livre de *Précurseurs français de la tolérance au dix-septième siècle,* a été chargé d'en préparer l'édition. On ne saurait trop louer le soin qu'il y a mis et l'érudition qu'il y a déployée. Les éclaircissements et les documents inédits dont il les appuie forment un commentaire courant du texte de Claude et lui rendent toute la vie qu'il avait pour les contemporains. Le formidable passage sur les dragonnades emprunte à ces notes, tirées toutes violentes des archives, une réalité saisissante. C'est du Jacques Callot effroyable et sanglant. Texte et notes, je n'ai rien lu de plus sinistre dans les plus terribles récits que M. Taine nous a faits de la Terreur (2).

I

L'acte du 18 octobre n'a pas été un de ces décrets fortuits que l'intrigue arrache par surprise à la religion

(1) Paris, Fischbacher, 1885.

(2) M. Puaux ne s'est pas borné à illustrer ainsi son auteur : il a, dans la *Revue historique* du 1er novembre 1885, repris et développé avec de nouveaux arguments et de nouvelles preuves la thèse présentée par Claude sur les origines de la révocation. Son étude sur *La responsabilité de la révocation de l'édit de Nantes* établit avec autant de force que de précision que le véritable auteur de la révocation est le clergé de France, qu'il en doit porter devant l'histoire la plus grande part de responsabilité et que, si grande que soit celle de Louis XIV, ce prince ne fut, en réalité, « qu'un glorieux complice auquel le clergé réserva les honneurs de l'événement... ».

ou au fanatisme d'un prince. Louis XIV, en le signant,
n'eut point même le sentiment qu'il privait de leurs
droits une partie de ses sujets; encore moins se figura-
t-il déchaîner une persécution. Il s'imagina qu'il consacrait une œuvre accomplie et une œuvre dont il aimait
à s'enorgueillir : l'anéantissement de l'hérésie. C'est
parce qu'il se figura l'hérésie détruite par les soins de
son gouvernement et par le zèle du clergé catholique
qu'il crut à la fois possible et nécessaire de rapporter
l'édit de 1598. Cette loi n'était à ses yeux qu'une concession imposée à Henri IV par le malheur des temps et
par la raison d'État; les temps avaient changé, le roi
était tout-puissant, et la raison d'État conseillait d'autres
mesures.

Henri avait toléré, faute de pouvoir convertir; Louis,
ayant converti, n'était plus contraint de tolérer. C'est
ce qui ressort très évidemment du préambule de l'édit,
et l'on y lit, en propres termes, que, loin de rompre
avec la politique de son aïeul, au moment où il en
anéantit le plus fameux ouvrage, Louis prétend, au contraire, la confirmer et la compléter (1) : « Le roi Henri
le grand, notre aïeul, de glorieuse mémoire, voulant
empêcher que la paix qu'il avait procurée à ses sujets,
après les grandes pertes qu'ils avaient souffertes par la
durée des guerres civiles et étrangères, ne fût troublée
à l'occasion de la R. P. R. (religion prétendue réformée),
comme il était arrivé sous les règnes des rois ses prédécesseurs, avait, par son édit donné à Nantes au mois
d'août 1598, réglé la conduite qui serait à tenir à l'égard
de ceux de ladite religion. » Il désirait, poursuivait ce

____

(1) *Recueil concernant les religionnaires. Édits, déclarations et arrêts
concernant la religion prétendue réformée,* 1662-1751. Paris, Fischbacher, 1885.

spécieux préambule, travailler ainsi à réunir à l'Église ceux qui en étaient séparés; Louis XIII le désirait également; mais les guerres ne lui laissèrent pas le loisir de s'y employer comme il l'aurait voulu. « Dieu ayant enfin permis que nos peuples jouissent d'un parfait repos », nous avons pu reprendre l'exécution de ce dessein; « la meilleure et la plus grande partie de nos sujets de ladite R. P. R. ont embrassé la catholique »; l'édit de Nantes « demeure inutile », et nous ne croyons pouvoir rien faire de mieux pour effacer la mémoire des troubles causés par cette fausse religion que de révoquer entièrement cet édit.

Rarement sophisme plus misérable servit à motiver une mesure plus inique. Le légiste qui rédigea ce texte vaut le casuiste qui l'inspira. L'un et l'autre ne faisaient que consacrer les résultats d'un travail qu'ils poursuivaient de concert depuis le commencement du règne, poussés tous deux par le même fanatisme d'unité, et sacrifiant à leur paradoxe d'État l'œuvre la plus sage, la plus opportune et la plus pratique des politiques français. Le bon cœur et le bon sens de Henri IV avaient élevé son génie au-dessus des temps troublés où il vivait; il avait doté la France d'une loi qu'aucune nation de l'Europe ne possédait encore et qui la plaçait au premier rang des nations civilisées. Il avait fondé la tolérance et posé la première assise de la liberté de conscience, œuvre de haute politique et d'incalculable portée, découvrant à la fois à la monarchie et à la réforme, qui les méconnaissaient encore, leurs grandes et directes avenues dans l'histoire (I). L'acte de 1685 fit reculer

(1) Comme toutes les grandes idées d'avenir destinées à modifier les sociétés humaines, l'idée du libre examen et celle de la liberté de conscience, quand elles furent lancées dans le monde, se traduisirent dans

la monarchie de plus d'un siècle, et il fallut un autre
siècle d'efforts, de luttes et d'agitations pour que la
France fût en mesure de reprendre le travail inter-
rompu; mais il était trop tard. Ne pouvant plus couler
dans le lit que leur avait destiné le grand Henri, les eaux
s'étaient accumulées, elles rompirent les digues que
Louis XIV avait prétendu leur opposer, et leur masse,
se débordant furieusement, emporta l'édifice même de
la monarchie.

« Votre Majesté, disait à Louis XIV un des apologistes
de la révocation, pour ruiner le calvinisme, n'a fait
autre chose que d'obliger les Français qui le professaient
à l'exacte observation de l'édit de Nantes et d'en punir
les contraventions par les peines qui y étaient marquées.
Il n'a fallu que cela pour réduire les hérétiques à un si
petit nombre que, le même édit n'étant plus d'usage, il
y a eu lieu de le révoquer. » Voilà tout le dessein : on
n'en a pas vu souvent d'aussi machiavélique, exécuté
avec une ténacité aussi subtile et aussi raffinée. S'appuyant sur les pièces, et en particulier sur les procès-
verbaux des assemblées du clergé, M. Puaux montre que
chaque édit, déclaration ou arrêt dirigé contre les réformés fut précédé d'une remontrance, réclamation ou
doléance du clergé. Le légiste du roi ne fit que dresser
les articles et établir la procédure. Mais ce n'était point
chose aisée. L'édit était clair, ouvrage de bonne foi,

le langage du temps : elles s'accommodèrent aux passions et aux préjugés des hommes et se déformèrent en se réalisant. La Réforme a
engendré la tolérance par une conséquence nécessaire de son principe; les réformés, lorsqu'ils ont été les maîtres, se sont montrés intolérants, tirant à eux toute l'autorité qu'ils contestaient et arrachaient à
l'Église romaine. C'était l'esprit de leur temps et cet esprit venait de
Rome. — Voir à ce sujet et sur les premières luttes en faveur de la
tolérance le savant ouvrage de M. Ferdinand BUISSON : *Sébastien Cas-
tellion*, 2 vol. Paris, Hachette, 1892.

transaction de bonne politique, s'il y en eut jamais, rédigée par de bons Français. Et tel était le respect dont était environnée la mémoire de Henri IV, telle était encore la majesté qui entourait cette loi réputée inviolable et sacrée que, malgré les croyances de Louis XIV, malgré son orgueil et sa passion d'omnipotence, on ne pouvait attendre de lui qu'il déchirât la signature de son aïeul aussi longtemps qu'il croirait que ses sujets pourraient s'en réclamer. Il fallait donc détruire l'édit par l'édit même, l'anéantir en prétendant l'exécuter et en supprimer la raison d'être par l'application qu'on en ferait. « Nous ne demandons pas, disait en 1656 l'évêque de Comminges, que V. M. bannisse à présent de son royaume cette malheureuse liberté de conscience qui détruit la liberté des véritables enfants de Dieu, parce que nous ne jugeons pas que l'exécution en soit facile, mais nous souhaitons au moins que ce mal ne fît point de progrès, et que si votre autorité ne le peut étouffer tout d'un coup, elle le rendît languissant et le fît périr peu à peu par le retranchement et la diminution de ses forces. » C'est de là que sortit la méthode de l'*application stricte* qui, dans la pensée de ses inventeurs, devait amener infailliblement et en très peu de temps la ruine du protestantisme français (1).

L'idée fut présentée pour la première fois, paraît-il, en 1655, au nom de l'assemblée du clergé; dix ans après, elle avait fait assez de chemin pour que la même assemblée rédigeât et fît présenter au roi un cahier de vingt-deux articles concernant la religion : « Chacun de ces vingt-deux articles, dit M. Puaux, concluait à priver les

---

(1) Sur cette méthode et la casuistique qui la suggéra, la soutint et la développa, voir l'étude de M. A. SABATIER, *La révocation de l'édit de Nantes et les Jésuites : le Temps* du 8 mai 1886.

réformés d'un droit ou d'une liberté, et chacune des
conclusions était appuyée par une consultation juridique
tendant à prouver que, respectant l'édit de Nantes dans
sa lettre, le devoir était de le violer dans son esprit. »
Les arrêts et déclarations se succédèrent, dès lors, continuellement. Le *Recueil* qui en a été formé, et dont
on a tiré plusieurs éditions, compose le plus étrange, le
plus terrifiant et le plus insidieux instrument de tyrannie
que puisse rêver un inquisiteur armé d'un pouvoir despotique. Les légistes de la Terreur n'ont eu qu'à y puiser
lorsqu'ils ont retourné contre le clergé catholique et
contre les royalistes émigrés l'arme que les légistes de
Louis XIV avait forgée contre l'hérésie. Merlin, lorsqu'il
rédigea la *loi des suspects,* avait sur son bureau ce
manuel de précédents implacables. Il suffit, pour s'en
convaincre, de comparer, dans le *Répertoire de Guyot,*
auquel Merlin collaborait avant 1789, l'article *Religionnaires* avec l'article *Émigrés* dans le *Répertoire
de Merlin.* Ce dernier article commence par l'analyse,
à titre de texte fondamental, du « célèbre » édit de
1669. Suit toute la jurisprudence tirée du *Recueil des
édits, déclarations et arrêts concernant la religion
prétendue réformée* (1). Je doute que l'art de tuer le
droit par la légalité ait été jamais poussé à ce degré de
perfection. « Pour frapper, dit très justement M. Puaux,
il fallait qu'il y eût violation d'une loi, et, d'année en
année, elles devinrent si nombreuses, si difficultueuses
que les réformés tombaient, par une sorte de nécessité,
dans des contraventions qui appelaient des pénalités. Il
ne s'agissait pas là, disait-on, de persécution, mais de
l'exécution des lois du royaume; nul ne s'y trompait,

----

(1) Sur ces rapprochements, voir *l'Europe et la Révolution française,*
t. I, p. 231; t. II, p. 190, 306; t. III, p. 184-186, 521.

cependant, quand les amendes, l'exil, la prison, étaient réservés, pour des vétilles, aux hommes les plus respectables, dont le seul crime était de ne pas avoir « la religion du Roi ».

On procéda envers les réformés français comme avec une place forte que l'on veut, par tous moyens, réduire à merci : on obligea d'abord la garnison à se renfermer derrière les murailles; puis on investit la ville, on força les plus débiles à sortir pour échapper aux horreurs du siège, on affama les autres, et quand ils furent décimés, épuisés, sans vivres, sans munitions, on leur donna l'assaut, ne laissant la vie sauve qu'aux déserteurs, aux transfuges et aux traîtres. C'est ainsi que l'on commença par supprimer le culte protestant partout où l'édit ne l'avait pas expressément autorisé; ensuite, on le rendit impossible aux lieux où il subsistait. Ce principal soutien enlevé aux âmes, on fit appel aux intérêts et aux appétits. On exclut, de 1682 à 1685, les réformés de toutes les charges, de tous les emplois, de toutes les professions, tandis que l'on prorogeait les dettes de ceux qui se convertissaient. Quand on eut atteint ces malheureux dans leurs ressources, on les attaqua dans leurs familles. En 1680, les mariages mixtes furent interdits, assimilés au concubinage, et les enfants en provenant déclarés bâtards et incapables de succéder. Louis XIV espérait peut-être faire expier ainsi par les hérétiques l'acte par lequel, plusieurs années auparavant, il avait assimilé solennellement au mariage son concubinage doublement adultérin avec la Montespan et légitimé les bâtards qui en étaient sortis.

Il en fut de l'école comme de l'église. L'édit permettait d'ouvrir des écoles partout où le culte était autorisé; mais il avait négligé de prescrire ce que l'on y enseigne-

rait : on partit de là pour y interdire l'enseignement de
la religion. Il fallut s'y borner à la lecture, à l'écriture
et à l'arithmétique. L'édit n'ayant point établi davantage combien il y aurait d'écoles par paroisse et de
maîtres par école, on décida qu'il n'y aurait qu'une école
par ville et qu'un maître par école, alors même que,
comme à Marennes, six cents enfants fréquentaient les
écoles. Il fallut abandonner ces enfants à l'ignorance ou
les envoyer aux écoles catholiques, où l'on travaillait à
les convertir. Cependant la tâche du convertisseur ne
paraissait pas encore suffisamment facilitée : on auto-
risa les abjurations à partir de l'âge de sept ans, les
enfants étant jugés aptes, *à cet âge de raison,* de choisir
leur foi : les gens habiles pouvaient dès lors les soustraire
impunément à la tutelle de leurs parents. « Il suffit,
dit un commentateur, qu'on obtienne de ces enfants
qui se font catholiques la déclaration qu'ils ne sont ni
forcés ni induits à le faire pour que les parents n'aient
plus le droit d'être écoutés. » Cette jurisprudence fut
consacrée quelques années plus tard par un arrêt du
conseil (1). Il va sans dire qu'il était défendu d'envoyer
les enfants dans les collèges de l'étranger et que toute
tentative pour les reconquérir à la religion de leurs
parents était imputée à crime (2). Le résultat de cette
persécution « injuste, oblique et chicaneuse », selon
l'expression de Claude, était inévitable : les plus timides
se soumirent et abjurèrent, les plus entreprenants émi-
grèrent, les plus résolus essayèrent de résister. Ils étaient

(1) Sabatier, étude citée; d'après l'*Explication de l'édit de Nantes,*
par Mᵉ Pierre Bernard, conseiller du roi au présidial de Béziers.
Paris, 1668.

(2) Sur la continuation de ces procédés jusqu'à l'acte réparateur de
Louis XVI en 1787, voir ci-dessus l'étude sur Frotté, p. 3.

peu nombreux, croyait-on, en 1685; on assura au roi qu'ils n'étaient plus rien qu'une troupe de rebelles dont la force aurait aisément raison, et on les jeta hors la loi du royaume.

Alors les promoteurs de ces savantes mesures se félicitèrent de la prévoyance, de la sagacité, de la suite de leurs calculs et de la perfection de leur ouvrage. Maître Jacques Le Fèvre, prêtre, docteur en théologie de la Faculté de Paris, publia et dédia au roi, comme un monument élevé à sa gloire, un *Nouveau Recueil de tout ce qui s'est fait pour et contre les protestants*, Paris, 1686. « Toute la terre, Sire, disait-il, regarde la nouvelle réunion de tous vos sujets de la religion prétendue réformée au sein de l'Église catholique comme la merveille de ce siècle et comme l'événement le plus remarquable de votre règne. Il est donc juste de lui apprendre la voie que Votre Majesté a tenue pour y arriver. Ce *recueil*, Sire, *lui fera voir par des actes authentiques que c'est une chose méditée depuis plus de trente ans et insensiblement exécutée par la sagesse et la prudence de vos conseillers*, avant que vous l'ayez achevée d'un seul coup... » L'auteur ne se confesse point, il se loue devant l'histoire; la déclaration est claire et formelle. C'est avec ce commentaire véridique et pratique qu'il faut lire et entendre le panégyrique officiel de Bossuet, célébrant « le pieux édit qui donna le dernier coup à l'hérésie » : « Nos pères n'avaient pas vu, comme nous, une hérésie invétérée tomber tout à coup; les troupeaux égarés revenir en foule et nos églises trop étroites pour les recevoir; leurs faux pasteurs les abandonner, sans même en attendre l'ordre, et heureux d'avoir à leur alléguer leur bannissement pour excuse; tout calme dans un si grand mouvement; l'univers étonné

de voir dans un événement si nouveau la marque
la plus assurée, comme le plus bel usage de l'autorité (1)... »

II

Lorsque Louis XIV abrogea l'édit, ce n'était plus à
ses yeux qu'une lettre morte. L'Église de France fit
gloire « à ce nouveau Constantin, à ce nouveau Théo-
dose, à ce nouveau Marcien, à ce nouveau Charlemagne... », d'avoir « exterminé les hérétiques ». Cette
prétendue gloire s'est transformée, par l'épreuve des
siècles, dans le plus terrible blâme qu'ait encouru roi de
France. Convient-il, sous le prétexte que la mesure a été
méditée et réclamée par le clergé, d'en rejeter sur ce
clergé l'entière responsabilité, sauf à en dégager, plus
que de raison et que de justice, Louis XIV et ses conseillers? Il me paraît incontestable que l'Église a donné
l'impulsion et que l'État l'a subie; mais je ne crois pas
qu'il serait équitable d'apprécier d'un même point de
vue la conduite de l'Église et celle de l'État. Si l'on
va au fond des choses, on reconnaîtra que, bien que
réduit au rôle de « bras séculier », l'État demeure ici le
grand coupable. Il est sorti de son rôle, il a manqué à sa
tâche, il s'est laissé entraîner par l'Église à enfreindre la
loi qu'il avait pour mission de faire respecter par l'Église.
L'Église avait toujours condamné l'édit, « le plus
maudit du monde », dit un historien catholique, « par

(1) Oraison funèbre de Michel Le Tellier.

lequel était permise la liberté de conscience à tout chacun, qui était la pire chose du monde ». Cette liberté, grande nouveauté, et grand bienfait pour les Français, était alors parfaitement inconnue en Europe. Les dissidents aussi bien que les catholiques n'admettaient d'autre système que celui de la religion d'État. Lorsque cette grande révolution s'accomplissait dans la monarchie française, elle s'y faisait, il faut le dire nettement, malgré l'Église catholique et contre elle; on ne pouvait attendre de cette Église qu'elle l'approuvât ou même qu'elle s'y soumît sans réclamation. Il ne fallait point demander à Rome de se montrer, en ce temps-là, plus tolérante que ne l'étaient Londres ou Genève. Rome ne pouvait alors et n'a pu depuis lors avouer la liberté de conscience sans se désavouer elle-même. Elle condamnait formellement cette liberté et elle le faisait en vertu d'une incontestable logique.

« La liberté de conscience, disait en 1675 un membre de l'assemblée du clergé, est regardée par tous les catholiques comme un précipice creusé devant leurs pieds, comme un piège préparé à leur simplicité, et comme une porte ouverte au libertinage. » Cela n'empêchait point les catholiques d'invoquer au besoin la liberté contre l'hérésie; mais, s'ils y recouraient, c'est parce que la misère des temps les y contraignait, que toutes armes leur semblaient bonnes à combattre l'esprit du mal, qu'ils se résignaient, faute de mieux, à tuer l'erreur par l'erreur même et à détruire la contagion par son propre germe. La liberté n'était pour eux qu'un pis aller, un de ces moyens équivoques dont il n'est permis d'user qu'en dirigeant prudemment l'intention. Quand ils parlaient de la liberté de conscience pour la revendiquer, ce n'était jamais sans la classique restriction mentale de

la vraie liberté, la liberté du bien, la seule qui dût prévaloir après l'anéantissement de la fausse, la liberté du
mal, celle de l'hérésie.

Le même prélat qui définissait et flétrissait formellement la liberté de conscience, en arguait cependant,
le même jour et dans le même discours, pour élever une
extraordinaire prétention : il demandait au roi, pour
les prêtres catholiques, l'autorisation de pénétrer dans
les maisons des protestants sans y être appelés, et d'y
interpeller les agonisants. « N'est-ce pas, disait cet ingénieux orateur, conserver aux prétendus réformés la
liberté de conscience, puisque c'est faire qu'ils soient
maîtres de leur choix jusqu'à la mort et que leurs parents
ne puissent pas exercer sur eux la plus cruelle de toutes
les tyrannies en leur ôtant cette liberté? » Il est bien
entendu que la réciproque non seulement n'était pas
admise en faveur des ministres réformés, mais qu'il leur
était défendu, sous les peines les plus sévères, de chercher à ramener les convertis. Un édit de 1669 ayant
interdit aux réformés aussi bien qu'aux catholiques de
chercher à convertir les enfants de leurs communions
respectives, cette assimilation plongea, dit une remontrance de 1670, « les évêques et les catholiques du
royaume dans la dernière consternation ». Ils tenaient,
en effet, comme l'avait établi un scholiaste de l'édit de
1666, qu'il ne pouvait exister aucune commune mesure
entre la R. P. R. et la catholique, et ils ne craignaient
pas d'invoquer le dernier argument des apologistes aux
abois : le droit naturel. « La réunion à cette religion (la
catholique) est naturelle; en être séparé, c'est être dans
un état violent, et tout doit favoriser les enfants qui
l'embrassent. » Il ne fallait pas enfin leur objecter que
les réformés useraient de représailles dans les pays où

ils étaient les maîtres. Cette raison ne les touchait point. La vérité est une, elle est immuable, elle est universelle ; il n'y a contre elle ni précédents à invoquer, ni prescription à établir. Ce qui est d'un côté, dit un écrit de 1685, « une conduite sainte et régulière fondée sur une légitime autorité », n'est, de l'autre, « qu'une oppression tyrannique basée sur une usurpation manifeste ».

L'Église raisonnait ainsi, et l'on ne peut nier que, son principe posé, elle ne raisonnât avec suite. Les réformés, là où ils étaient les maîtres, raisonnaient de même, et il faut déclarer qu'ils se montraient en cela très inconséquents avec le principe et l'esprit de la Réforme. Mais depuis l'édit de Nantes, ces doctrines absolues et exclusives n'étaient plus celles de l'État. L'État n'avait point à suivre les dialecticiens des Églises dans les conséquences extrêmes qu'il leur convenait de tirer de leurs doctrines. C'était précisément la grandeur de l'acte de Henri IV d'avoir placé le droit public des Français au-dessus des luttes confessionnelles. Cette loi existait, elle avait donné ses effets, ils étaient excellents, le danger et le dommage que la révocation ferait encourir à l'État étaient manifestes. Louis XIV les méconnut ; les méconnaissant, il faillit à son devoir de roi, et c'est justice de rejeter sur lui et sur son gouvernement le poids écrasant de cette énorme faute politique. Ceux qui ont tenté de l'en absoudre ont argué de l'esprit des temps, de l'adulation des uns et du silence des autres : l'adulation n'a jamais donné que la mesure de la bassesse des adulateurs ; le silence des peuples est peut-être la leçon des rois, à coup sûr il n'en est point l'éloge ; quant à l'esprit des temps, qui pourrait s'en prévaloir après l'éclatant témoignage de Saint-Simon ? Il confond les sophismes rétrospectifs, comme les sophismes contemporains, et prouve qu'il n'est pas un seul des jugements, même les plus sévères, portés par l'histoire sur la révocation de l'édit, qui n'eût été porté déjà par les contemporains éclairés, catholiques fervents et convaincus, sans doute, en ce qui concernait leur propre conscience, mais bons Français avant tout, en ce qui concernait les affaires de l'État?

Saint-Simon admirait l'édit : « chef-d'œuvre de politique et de grand sens » : il en qualifie la révocation de « conseil pernicieux, plus pernicieusement exécuté »; il montre les bons catholiques et « les bons évêques » gémissant « de voir les orthodoxes imiter contre les hérétiques ce que les tyrans païens avaient fait contre la vérité, les confesseurs et les martyrs ». Et il conclut : « La révocation de l'édit de Nantes, sans le plus léger prétexte et sans aucun besoin, immédiatement suivie des proscriptions, des supplices, des galères, sans aucune distinction d'âge, ni d'état, le long pillage des dragons autorisé partout, déchira les familles, arma parents contre parents pour avoir leurs biens et les laisser mourir de faim; dépeupla le royaume et transporta nos manufactures et presque tout notre commerce chez nos voisins, et plus loin encore; fit fleurir leurs États aux dépens du nôtre; remplit leur pays de nouvelles villes et d'autres habitants, et donna à toute l'Europe l'effrayant spectacle d'un peuple prodigieux proscrit, fugitif, nu, errant, sans aucun crime, cherchant un asile loin de sa patrie (1). »

Ce qui fut plus funeste encore et ce que les contemporains, même les plus prévoyants, ne pouvaient deviner, ce furent les conséquences du principe dont procédaient à la fois le conseil et l'exécution dans la révocation de

_____

(1) *Parallèle des trois premiers rois Bourbons,* p. 225, publié par M. Faugère. Paris, Hachette, 1885.

l'édit. Je ne parle point de l'atteinte portée à la majesté des lois, je ne rappelle point ce cri prophétique arraché à l'une des victimes des proscriptions : « Qu'y aura-t-il désormais de ferme et d'inviolable en France, je ne dis pas seulement pour les fortunes des particuliers, et pour celles des maisons, mais encore pour l'ordre de justice percé d'outre en outre par le même coup qui traverse les protestants? » Je pense à la doctrine qui prévalut alors et à cet idéal d'unité abstraite qui devint comme un dogme d'État et pénétra si profondément les esprits que quand la France voulut conquérir la liberté, il ne se trouva que très peu de Français capables de la pratiquer pour eux-mêmes et de la respecter chez autrui. Toute l'histoire des luttes religieuses au cours de la Révolution française trouve là son point de départ et son explication.

Justifiant l'acte de Louis XIV, l'historien catholique Rohrbacher se fonde sur ce que les huguenots « reniaient leur patrie et s'efforçaient par le fer et le feu à la diviser d'avec elle-même dans le passé, dans le présent et dans l'avenir ». Il ajoute : « De tous les biens publics, le plus grand est, sans aucun doute, l'unité nationale. Louis XIV pouvait donc révoquer l'édit de Nantes pour procurer un si grand bien. » C'est l'argument jacobin dans toute sa simplicité, arme à deux tranchants dont tous les dogmatismes se frappent tour à tour.

BOSSUET

HISTORIEN DE LA RÉFORME [1]

I

L'*Histoire des variations* est un des chefs-d'œuvre,
peut-être le chef-d'œuvre de notre littérature historique,
le modèle le plus parfait de l'art de composer et d'écrire
l'histoire, de débrouiller et d'approprier les documents,
d'incorporer les témoignages et les textes aux récits, de
soutenir l'exposition des faits par les preuves, de mêler
l'enchaînement des événements et des idées avec l'analyse des caractères, de discuter les actes, les paroles, les
écrits, sans ralentir le cours des choses. « Nous lisons les
Variations de M. de Meaux. Ah! le beau livre à mon gré!
Le temps passe comme un éclair... Il nous emporte! »
Nul lettré qui ne ratifie, à deux siècles de distance, ce
jugement de madame de Sévigné. Le livre a grandi par

---

(1) *Bossuet historien du protestantisme,* étude sur l'*Histoire des variations* et sur la controverse entre les protestants et les catholiques au dix-
septième siècle, par Alfred RÉBELLIAU. Un vol. in-8°. Paris, Hachette,
1891.

la comparaison et par le recul; il a conservé toute sa
puissance de vie et d'intérêt, toute sa force de sève, et
cette éternelle jeunesse de langue qui vient de la vérité
et du naturel du style. Mais cet ouvrage, qui n'a plus à
se défendre contre la critique littéraire, qui la guide au contraire, l'éclaire et la règle en cette partie, résiste-t-il avec la
même force à la critique historique? Le fond scientifique
y vaut-il la forme? La méthode y égale-t-elle l'art? Est-il
aussi exact qu'il est beau? Voilà la question que s'est
posée un jeune littérateur, très nourri de notre dix-sep-
tiéme siècle, rompu en même temps aux exercices de la
critique moderne et versé dans l'histoire politique de
cette grande époque, M. Alfred Rébelliau. Il a apporté
dans l'étude de son sujet une patience que n'a pas lassée
le dépouillement du plus aride des fonds de bibliothèque,
celui des controverses théologiques, une sagacité remarquable, l'enthousiasme pour son auteur, un talent de
composition et d'exposition tout à fait digne d'éloges.

Sa thèse, car c'en est une — au propre et au figuré,
l'ouvrage ayant été brillamment discuté en Sorbonne,
avant de se présenter devant le public — la thèse, dis-je,
est celle-ci : « L'*Histoire des variations* est un ouvrage
vraiment scientifique et presque aussi digne de l'estime
des historiens que de celle des lettrés. » M. Rébelliau
triomphe sans peine quand il attribue à Bossuet toutes
les grandes parties de l'historien; il le montre, et c'est
ici la grande nouveauté et le réel service que rend le
livre, préparant l'*Histoire des variations*, remontant
aux sources, accumulant les preuves, s'imprégnant des
documents originaux, familier avec tous les modèles de
l'antiquité, en commerce avec tous les historiens contemporains. M. Rébelliau justifie, dans ce chapitre très
savant de son ouvrage, ces lignes de Bossuet dans sa

préface : « Cette histoire a dû paraître avec toutes ses preuves et munie, pour ainsi dire, de tous les côtés; il a fallu hasarder de la rendre moins divertissante pour la rendre plus convaincante et plus utile. »

Je retiens ces derniers mots, qui sont significatifs. Bossuet veut convaincre; il poursuit un objet d'utilité; il le veut, il le fait, il le déclare, et c'est ce qui enlève, de parti pris et de conseil, à son ouvrage, le caractère proprement scientifique, tel que nous l'entendons aujourd'hui. Je ne puis, sur cet article, suivre M. Rébelliau jusqu'où son admiration le porte. Je ne puis conclure avec lui que, « amené par les circonstances à étudier l'histoire du protestantisme, Bossuet a fait un récit d'une exactitude presque irréprochable ». Pourquoi d'ailleurs demander à ce maître incomparable, qui sut mieux qu'aucun autre, parmi les anciens et parmi les modernes, adapter et proportionner les moyens à ses fins, pourquoi lui demander ce qu'il ne s'est point proposé de faire? Pourquoi, en louant trop dans son livre ce qu'il n'a point prétendu y mettre, risquer d'en effacer ce qui en était à ses yeux l'objet essentiel, le seul objet même : la controverse et la conversion?

M. Rébelliau explique très bien comment Bossuet fut conduit à entreprendre cette œuvre. Il s'agissait de confondre, de convaincre, de ramener les réformés; d'affermir, de confirmer, de retenir de nouveaux convertis, en démontrant que la Réforme manquait des caractères qui étaient, pour la plupart des réformés et pour tous les catholiques, la marque de la vérité religieuse : l'immutabilité dans le dogme, la perpétuité dans la croyance, la permanence de la foi, la suite enfin et, comme il disait, « la divine tissure ». Il n'écrit donc point une histoire de la Réforme; il écrit une histoire des variations des

Églises réformées. Il n'entreprend pas d'exposer comment la Réforme est née, comment elle s'est propagée, la cause et les conditions des grands mouvements et des révolutions politiques dont elle est sortie et qu'elle a portées dans l'Europe : l'étudier et la développer ainsi, ce serait, en l'expliquant, lui donner une sorte de raison d'être et l'assimiler tout au moins aux grandes révolutions des anciens empires. Une telle proposition, aux yeux de Bossuet, eût été presque blasphématoire. « Si les protestants, dit-il, savaient à fond comment s'est formée leur religion, avec combien de variations et avec quelles inconstances leurs confessions de foi ont été dressées..., cette réforme dont ils se vantent ne les contenterait guère; et, pour dire franchement ce que je pense, elle ne leur inspirerait que du mépris. J'entends faire voir dans toutes ces disputes le vice initial de la doctrine, la corruption nécessaire de l'hérésie, et, en un mot, révéler la honte de tous ces sectaires à ceux qui se glorifient de les avoir pour prédécesseurs. »

L'œuvre ainsi conçue est une œuvre de controverse; la controverse y prend la forme historique; mais les méthodes qu'y emploie Bossuet sont celles de la controverse plutôt que celles de l'histoire proprement dite. M. Gabriel Monod l'a parfaitement indiqué dans la *Revue historique* (1). M. Rébelliau le reconnaît aussi; ses conclusions corrigent même ce qu'il y a, je crois, d'excessif dans le corps de son ouvrage. Il n'exagère point, d'ailleurs, lorsqu'il démontre comment Bossuet a su tirer parti de l'histoire pure et a déployé ses admirables qualités d'historien toutes les fois que l'histoire pure lui a paru servir et fortifier sa controverse : telles, par

____

(1) T. XLIX, p. 103.

exemple, ses vues sur les Vaudois. M. Rébelliau a fort
habilement distingué ces chapitres et les morceaux d'his
toire générale, dont est semée l'*Histoire des variations :*
il les discute, il les vérifie; il en prouve la solidité (1).
Mais, dans ces parties mêmes, où il se montre purement
historien, Bossuet imprime à l'histoire le caractère qu'il
a donné à tous ses ouvrages et qui fait de lui le génie
même du siècle de Louis XIV.

Ce génie, en histoire, est fort différent de celui de
notre temps. Nous nous trouvons tout aussi loin du dix-
septième siècle par la façon dont nous concevons la
conduite des affaires humaines que par celle dont nous
étudions cette conduite dans le passé. Publiciste, prédi-
cateur, théologien, philosophe, précepteur, historien,
quelque matière qu'il aborde, Bossuet y apporte avec la
même fermeté, avec la même grandeur et la même majesté de bon sens, une conception qui fait à la fois la
solidité de sa doctrine et la limite de ses jugements : c'est
que l'histoire du monde n'a qu'une raison d'être, le
triomphe de la vraie foi; que l'histoire de France n'a
qu'un dessein, le triomphe de la monarchie de Louis XIV.
Une grande cause finale dirige ainsi, arrête, fixe toutes
ses pensées et règle les jugements qu'il porte sur les
révolutions. Celles de l'antiquité ont eu leur objet :
elles préparaient l'avènement du christianisme et, par
là, elles rentraient dans l'ordre de la Providence; celles·
des temps modernes n'ont plus ni cet objet-là ni aucun
autre; elles vont contre l'ordre, elles ne méritent plus le
nom de révolutions, n'étant plus destinées à redresser
la face du monde et à ouvrir les voies divines; elles ne

____

(1) Livre II, ch. II : *De l'originalité de quelques vues historiques dé
Bossuet* : les Vaudois, la question de guerres civiles en France et particulièrement la conjuration d'Amboise, Mélanchthon.

sont plus que des égarements et des révoltes criminelles,
des tempêtes passagères, des crises tout humaines, vaines
dans leurs tentatives, coupables dans leurs succès : il
faut en réfuter le sophisme et le condamner; il faut en
combattre les entreprises et les refréner. Cette conception s'accommode parfaitement avec le plan de l'*Histoire
des variations,* et cette manière de juger les contre-
coups de la Réforme dans la politique n'est pas pour
diminuer le mépris où Bossuet tient et où il veut jeter,
devant le public, les sectateurs de cette réforme.

Ne lui demandons point d'y chercher dans l'État,
dans l'Église, dans la société surtout, dans les institutions et dans les mœurs, des causes générales et profondes. Il n'en voit que de particulières, tout intéressées,
toutes passionnées et, partant, méprisables. Pour faire
honte aux réformés de leur prétendue réforme, il y rape-
tisse tout et l'abaisse : les idées, ce ne sont que querelles
sur les mots, erreurs sur les textes infidèlement rap-
portés ou détorqués de leur sens, déguisements, fourbe,
sophismes, subtilités, détours, équivoques, artifices de
langage et abus de l'esprit humain; les hommes, l'orgueil
seul et la sensualité les animent; l'appétit déréglé de
l'intelligence humaine pour les nouveautés, l'arrogance,
la vanité, l'ostentation, la curiosité vaine des choses
interdites, l'impatience de la règle, par-dessus tout
l'ambition d'« esprits superbes, pleins de chagrin et
d'aigreur », voilà ce qui les « pousse à tout remuer pour
se faire distinguer des autres »; voilà « la dépravation
profonde qui les pénètre jusqu'à la moelle des os ».
L'*Histoire des variations* est sous ce rapport une sorte
de commentaire vivant du *Traité de la concupiscence.*
Bossuet en tire toutes les grandes leçons de misère
humaine où il excelle. Les caractères y sont merveilleu-

sement dessinés, et, nulle part, personne n'a mieux montré, ainsi que Nisard l'a très bien dit, « comment l'intérêt se mêle aux opinions spéculatives, et la passion aux vues de l'intelligence ; comment les hommes de parti exploitent leurs doctrines et en sont dupes (1) ». Mais dans ce cadre de théologie et de prédication, l'histoire demeure toute psychologique ; tous les mouvements s'y réduisent à des sophismes dans la pensée, à des intrigues et à des cabales dans l'action.

Bossuet ne s'y donne pas le spectacle des grandes affaires humaines ; il ne considère, dans les troubles sociaux et politiques qui précèdent la Réforme et qui l'accompagnent, que les éternels effets de l'insubordination des peuples égarés par des factieux. Les événements dont il a été le témoin ou dont il a recueilli l'impression personnelle gouvernent et éclairent ses vues sur le passé. Il est sous le coup de la Fronde et encore ému de la révolution d'Angleterre. Il juge, par la Fronde, de la révolution d'Angleterre ; par l'une et l'autre, des révolutions du quinzième et de celles du seizième siècle. Relisez parallèlement avec l'*Histoire des variations,* les oraisons funèbres de la reine d'Angleterre et de Michel Le Tellier ; rapprochez les grands portraits : Élisabeth, Calvin, Melanchthon, le plus étudié, le plus nuancé, le plus caressé, pourrait-on dire, et le plus sympathique ; Luther, si largement dessiné et, malgré toute l'horreur de l'hérésie et de l'apostasie, si puissant, si humain, si ému et si entraînant même par passages ; comparez ce Luther au fameux Cromwell des *Oraisons funèbres* et voyez si ce n'est pas, avec la même touche de génie dans le style, le même regard d'historien, ramenant au

(1) *Histoire de la littérature française,* livre III, ch. XIII.

même orgueil de la vie, ces grandes dupes de l'amour-propre devenues de grands dupeurs de multitudes.

Si Bossuet en décide de la sorte, ce n'est point uniquement parce qu'il fait de la controverse, parce qu'il est évêque et qu'il se sent toujours, même en écrivant l'histoire, directeur de consciences. Quand il traite de l'histoire, soit dans le livre des *Variations,* soit dans les *Oraisons funèbres,* il en traite à la façon des hommes de son siècle, et il le fait de plus haut qu'aucun d'eux. Il y porte toujours le grand souffle du *Discours sur l'Histoire universelle;* mais, en cette histoire universelle même, dans la partie tout humaine, la plus achevée, celle de Rome, il ne s'éloigne pas, dans la notion des révolutions politiques, des idées admises en son temps. Sa conception de Marius, de Sylla, de César ne diffère pas de celle qu'un Saint-Évremont ou un Retz se faisaient d'eux-mêmes et de leurs contemporains : « Les Gracques mirent tout en confusion, et leurs séditieuses propositions furent le commencement des guerres civiles. »

Les causes et les conditions sociales des révolutions, les passions nationales qui s'y mêlent, les grandes transformations de nations et d'États qui s'y accomplissent, échappent à Bossuet dans la Réforme comme elles lui ont échappé à Rome. Il n'aperçoit dans la Réforme qu'un égarement de la conscience, il n'y découvre point une révolution dans la conscience. Il rattache la Réforme à la série des éternelles aberrations de l'esprit humain; il n'y discerne point une époque de l'histoire de l'humanité. Enfin, le peuple en est absent; la multitude n'y apparaît qu'en instrument aveugle des imposteurs ou des séditieux qui l'exploitent. Ce qui est pour nous le fond même et la substance de l'histoire n'en est pour lui que le cadre ou le décor. Il ne considère dans la tempête que le navire, les matelots, le capitaine; la fragilité de l'esquif perdu dans l'immensité des eaux, l'imprudence des hommes qui le conduisent, leur ignorance, la vanité de leurs efforts, le trouble où la peine les jette, leur misère, la nécessité pour eux de tomber à genoux et la prière enfin, seul salut des naufragés. L'historien moderne contemple avant tout l'Océan déchainé et cherche à démêler, dans ce chaos, le jeu des forces permanentes de la nature.

II

Rien ne serait plus puéril que de reprocher à Bossuet de n'être pas Montesquieu. Montesquieu a ouvert la voie à la nouvelle histoire; mais l'histoire n'y est entrée largement que longtemps après lui. Voltaire, sous ce rapport, est, au fond, un homme de l'ancien régime. Bossuet destine toute l'histoire selon la grande cause finale de la Providence : le triomphe de l'Église catholique; il faut que l'hérésie y soit sans raison d'être et n'y marche qu'à son anéantissement : il la rabaisse donc. Voltaire la rabaisse davantage encore, partant de cette idée que tout n'est mené par rien et que, si l'histoire signifie quelque chose, c'est l'absurdité des croyances religieuses et, en particulier, des croyances chrétiennes. Le Luther, le Calvin, le Cromwell de Voltaire sont infiniment plus voisins de ceux qu'a peints Bossuet que de ceux que Michelet, au siècle suivant, a évoqués, et qu'il a entrepris de ressusciter.

Tout a changé pour nous qui regardons l'histoire de l'autre côté de la Révolution française. Le progrès des méthodes critiques a transformé les instruments de l'histoire; la Révolution française en a transformé l'optique. Il a semblé, tout d'un coup, que l'on découvrait dans l'humanité l'âme des nations, et le monde a pris une figure nouvelle. Le peuple, qui ne figurait dans la tragédie qu'à titre de personnage muet, est devenu le héros de la pièce; il a rempli le théâtre. On a porté sur la scène les catastrophes qui auparavant étaient reléguées dans la coulisse et n'arrivaient au spectateur que sous la pompeuse draperie des récits.

Le lecteur que ces rapprochements intéressent n'a, pour faire saillir les contrastes et pour mesurer les distances, qu'à comparer l'étude des mêmes personnages et des mêmes événements dans l'*Histoire des variations* et dans l'*Histoire de la Réforme en Allemagne,* de Jean Janssen (1).

(1) Traduction française, d'après la quatorzième édition allemande, par Mme E. Paris, t. I à III. Paris, Plon, 1886–1892. — Janssen, mort très prématurément et en pleine vigueur, en 1892, était un ardent patriote allemand et un prodigieux érudit. Il a composé un petit écrit de tendance et de guerre : *les Convoitises de la France sur le Rhin (Frankreichs Rheingelüste,* Freiburg, 1861), qui ne laissa point d'être goûté de ceux de ses compatriotes qui promenaient leurs convoitises sur les Vosges et au delà; il a écrit, en conclusion de cet opuscule, le plus fougueux appel à l'union et le vœu le plus éloquent d'unité impériale qu'ait entendus l'Allemagne dans ces dernières années; il s'est placé au premier rang des historiens allemands par son livre *l'Allemagne et la Réforme.* C'est une œuvre respectable par la sincérité de la passion qui l'anime et par l'extraordinaire labeur, l'immensité de connaissances, la puissance de concentration dont elle témoigne. Elle est comblée de textes instructifs et suggestifs. Elle est indispensable à qui veut connaître non seulement l'Allemagne du moyen âge, mais l'Allemagne catholique contemporaine. On a comparé l'ouvrage de Janssen à celui de Taine sur la Révolution française. Pour procéder par les mêmes moyens apparents et se servir des mêmes formes de démonstration,

Ce savant prélat, l'honneur de l'école catholique en
Allemagne, et j'oserai dire en Europe, considère la
Réforme comme son célèbre compatriote prussien, M. de
Sybel, considère la Révolution française. Elle est un
détour funeste, une déviation détestable de l'histoire,
et d'autant plus funeste et détestable qu'elle était sans
cause réelle dans son temps et qu'elle apparaît sans raison suffisante dans le nôtre. Sauf les princes qui étaient
animés des plus condamnables convoitises et les seigneurs
qui s'étaient rendus indignes de leurs prérogatives, tout,
selon Janssen, était au mieux selon l'ordre politique et
selon l'ordre social dans l'Allemagne du moyen âge.
Apologiste convaincu de la civilisation de cette époque,
c'est en se fondant sur le droit canon qu'il flétrit, pour
employer ses propres termes, l'oppression des classes
laborieuses par le capital. Il excommunie la Révolution
française parce qu'elle procède du droit romain, qui a
perverti la société féodale; il entreprend de montrer

les deux historiens n'en appartiennent pas moins à deux écoles fort
opposées et n'en poursuivent pas moins des objets fort différents, sinon
contradictoires. Je reconnais que Taine n'est pas plus complaisant
à la Révolution que Janssen ne l'est à la Réforme; mais dans son
Ancien Régime, qui est l'introduction de son livre, comme l'*Allemagne au moyen âge* est l'introduction du livre de Janssen, il démontre
péremptoirement que la Révolution était inévitable; qu'elle devait
être atroce et que tout en elle, ses origines, son caractère et ses effets,
procède de l'état intellectuel et social de la France sous l'ancien
régime. A lire, au contraire, le premier volume de Janssen, on reçoit
l'impression que la Réforme est, à tous égards, un monstre historique,
un effet sans cause, un phénomène sans raison d'être : chose fâcheuse,
sinon pour l'événement, qui reste ce qu'il est, au moins pour l'historien, qui, à force de contempler l'histoire dans ses sources, se laisse
aller à vouloir en changer le cours. On ne saurait trop louer le mérite
et l'art du traducteur français; maître de son sujet, possédant à fond
le lexique infiniment compliqué de l'auteur allemand, il a su faire de
cette traduction une œuvre remarquable en soi et qui se lit, en notre
langue, avec plus de facilité que maint ouvrage original.

17

dans la « prétendue réforme » la première manifestation
du mal qui ronge les sociétés modernes ; la réforme, selon
lui, n'était pas nécessaire, et elle n'a pas eu d'autres effets
que la perturbation jetée par des turbulents, des ambitieux, des avides, dans l'ordre bienfaisant soit de l'Église,
soit de l'État établi : elle a donc été la plus inutile des
révolutions. Il semble convaincu enfin que la « prétendue
Renaissance » n'est, comme l'esprit classique qui en procède, qu'une œuvre sophistique de l'esprit latin, anta-
goniste irréconciliable de la civilisation germanique et
chrétienne, dont le peuple allemand est l'instrument
providentiel en ce monde. Il ne sépare point, dans sa
pensée et dans les grandes ambitions qu'il conçoit pour
sa patrie, la paix du monde, la civilisation, le triomphe
de l'Église catholique, l'unité de l'Allemagne et la suprématie d'une Allemagne vraiment impériale et nationale, sur le monde occidental. C'est parce qu'elle a inter-
rompu le grand dessein de la Providence sur l'Allemagne
catholique, que Janssen en veut tant à la Réforme et
qu'il s'est proposé de l'anéantir dans son germe. On voit
à quelle distance il nous mène de Bossuet et dans quel
monde différent de celui de l'*Histoire des variations*.

Les peuples n'étaient rien chez Bossuet ; ici, le peuple
allemand est tout. « O pauvre terre allemande, s'écrie
Janssen avec un contemporain, où en es-tu venue, toi,
jadis si puissante, si grande, si respectée? A quel état
t'ont réduite la trahison et la cupidité de tes princes!
Tu es devenue la risée des étrangers et tu leur sers de
marchepied! Que ma plainte s'élève jusqu'à Dieu! »
Voilà l'âme, voilà le cri du livre de Janssen. Les individus s'évanouissent, dans cette vision, emportés par le
grand flux et le grand reflux des multitudes. La souf-
france, la décadence, le progrès, l'affranchissement des

peuples; la chute et l'humiliation de l'Allemagne, son
relèvement et sa marche vers l'unité nationale et la grandeur politique, conçues autrement que la Prusse ne les
a accomplies, mais conçues très fortement et passionnément souhaitées, ces idées dominent l'histoire de
Janssen et débordent dans son livre, sur la controverse.
Il néglige, de parti pris, cette controverse qui était le
fond de l'*Histoire des variations*. Elle demeure à peine
l'appendice ou la digression dans *l'Allemagne et la
Réforme*.

Les deux livres restent ainsi fidèles à leurs titres, et
chacun se présente comme un témoignage de l'esprit du
siècle. J'ai cru ressentir partout chez Bossuet l'impression de la Fronde et de la Révolution d'Angleterre. On
peut dire que l'impression, l'obsession ne serait pas trop,
de la Révolution française se trouve partout chez Janssen. Aurait-il ainsi ressuscité de la poussière des documents ces séditions tragiques, aurait-il vu revivre sous
ses yeux et fait revivre aux nôtres cette histoire des anabaptistes, s'il n'avait été comme imprégné des récits de
la Terreur, de ceux de la Terreur en Alsace en particulier et des souvenirs des invasions révolutionnaires dans
le Palatinat? J'ai vu des Retz et des Cromwell dans les
réformés de Bossuet; je vois des Euloge Schneider dans
les anabaptistes de Janssen.

Ce n'est pas que la conception fondamentale diffère
chez lui de ce qu'elle est dans l'*Histoire des variations*.
C'est bien la même cause finale dans l'histoire et, chez
l'historien, la même proposition : ramener les réformés
à l'unité; mais Bossuet l'essaye suivant l'opinion ou,
comme on voudra, le préjugé de son temps : la perpétuité de doctrine, et il fait œuvre de controversiste; Janssen l'essaye selon la passion de son siècle : la nationalité,

et il fait œuvre d'historien national. Chez Bossuet la
Providence agit par quelques agitateurs qui abusent la
multitude; chez Janssen, elle agit par la multitude
même, et ce sont les infiniment petits qui entraînent
tout. Bossuet s'adressait à des Français presque tous
imbus de la fameuse maxime : une foi, une loi, un roi;
il les prenait par l'instinct de l'unité et la passion de
logique qu'ils tenaient de Rome. Janssen s'adresse à des
Allemands que la grandeur et l'indépendance de leur
patrie, la supériorité qu'ils attribuent à leur culture intellectuelle et à leurs institutions, la préoccupation où ils
sont de résoudre les questions sociales dirigent par-dessus tout et gouvernent. Bossuet croit qu'il atteindra son
but s'il démontre que les réformés ont varié dans la
doctrine; Janssen croit qu'il atteindra le sien en montrant que la Réforme a rompu le cours naturel et original de la civilisation allemande, déchaîné la guerre
civile, amené l'intervention des étrangers en Allemagne,
qu'elle n'a engendré dans la doctrine que la confusion,
dans la société que l'anarchie, dans l'État que le despotisme, dans la politique que l'humiliation de la patrie
allemande. Bossuet vouait la Réforme au mépris de
l'esprit français classique; Janssen la voue au mépris de
l'âme nationale allemande. Bossuet veut la convaincre
de contradiction et Janssen de haute trahison.

III

Le livre de Bossuet a subi une destinée étrange et fort
inattendue à coup sûr pour le grand évêque. La chute

de la monarchie, la fin de la religion d'État, la disparition de l'Église gallicane, la liberté de conscience et la liberté des cultes, la Révolution française enfin, seraient vraisemblablement à ses yeux des événements moins extraordinaires et marqueraient des perturbations moins profondes de l'esprit humain. M. Rébelliau a fort ingénieusement dégagé cette destinée de l'*Histoire des variations* et discuté l'influence que cette histoire exerce par contre-coup et choc en retour. Bossuet avait confondu sans peine les docteurs réformés contre lesquels il combattait. Sa démonstration est l'évidence même, et l'on peut dire que plus l'histoire de la Réforme sera approfondie et fouillée, plus la variation y apparaîtra continue et essentielle, en quelque sorte. C'est que la variation est l'esprit même de la Réforme et la conséquence nécessaire du libre examen. Voilà ce que les réformés, contemporains de Bossuet, ne voulaient pas voir, ce qu'ils s'obstinaient à nier, ce qui est devenu lumineux par la suite et ce que Bossuet, autant que personne, a contribué à mettre en lumière. Au dix-septième siècle, les réformés étaient encore tout pénétrés des idées mêmes qui inspiraient Bossuet : la perpétuité, signe de vérité dans la foi; l'immutabilité, signe de vertu dans l'État. C'étaient les idées de Rome; la Réforme procédait d'une révolution qui les devait anéantir; mais les réformés ne s'en rendaient pas compte. Ils cherchaient leurs titres dans une primitive Église fort artificielle qu'ils reconstruisaient, et dans une conformité, fort arbitrairement établie, aux dogmes de cette Église. Aujourd'hui, la Réforme se réclame, au contraire, de l'esprit de liberté, qui est l'esprit de mouvement et de vie, et son titre principal à exprimer la conscience de l'humanité moderne, elle le trouve dans ses transformations mêmes. On disait autrefois : « Vous changez, donc vous n'êtes pas. » On dirait aujourd'hui volontiers : « Vous êtes immuable, donc vous n'êtes plus. » Bossuet a donc, sans le vouloir, contribué à dégager cette évolution capitale du protestantisme; il a contribué à donner « aux protestants une conscience plus claire et une vue plus nette de la nature de leur foi et de leur Église » (1).

Il a fait plus. Il a jeté dans le monde, avec toute l'autorité de son style, et propagé cette idée du développement, de l'évolution des idées, des institutions, des sociétés qui est devenue la notion fondamentale de l'histoire moderne. De l'histoire de la religion chrétienne où il la découvrait, comme un signe scandaleux d'hérésie, elle a passé dans l'histoire générale, où elle est devenue l'idée maîtresse. Il serait piquant, sous ce rapport, de rapprocher l'*Histoire des variations* de l'œuvre la plus parfaite peut-être de notre nouvelle littérature historique : la *Cité antique*. L'un des historiens, sans le vouloir, l'autre le voulant, ont travaillé à la même démonstration. Ainsi l'œuvre de Bossuet s'est, pour ainsi dire, survécu à elle-même, et s'est comme détorquée de son sens primitif en grandissant dans la postérité.

Tel est le privilège, telles sont aussi les surprises du génie. S'il ne subsistait de l'*Histoire des variations* que le fond qu'y avait cru mettre Bossuet, la controverse, il n'en subsisterait rien, car depuis longtemps la controverse n'a plus, sur ce point, de raison d'être. Mais il reste, en une langue incomparable, en un appareil de composition sans rival, l'étude, admirablement analysée et suivie, de l'évolution d'une des idées principales de

(1) Gabriel Monod, article cité.

la pensée humaine. Et, grâce à la beauté littéraire qui
a fait lire constamment l'œuvre de Bossuet, cette
œuvre a agi et continue d'opérer encore contre le dessein de l'auteur, mais avec le progrès de l'esprit
humain.

La même observation pourrait être faite à propos d'un
autre ouvrage de Bossuet, les *Avertissements aux protestants*. C'était, au dix-septième siècle, un lieu commun
dans les controverses : on reprochait à la Réforme d'avoir,
entre autres erreurs funestes, engendré la tolérance, de
laquelle devait nécessairement dériver une erreur plus
funeste encore, « l'indifférence des religions », c'est-à-
dire la suppression des religions d'État et l'établissement de la liberté de conscience. C'est, au dix-neuvième
siècle, un autre lieu commun dans les polémiques : on
oppose rétrospectivement au principe du libre examen
dont se réclame la Réforme, le despotisme théocratique
de plusieurs gouvernements réformés et la persécution
des dissidents. Servet, sous ce rapport, n'est pas moins
familier et moins profitable aux catholiques que Dolet
aux libres penseurs. Le fait est que, de part et d'autre,
les arguments ont porté. La Réforme a été intolérante,
et elle a cependant engendré la tolérance. « Les tolérants, écrivait Bossuet, se soutiennent par les maximes
constantes de la Réforme... Les intolérants s'autorisent
par des faits qui ne sont pas moins incontestables. »

Personne n'a fait voir avec plus d'évidence qu'il ne
l'a fait dans son *Sixième avertissement,* personne n'a
établi par une argumentation plus pressante et plus décisive que la Réforme « ne peut se défendre d'approuver
la tolérance universelle ». La Réforme n'est rien. selon
le grand controversiste, si elle n'est le libre examen,
dans la doctrine, la tolérance universelle, dans la pra-

tique. Bossuet veut en faire horreur aux réformés, aux
nouveaux convertis surtout, et les amener à cette conclusion : « Nulle sortie de cette abîme que la foi de
l'Église catholique. » Où l'illustre évêque voyait un
abîme, nous voyons, nous, un champ largement ouvert
et merveilleusement fécond; mais avec quel éclat il
montre qu'on y arrive, qu'on s'y précipite, en suivant
les voies de la Réforme!

« ...La Réforme a été bâtie sur ce fondement qu'on
pouvait retoucher toutes les décisions de l'Église et les
rappeler à l'examen de l'Écriture... La tolérance civile,
c'est-à-dire l'impunité accordée par le magistrat à toutes
les sectes », en dérive nécessairement, et il était visible
que « l'indifférence des religions serait le terme fatal où
aboutirait la Réforme... Si le magistrat est persuadé
qu'il n'a point d'autorité sur la religion, ou, comme
parlent les tolérants, que la conscience n'est pas de son
ressort et qu'il s'élève sur son empire quelques dévots
de l'Alcoran, pourra-t-il leur refuser leur mosquée?...
Si le socinien, le mahométan, se croit obligé, en conscience, de prêcher sa doctrine et de se faire converti-
seur, il faudra bien le laisser faire, pourvu qu'il se com-
porte modestement et qu'il ne soit pas séditieux,
autrement on le gênerait dans sa conscience... Mais,
quand on en sera venu à cet aveu et qu'on aura accordé
au commentateur qu'il faut laisser croire et prêcher tout
ce qu'on voudra, alors il demandera sans plus de façon
l'indifférence des religions, c'est-à-dire qu'on n'exclue
personne du salut et que chacun règle sa foi par sa conscience... La Réforme doit sentir que la doctrine qu'on
vient de voir est tirée de ses principes les plus essentiels
et les plus intimes... Le socinianisme s'y déborde comme
un torrent sous le nom de tolérance; les mystères s'en

vont les uns après les autres ; la foi s'éteint, la raison
humaine en prend la place, et l'on y tombe à grands
flots dans l'indifférence des religions... Si l'on admet ces
raisonnements, tirés du fond et, pour ainsi dire, des
entrailles du protestantisme, les fraudes des hérétiques
n'ont point de remède... Il faut donc avoir recours à
d'autres maximes. »

Recours inutile ; les « autres maximes » ont suc-
combé ; celles qui procédaient de la Réforme ont pré-
valu, et à tel point que, pour l'honneur de notre siècle
et la revanche de la liberté de conscience, les mêmes
controversistes qui, aujourd'hui, pour confondre la
Réforme lui reprochent son intolérance à ses débuts,
invoquent pour la combattre la tolérance qu'elle a sus-
citée dans le monde. C'est grâce à ces maximes réprou-
vées par Bossuet, avec tous les docteurs, « l'indifférence
des religions », « la tolérance universelle », c'est-à-dire
le droit pour chacun de régler sa foi sur sa conscience,
que l'Église catholique a repris place dans les États luthériens d'Allemagne, reconquis une partie de l'Angleterre,
étendu prodigieusement sa propagande dans l'Amérique
du Nord, et que, tous les jours, elle lutte en France pour
y recouvrer la suprématie qu'elle y a perdue. La parole
de Bossuet portait plus loin qu'il ne pouvait le penser ;
elle passait par-dessus « l'abime » ; elle atteignait non
seulement les réformés inconséquents dans leur prétention d'orthodoxie, mais l'Église catholique même, conséquente « dans sa sainte et inflexible incompatibilité »
et dans cette volonté d'être seule qui la rend, disait le
grand évêque, « si odieuse aux protestants ». C'est à
toutes les Églises qu'il jetait cette menace : « Dussiez-
vous en périr, il vous faudra avaler tout le poison de
la tolérance ! »

Il en est advenu de l'*Histoire des variations* et des *Avertissements* aux nouveaux convertis comme des *Provinciales*. Bossuet voulait anéantir la Réforme en montrant qu'elle variait dans le dogme et qu'elle conduisait à la tolérance universelle; il a conduit les réformés à revendiquer comme leur principal honneur et leur principale garantie la liberté de conscience pour tous et la liberté de penser dans toutes ses conséquences. Ainsi, des *Provinciales* : écrites pour démasquer les casuistes, confondre les jésuites, défendre les jansénistes et faire triompher la doctrine de la grâce, elles ont donné une forme immortelle à la polémique, déchainé la critique des libertins, ouvert les avenues à Montesquieu et à Voltaire. Le jansénisme a disparu, la doctrine de la grâce n'est plus comprise ou soutenue par personne, les jésuites paraissent plus vivaces que jamais et plus incorporés sinon à l'Église, du moins au grand monde catholique, et les « petites lettres », après deux cent cinquante ans, font les délices des libres esprits. *Habent sua fata libelli.*

TOLSTOÏ HISTORIEN [1]

Tout historien, tout romancier, tout dramaturge, par cela seul qu'il expose des événements dans un certain ordre et présente des personnages dans une certaine relation les uns avec les autres, a une philosophie de l'histoire et une méthode : une philosophie de l'histoire, c'est-à-dire une conception de l'enchainement des événements humains, et une méthode, c'est-à-dire un procédé pour disposer les faits qu'il a dégagés ou les combinaisons qu'il a imaginées. Chez Tolstoï, cette philosophie et cette méthode sont parfaitement conscientes et concertées.

Dans son roman *la Guerre et la Paix,* il embrasse l'histoire de la Russie, de 1804 à 1812 (2). C'est une œuvre colossale, dont le vrai héros est le peuple russe luttant contre les idées occidentales et contre l'Occident armé. « *Somme* de la Russie moderne », a dit M. de

(1) Conférence faite à l'école des sciences politiques.
(2) *La Guerre et la Paix,* roman historique, traduit par une Russe. Pétersbourg, imprimerie Trenké; Paris, Hachette, 1879, 3 vol. — *Physiologie de la guerre, Napoléon et la campagne de Russie,* traduit par Michel Delines; Paris, Westhausser, 1888.

Vogüé, où tout se meut, la cour, le gouvernement, les provinces, le peuple, les grands, l'armée, la politique, l'âme russe à tous les degrés, dans toutes les crises intimes et sociales, dans toutes les épreuves publiques et privées; *Comédie humaine* incomparable, conçue d'une seule pensée et fondue d'un seul jet.

La guerre de 1812 a fourni à Tolstoï la plus large matière à développer et à appliquer ses vues sur l'histoire. Lorsqu'il considère cette guerre, — justement glorieuse à tous les Russes, éternellement douloureuse à tous les Français, — la disproportion qu'il aperçoit entre ces immenses événements et les causes contingentes que la plupart des historiens y assignent blesse en lui le penseur et l'homme :

« Le 12 juin, les armées de l'Occident entrèrent en Russie, et la guerre éclata. C'est-à-dire qu'à ce moment terrible eut lieu un événement en complet désaccord avec la raison et toutes les lois divines et humaines. Ces milliers d'êtres se livraient mutuellement aux crimes les plus odieux, meurtres, pillages, fraudes, trahisons, vols, incendies, fabrication de faux assignats; tous les forfaits étaient à l'ordre du jour, et en si grand nombre que les annales judiciaires du monde entier n'auraient pu en fournir autant d'exemples pendant une longue suite de siècles. Et cependant ceux qui les commettaient ne se regardaient pas comme criminels. Où trouver les causes d'un fait aussi étrange que monstrueux? Les historiens assurent naïvement qu'ils les ont trouvées dans l'insulte faite au duc d'Oldenbourg, dans la non-observation du blocus continental, dans l'ambition effrénée de Napoléon, dans la résistance de l'empereur Alexandre, dans les fautes de la diplomatie, etc., etc. Il aurait donc suffi, s'il fallait les en croire, que Metternich, Roumiantsof ou Talleyrand eussent rédigé... une note bien tournée... que Napoléon eût adressé à Alexandre un : « Monsieur mon frère, je renonce au duché d'Oldenbourg » , pour que la guerre n'eût pas lieu. »

Tolstoï refuse d'admettre que ce « fait aussi étrange

que monstrueux » provienne uniquement d'incidents diplomatiques et qu'une dépêche de chancellerie eût suffi pour l'empêcher. Il est amené ainsi à analyser et à discuter le grand problème de la guerre, qui est le problème de l'histoire, de l'humanité, de la politique.

Je suis frappé dès l'abord d'une rencontre, qui me semble n'avoir rien de fortuit, entre ses idées et celles d'un grand écrivain français — Français au même titre que Jean-Jacques Rousseau, par le génie du style — qui a été le contemporain des personnages dont Tolstoï raconte l'histoire : Joseph de Maistre. Il était en Russie aux temps héroïques de *la Guerre et la Paix ;* sa correspondance est un des documents les plus significatifs de l'esprit de l'époque. Il place en 1809 les fameux dialogues qu'il a publiés sous le titre de *Soirées de Saint-Pétersbourg.* Tolstoï me paraît familier avec la correspondance de de Maistre et pénétré de ses dialogues. Je pense surtout ici aux discours que tient, dans les *Soirées,* le sénateur russe, ce confident intime des conceptions les plus hasardées de l'auteur, cet interprète de ses pensées les plus aventurées et peut-être les plus chères, en qui il a placé, par prédilection, l'avenir et l'au delà de son esprit, par qui il se plaît à faire continuellement confondre devant Dieu la raison humaine, et avec elle la politique, la guerre et la science. Le fond des pensées de Tolstoï sur l'histoire est le fond même des pensées de Joseph de Maistre, de sorte que la philosophie de *la Guerre et la Paix* est encore de la couleur locale.

De Maistre, sans doute, est un théocrate, et je sais que Tolstoï a été nihiliste ; mais tous les deux sont des mystiques, et c'est ce qui les met d'accord, sinon sur la politique et l'avenir de l'humanité, au moins sur la façon de considérer le fond des choses, le mystère de la des-

tinée humaine, l'abîme de l'homme et le néant de sa
volonté.

« Depuis que je pense, dit le sénateur russe des *Soirées,* je pense à la guerre; ce terrible sujet s'empare de
toute mon attention et jamais je ne l'ai assez appro-
fondi. » C'est à propos de la guerre que de Maistre et
Tolstoï traitent des causes dans l'histoire. Même curiosité chez l'un et chez l'autre, ou, pour mieux dire, même
aspiration à connaitre la cause première des choses;
même affirmation sur le caractère métaphysique de cette
cause supérieure, absolue et inconcevable, qui ne révèle
son gouvernement que par ses lois; même renonciation
à l'atteindre : de Maistre parce qu'il en adore. le mystère, Tolstoï parce qu'il la juge impénétrable. Tolstoï
croirait faire acte à la fois de superstition et d'impiété
en introduisant la Providence dans son récit, selon
les besoins de sa théorie; en déterminant les desseins de
cette Providence, en jugeant ses mesures; en la faisant,
arbitrairement, agir ici, s'abstenir là; en la réduisant
surtout au rôle de divinité de rhétorique, de *Deus ex
machinâ* littéraire et de prétexte à antithèses. Ce n'est
pas lui qui s'exposerait au reproche que Buffon adressait à certains écrivains de son temps de ne prêter à Dieu
qu'autant d'idées qu'ils en avaient :

« On croit à la Providence en gros, disait Sainte-
Beuve, on croit au règne du hasard ou de l'intrigue dans
le détail. » Tolstoï, qui écarte la cause providentielle
comme inaccessible, dédaigne comme trop commode la
cause fortuite, la fortune, fée de l'histoire, que les historiens évoquent dans les conjonctures difficiles pour
expliquer les événements qui les déroutent. Elle apparaît
alors avec la même complaisance, mais avec la même
efficacité aussi, que les véritables fées, celles des féeries;

son influence sur les événements historiques est à peu
près la même que celle du talisman du prince Charmant
sur le changement à vue que les machinistes opèrent
dans la coulisse. Pour Tolstoï, le hasard n'est que l'inex-
pliqué. Par conséquent, jamais chez lui de ces feintes
explications chères aux amateurs, aux curieux, aux gens
du monde, le petit épisode inconnu, le verre d'eau ren-
versé, qui décide les révolutions des cours et des empires ;
mais point de génie non plus, point de volonté personnelle, dominatrice, agissante ; point de grands hommes,
en un mot.

Tolstoï ne les admet pas et il donne, en passant, une
raison préjudicielle qui le dispense d'en alléguer d'autres.
« L'esprit russe, dit-il, ne reconnait guère de grands
hommes. » Je ne connais point l'esprit russe dont il est
ici question ; je crois cependant qu'il y a de très bons
esprits en Russie qui ont admis de très grands hommes ;
il y en a même qui ont admis de très grandes femmes ;
mais Tolstoï n'est pas de ces esprits-là : ni grands hommes
ni grandes femmes, ni en Russie ni ailleurs, non, pas
même Pierre le Grand ou la grande Catherine, au moins
en tant que leur volonté a pu exercer une action décisive sur leur temps. « Les prétendus grands hommes,
dit-il, ne sont que les étiquettes de l'histoire ; ils donnent
leur nom aux événements sans même avoir, ce qu'ont
du moins les étiquettes, le moindre lien avec le fait lui-
même. » Il raille, et de très haut, les gens qui prétendent
mener les choses, les diplomates surtout : il se les figure
volontiers comme des bouchons flottant sur une mer
que les vents agitent ou apaisent, et qui croient, parce
qu'ils dansent à la surface, qu'ils déchainent la tempête
ou qu'ils ramènent le calme. Il est inépuisable en épi-
grammes pour les historiens fétichistes qui attribuent à

ces marionnettes chamarrées ou couronnées une influence quelconque sur l'histoire. Il compare ces historiens aux sauvages qui s'imaginent que la figure sculptée sur la proue fait marcher le bateau.

Donc, point de grands hommes, surtout à la guerre. C'est là que Tolstoï développe son paradoxe favori et celui des *Soirées de Saint-Pétersbourg*. Je lis dans la septième soirée — c'est le Russe, le sénateur qui parle :

« Combien ceux qu'on regarde comme les auteurs immédiats des guerres sont entraînés par les circonstances ! Jamais l'homme n'est averti plus souvent et plus vivement qu'à la guerre de sa propre nullité et de l'inévitable puissance qui règle tout... C'est l'opinion qui perd les batailles et c'est l'opinion qui les gagne... »

Écoutons maintenant un des héros de Tolstoï, celui qui est comme une des figures de l'auteur, qui le représente, dans ses jugements sur l'histoire, la politique, la guerre, et le représente, d'ailleurs, sous les traits les plus nobles et les plus sympathiques, le prince André Bolkonsky :

« Les bons généraux que j'ai connus étaient bêtes et distraits, Bagration, par exemple, que Napoléon a cependant déclaré le meilleur de tous... Un bon capitaine n'a besoin ni d'être un génie, ni de posséder des qualités extraordinaires : tout au contraire. »

Son rôle est passif et fictif; il n'est jamais dans les conditions où l'historien se place pour juger, après coup; l'événement lui échappe dans son ensemble; l'action se déroule au milieu de péripéties, de jeux d'intrigues qui ajoutent à la confusion des faits et des hommes. Voilà Tolstoï. Voici de Maistre :

« On nous dit gravement : — Comment ne savez-vous pas ce qui s'est passé dans ce combat, puisque vous y étiez? — tandis que c'est précisément le contraire qu'on pourrait dire assez souvent. Celui qui est à la droite sait-il ce qui se passe à la gauche? Sait-il seulement ce qui se passe à deux pas de lui? Je me représente aisément une de ces scènes épouvantables : sur un vaste terrain couvert de tous les apprêts du carnage, au milieu du feu et des tourbillons de fumée; étourdi, transporté par le retentissement des armes à feu, par des voix qui commandent, qui hurlent ou qui s'éteignent; environné de mourants, de cadavres mutilés, possédé tour à tour par la crainte, par l'espérance, par la rage, par cinq ou six ivresses différentes, que devient l'homme? Que voit-il? Que sait-il, au bout de quelques heures? Que peut-il sur lui et sur les autres? Parmi cette foule de guerriers qui ont combattu tout le jour, il n'y en a souvent pas un seul, et pas même le général, qui sache où est le vainqueur. »

La bataille échappant au général en chef, de qui dépend-elle? Le prince André répond, la veille de Borodino :

« La bataille est toujours gagnée par celui qui est fortement décidé à la gagner. Pourquoi avons-nous perdu celle d'Austerlitz?... Nos pertes égalaient celles des Français; mais nous avons cru trop tôt à notre défaite... Le succès ne dépend pas du général en chef, mais du premier soldat qui crie : « Nous sommes perdus! » ou de celui qui crie : « Hourra! »

La victoire, selon Tolstoï et le prince André, est l'effet d'innombrables et incommensurables forces individuelles qui ne sont jamais plus actives que pendant la bataille. Le *moi* moral du soldat vibre alors comme sous le coup d'une impulsion unique et solennelle; tout dépend « de la minute terrible de cette hésitation morale qui décide du sort des batailles ».

« Rappelez-vous, dit le sénateur des *Soirées,* ce jeune militaire qui vous peignait un jour, dans une de ses lettres, ce moment solennel où, sans savoir pourquoi, une armée se sent portée en avant comme si elle glissait sur un plan incliné.

Tous deux d'ailleurs, le Russe et le Savoisien, ont la passion des comparaisons scientifiques et des formules. « Un corps, dit de Maistre, qui a plus de masse qu'un autre a plus de mouvement, sans doute, si les vitesses sont égales; mais il est égal d'avoir 3 de masse et 2 de vitesse ou 3 de vitesse et 2 de masse. » Voilà pourquoi un seul Horace, ayant plus d'action avec moins de masse, tue trois Curiaces qui ont plus de masse et moins d'action. Et maintenant Tolstoï : « La force — la quantité de mouvement — est le produit de la masse multipliée par la vitesse... Dans la guerre, la force des troupes est aussi le produit des masses multipliées par un facteur qui est un x. X c'est l'esprit des troupes. »

Où chercher cet x qui est toute l'explication de la guerre? Oh! pas dans les documents. Les documents sont l'œuvre décevante de témoins fallacieux. Chacun tire à soi dans le récit qu'il fait, et plus il a été mêlé aux événements, moins il est exact et digne de foi, car il raconte les choses, non comme elles se sont passées, mais comme il aurait voulu qu'elles arrivassent.

Il faut, dit Tolstoï, renoncer à considérer les faits particuliers et isolés : « leur ensemble seul peut donner une explication plausible ». Il faut déplacer le point de vue : l'homme n'est pas plus le centre de l'humanité que la terre n'est le centre du monde. Il faut considérer l'histoire dans un système où tout se balance, se soutient et se contient. Cette gravitation universelle de l'humanité, Tolstoï la définit la *concordance des causes* et la *coïncidence des volontés.* Tout y obéit.

Mais c'est une expression abstraite, et Tolstoï n'est pas homme à s'en contenter; il veut une expression vivante, et il la cherche dans les mouvements intimes des âmes populaires, dans les infiniment petits qui composent les masses et qui les meuvent sourdement. C'est une révolution dans l'histoire classique, et ce serait une révolution très nouvelle, si Michelet n'avait pas existé (1).

Tolstoï applique ce système à l'histoire de 1812. Ce n'est, selon lui, ni Napoléon, ni son génie, ni son rhume de cerveau, ni la neige qui ont fait l'événement de la Moskowa et déterminé ensuite la retraite des Français. La cause réelle est que le peuple russe voulait son salut avec plus d'énergie que le peuple français ne voulait la perte des Russes, et que le salut de la Russie, dans ces conditions, était plus conforme à la force des choses. Voilà pourquoi, dans cette campagne, tout tourne, du côté des Russes comme de celui des Français, à la confusion des faiseurs de plans et des soi-disant génies qui prétendent régenter la nature; tout va à l'inverse de leurs prévisions.

Cette théorie paraît assez paradoxale au premier abord, et cependant quand on y réfléchit il y a maints événements de l'histoire qui s'expliquent de la sorte, et qui ne s'expliquent qu'ainsi. Un, entre autres, qui nous touche de très près et dont le souvenir nous est tout aussi précieux que celui de 1812 l'est aux Russes, offrirait la plus belle occasion de développer le système de Tolstoï : c'est la retraite des Prussiens en 1792. Si jamais campagne s'est expliquée par des causes générales et profondes, c'est celle-là ; si jamais il y eut une bataille gagnée par l'opinion, c'est celle de Valmy, et elle a cette supériorité sur toutes les autres grandes journées militaires qu'elle a coûté infiniment moins de sang.

Mais c'est assez sur les doctrines. Tolstoï est avant tout un artiste. Voyons-le à l'œuvre. Son art procède de

____

(1) Voir ci-dessus, l'étude sur Bossuet.

sa théorie. Dans ses descriptions de batailles, le général en chef n'est rien ou presque rien. Le héros, c'est la foule populaire des soldats. Il excelle à la montrer en mouvement, à y introduire le lecteur, à la faire défiler devant lui, à mêler cette masse dans l'action et l'action dans cette masse. Il excelle à peindre les armées en marche, le détail de ces grands mouvements qui ne sont confus que de près, mais qui de loin prennent leurs proportions, leur ordre, et deviennent réguliers, comme les grands mouvements de la nature.

Je citerai, en exemple, l'admirable description de l'armée russe en 1805 défilant sur le pont avant la bataille d'Hollabrünn, la même armée, en 1812, marchant dans le soleil, le passage du Niémen par les Français, et les fanfaronnades des lanciers polonais qui se noient pour obtenir un applaudissement de Napoléon. Personne n'a mieux su faire parler la foule; personne n'a montré, comme Tolstoï, pointant à travers les occupations banales, les préoccupations personnelles de chacun, avancement, rivalités, passions, intrigues, — l'anxiété de ce terrible au delà de la bataille, et l'instinct profond qui va décider de l'affaire. Rappelez-vous le récit de la matinée d'Austerlitz, la confusion dans le brouillard, l'impression de la défaite qui monte de proche en proche chez les Russes et qui fait qu'ils se retirent devant les Français.

J'ai dit bataille; j'ai eu tort. C'est un terme impropre dans la guerre de Tolstoï. Dans cette guerre, il n'y a pas de batailles. La bataille suppose un plan et de l'ordre; Tolstoï prétend qu'il n'y en a pas. Ses batailles sont une série d'épisodes reliés par un artifice littéraire : un officier qui porte des ordres et qui traverse les lignes de l'armée, un héros du roman qui est mêlé par hasard au combat, et qui cherche la bataille, *sa bataille,* comme André Bolkonsky à Hollabrünn et à Austerlitz, comme Besoukhof à Borodino. Mais toujours chez lui, et c'est sa supériorité sur tous les autres conteurs et chroniqueurs de batailles, on découvre derrière ces épisodes de premier plan, qui sont peints avec le relief et la certitude de détails d'un tableau de Meissonier, le grand fond, le fond mouvant, formidable et orageux, le panorama populaire, la foule vivante, émue et pathétique.

Comparez son récit de la prise de la grande Redoute, le 7 septembre, à Borodino, avec le récit célébre de Mérimée, l'enlèvement de la redoute de Cheverino, le 5 septembre au soir, deux jours auparavant. Quel mouvement chez Mérimée, mais quel mouvement sec et dur! rien de cette pitié de la guerre, tout humaine et toute populaire, dont Tolstoï ne se départ jamais. L'impression qui subsiste du récit de Mérimée, impression voulue, est celle de la brutalité et de la confusion de l'action militaire. Rapprochez, surtout, de la bataille d'Austerlitz de Tolstoï le chapitre de Waterloo, au commencement de la *Chartreuse de Parme;* comparez, en particulier, les émotions de Fabrice à celles du jeune Rostof. Quelle différence morale entre les deux personnages et les deux conceptions de la guerre! Chez Fabrice, rien que le panache, la pure curiosité de la gloire. Après que nous avons traversé avec lui une série d'épisodes savamment décousus, nous concluons malgré nous : Quoi! ce n'était que cela, Waterloo? ce n'était que cela, Napoléon? Quand nous suivons Rostof à Austerlitz, nous avons avec lui le sentiment poignant d'une immense déception nationale, nous partageons ses émotions, et je ne sais quoi d'intime se trouble en nous quand nous le voyons atteindre, au milieu de la défaite, ce tsar pour qui il donnerait sa vie et qu'il ne peut approcher sans fondre en larmes.

Passons aux procédés. Nous avons, pour cette étude, d'assez grandes facilités. Tolstoï s'est beaucoup servi des historiens français, de Thiers en particulier, qu'il traite un peu en fournisseur. Tolstoï est purement narratif, mais il apporte un art absolument supérieur à découper des scènes dans un récit historique, à faire mouvoir, parler, penser, les gens dont l'historien se borne, en général, à exposer les actes. Prenez par exemple le récit du conseil de guerre tenu par Koutousof, la veille d'Austerlitz ; ce récit est donné par Thiers d'après les mémoires inédits de Langeron (Thiers, VI, p. 301, note). Voyez comme Tolstoï illustre ce récit, le met en scène et le colore. Tolstoï tire à lui, il est romancier, c'est son droit : trop d'historiens en ont usé de la sorte, sans avoir ni le même talent ni la même excuse. Voici une anecdote significative, Tolstoï (II, 393) l'emprunte à Thiers (XIV, 289) ; mais il la présente d'une façon toute différente. Il s'agit, chez Thiers, d'un Cosaque que Napoléon fait parler et qui est confondu en apprenant qu'il a parlé avec l'empereur. Chez Tolstoï, le Cosaque se transforme : c'est lui qui se moque de Napoléon. On a abusé, en France, dans le roman et au théâtre, de la vivandière qui gagne les batailles et du gamin de Paris qui fait la leçon aux rois et aux ministres. Tolstoï retourne ici le procédé, et la leçon ne laisse pas d'être piquante. Ce Cosaque est une des personnifications de l'homme du peuple, du moujik, le coryphée du drame dans Tolstoï. C'est le bataillon de la Moselle en sabots de *la Guerre et la Paix*. Tolstoï en parle comme nos chroniqueurs révolutionnaires parlent des sans-culottes, chasseurs de rois, et de leurs piques :

« Les Français avaient beau se plaindre de ce que les Russes ne se conformaient pas aux règles de la guerre ; les officiers supérieurs de l'armée russe avaient beau rougir de cette manière de se défendre une trique à la main, et souhaiter de se mettre en position pour se battre selon toutes les règles, en quarte, en tierce, et faire un habile assaut d'armes, — la trique du moujik s'était levée, dans sa force terrible et majestueuse, et, sans se soucier du bon goût ni des règles, avec une simplicité stupide, mais efficace, frappant indistinctement, se relevait et s'abattait sans relâche sur l'ennemi, jusqu'à ce que l'armée des envahisseurs eût péri. »

Avec ce système, les généraux russes ne sont que des porte-drapeaux et tout leur art est de laisser faire la force des choses et celle du peuple (1). Bagration à Hollabrünn emploie toute son adresse « à faire croire que ses intentions personnelles sont en parfait accord avec ce qui est en réalité un simple effet des circonstances ». De même, les agents politiques : Rostopchine, à Moscou, s'imagine être l'auteur de l'incendie. Il n'apparaît que comme une sorte de marionnette macabre sur un théâtre sinistre. Fanatique, cruel et incompréhensible, parce que, au fond, il ne comprend rien.

Le héros par prédilection de Tolstoï et de la Russie, c'est Koutousof : — Nez aquilin, figure rebondie, un seul œil, vague presque toujours, expression ennuyée, mouvements lourds, lents, d'homme épuisé et somnolent, lisant des romans de madame de Genlis la veille des combats ; ne connaissant que deux moyens, le temps et la patience ; ne livrant bataille que malgré lui, mais observant « la marche inévitable des faits » ; comprenant qu'ils sont plus forts que lui ; faisant abstraction de sa personne ; se fondant dans son peuple et son

____

(1) « La Russie conservera longtemps les traces sublimes de l'épopée de Sébastopol dont le peuple russe a été le héros. » *Scènes du siège de Sébastopol,* à la suite des *Cosaques.* Paris, Hachette 1886.

armée; incarnation du patriotisme populaire inconscient
et profond. Il laisse arriver la bataille et, dans la bataille,
chacun faire pour le mieux. Dans la retraite, il comprend que, s'il attaque les Français, il les forcera de se
réunir, et il les abandonne à leurs passions, au pillage,
au désordre, à l'horreur du froid, à l'abîme de neige.
Tout son art se borne à consacrer des faits accomplis, à
ne pas entraver la marche des choses, à résister aux
imprudents qui ne la comprennent pas. Mais qu'il est
touchant dans son mélange de piété, de ruse et de naï-
veté (1)! On lui annonce que Napoléon a quitté Moscou,
événement qu'il prévoyait, qu'il attendait, mais dont il
n'était pas sûr; il se retourne vers le mur de l'izba où
étaient les images : « Seigneur Dieu, mon Créateur! tu
as exaucé ma prière, dit-il d'une voix tremblante, en
joignant les mains. La Russie est sauvée! — Et il fondit
en larmes! » Expression russe et toute militaire de
l'admirable parole française : Je le pansai, Dieu le guérit.

Cette conception du héros contribue à rendre Tolstoï
très sévère aux Français. Il l'est incontestablement. Il
l'est aussi, sans aucun doute, et plus encore aux Allemands; il professe pour eux, en toute occasion, un
dédain colossal; il les traite en précepteurs, en pédants
de chancellerie, en cuistres d'état-major; il les relègue
à l'office de l'histoire. Mais ce repoussoir ne nous relève
guère. Il y a, parmi les personnages qui figurent dans le
roman de Tolstoï, de grands admirateurs de la France,
des Français et de Bonaparte; ils sont toujours réfutés et
confondus, surtout par les faits. Tolstoï nous montre à
Moscou un certain Ramballe qui n'est guère sympathique, mais qui n'est pas indifférent à étudier, pour

____

(1) « ... Les principaux éléments dont se compose la force du Russe,
la simplicité et l'obstination. » *Id., ibid.*

voir de quelle façon notre auteur se représente le Français de convention. C'est un fils d'émigré, officier de l'Empire, sceptique débauché, vantard, bête avec des bons mots, perverti et bon enfant, mélange du marquis de Mascarille et de Gaudissart, de l'aventurier et du commis voyageur...

Ne nous arrêtons pas aux figurants et aux épisodes, tenons-nous en aux caractères historiques et aux grands faits. Le principal, c'est la retraite. Tolstoï en fait une peinture effroyable, humiliante, la plus navrante pour un Français. C'est la déroute pillarde et précipitée, la fuite honteuse d'une bande de brigands pris dans le feu, puis dans le froid, n'ayant qu'une idée : courir le plus vite possible ou se faire ramasser par les Cosaques. L'avidité les avait poussés vers Moscou, la panique les repousse vers Paris. Tolstoï leur reproche leurs capitulations ; il leur oppose la constance des Russes. Il répète à satiété la comparaison de « la bête fauve frappée à mort ». La colère et la vengeance, conclut-il, disparaissent devant l'agonie dans la neige : il ne reste qu'un fond de pitié et beaucoup de mépris (1). Il y a là une grande injustice. Je n'opposerai à cette description que deux lignes d'un grand témoin, bien connu de Tolstoï, qui voyait dans la cause russe la cause de Dieu, qui n'aimait ni les Français de la Révolution ni leur empereur : « Ce que les Français ont souffert dans cette campagne ne peut s'exprimer, écrit Joseph de Maistre. Ce qui est

(1) Je me suis rappelé, en lisant ces pages de Tolstoï, une anecdote que j'ai entendu conter dans ma jeunesse. Un officier français, emmené par des Cosaques qui l'avaient dépouillé, nu, épuisé, mourant de froid, de faim, de fièvre, est reconnu par un officier russe qui l'avait, au temps de la paix, rencontré dans le monde. « Rendez-moi un service, dit le Français : tuez-moi. » Le Russe lui brûla la cervelle.

étonnant, c'est l'inébranlable fidélité de ces gens-là. »
Le mépris de Tolstoï se répand surtout sur les chefs.
Il a sur eux une page horrible :

« Tous se sauvaient sans savoir où ni pourquoi; Napoléon, avec
son génie, le savait encore moins que les autres, car lui seul se
sauvait sans avoir reçu de qui que ce fût l'ordre de fuir. Au
milieu de la déroute, lui et les siens conservent leurs anciennes
habitudes : ils écrivent des ordres, des rapports; ils se donnent
mutuellement des titres... Mais ces ordres n'existent que sur le
papier, personne ne les exécutera, parce qu'ils ne sont plus exé-
cutables. Napoléon et sa famille peuvent continuer à s'appeler
entre eux majesté, altesse et cousin; ils n'en sentent pas moins
qu'ils sont des misérables qui ont fait beaucoup de mal et que
l'expiation a commencé pour eux. Et, tout en se donnant l'air de
penser à l'armée, ils ne songent qu'à leur propre peau, faisant
chacun tous ses efforts pour sauver sa propre petite personne. »

Nos héros « prétendus », héros de mascarade et de
théâtre de foire, selon Tolstoï, défilent honteux, misérables, dépenaillés et défigurés. « Davout, autrement
dit le duc d'Eckmühl... » Davout la vaillance, la loyauté
même, un terrible prévôt, sans doute, mais un terrible
soldat, un grand organisateur, grand homme de guerre
et citoyen très sensé, Davout devient une sorte de mé-
chant major prussien à lunettes, « ne sachant témoigner
son dévouement à son maître que par des actes de
cruauté... genre d'hommes aussi nécessaires dans les
rouages de l'administration que les loups dans l'écono-
mie de la nature ». Murat! Tolstoï ne paraît l'avoir
considéré que dans ce portrait, assez bigarré d'ailleurs,
de Thiers : « Murat, brillant d'ardeur et de broderies,
revêtu d'une tunique de velours vert, portant une toque
à plumes, des bottes jaunes, ridicule... » Thiers ajoute :
« si l'héroïsme pouvait l'être ». Tolstoï n'ajoute rien,

et il ne reste de Murat qu'une sorte de Tartarin empanaché. Ney enfin, le Ney de l'épopée, le Ney des coups de fusil à l'arrière-garde, le sacrifié de la grande armée, celui qui sauva l'honneur de la retraite, le Ney héroïque et simple, sans peur et sans reproche, de Ségur, de Fézensac, de Marbot, n'est plus que « le soi-disant duc d'Elchingen », un fuyard cauteleux dont toute la prétendue grandeur d'âme consiste « à force de détours... à traverser une forêt de nuit » et à se sauver « après avoir abandonné les neuf dixièmes de son armée ».

Mais Davout, Murat, Ney, ne sont encore pour Tolstoï que les avant-derniers des hommes. Il y a toujours quelqu'un qui, pour lui, est le dernier : c'est Napoléon.

Ah! que nous découvrons bien ici la différence du génie des deux races! Pour nous autres Français, avec notre éducation classique et le cadre de tragédie dont nous entourons toute notre histoire, il nous faut une action ordonnée, des rôles déterminés, des caractères, des volontés, des tyrans, des héros, toujours des hommes au premier plan. Nous avons une certaine difficulté à admettre qu'Homère n'a jamais existé. On nous impatiente quand on nous affirme que le recueil connu sous le nom d'œuvres de Shakespeare se compose de fascicules dépareillés d'un magasin théâtral anonyme.

Nous admirons Richelieu pour avoir mérité qu'on dît de lui : « Il eut les intentions de toutes les choses qu'il fit. » Et nous admirons Mignet pour avoir dit cela de Richelieu. Aux yeux de Tolstoï, cela ne grandirait ni Richelieu ni son historien. Nous voyons ainsi l'histoire, parce que nous voyons ainsi la politique : Frédéric, Pitt et Cobourg, Bismarck, pour nous, dans tous les temps,

c'est toujours un homme qui voit tout, qui est dans
tout, qui mène tout, qui possède le grand secret et
qui tient tous les fils. Nous concevons ainsi le roman
historique et le drame : le héros en est toujours un
personnage, plus ou moins fictif, qui décide toutes les
affaires, d'Artagnan, de Marsay, Vautrin, le grand
aventurier qui mène la politique, l' « homme fort » qui
exploite le monde. La volonté est, pour Balzac, le
moteur universel de l'histoire et de la société. Il disait
volontiers : « Je veux, donc je suis. » Louis Lam-
bert, le Pascal de la *Comédie humaine* compose un
Traité de la volonté. Pour lui, la volonté, c'est le
génie même, et Napoléon en est, à ses yeux, l'expression
souveraine.

C'est l'antipode de Tolstoï, et c'est pourquoi ses opinions sur Napoléon nous déconcertent. On y voit, a dit
un très pénétrant critique, se déployer tout le nihilisme
de l'auteur. On y voit surtout, me permettrai-je d'ajouter, l'excès de sa doctrine qui s'y corrige elle-même dans
une péremptoire réfutation par l'absurde. Je comprends
qu'on exalte Napoléon, je comprends qu'on l'exècre, je
comprends que l'on passe alternativement de l'un à
l'autre de ces sentiments, sans pouvoir s'arrêter à aucun
des deux; je comprends tous les jugements, sauf la néga-
tion, et je m'explique toutes les épithètes appliquées à
l'empereur, sauf celle d'insignifiant. C'est pourtant où
Tolstoï en vient, amené par ses passions et par la logique
de son paradoxe : « Cet homme sans principes, sans habitudes, sans traditions, sans nom,... par un concours de
circonstances étranges et fortuites... se faufile » dans
l'histoire de France. Il arrive, dans sa première campagne d'Italie, « par l'ignorance de son entourage, la
faiblesse et la nullité de ses rivaux ». « sa sincérité dans

le mensonge, sa brillante et présomptueuse étroitesse
d'esprit », « son effronterie puérile »; « l'excellente
composition de l'armée d'Italie »; le peu d'envie de se
battre des Autrichiens, et... l'abstention des troupes
russes, « ces troupes qui auraient eu le pouvoir d'anéantir sa gloire, et qui, par toutes sortes de combinaisons
diplomatiques, ne mettent pas le pied en Europe tant
qu'il est là ».

Cette dernière proposition dépasse vraiment trop la
mesure. Tolstoï connaît à merveille l'histoire de ce
temps-là, et il ne l'oublie que quand il lui convient; or
il lui convient d'oublier ici quelque chose. Tout le monde
sait que si Napoléon n'a pas rencontré Souvorof avant
d'aller en Égypte, c'est que Souvorof n'était pas encore
venu; mais tout le monde sait encore que, s'il ne l'a pas
rencontré après son retour d'Égypte, c'est principale-
ment parce que Souvorof était reparti et que Masséna
s'était chargé de le congédier à Zurich. Du reste, il les
a rencontrées ailleurs, ces troupes qui auraient eu le
pouvoir d'anéantir sa gloire, et quelque mal qu'elles lui
aient donné pour la conserver devant elles, il l'a con-
servée cependant, avec la nôtre, à Austerlitz, à Eylau,
à Friedland.

Mais Tolstoï n'attribue à ces événements apparents
qu'une importance superficielle. Ce n'est pas lui qui
perdra son temps à développer solennellement l'apho-
risme prud'homesque : « Si Napoléon était resté lieutenant d'artillerie, il serait mort sur le trône. » Il dit :
Napoléon n'a jamais été que le lieutenant Bonaparte, et
le lieutenant Bonaparte n'a jamais été qu'une apparence
de personnage, une nullité méconnue, un fantôme à
effrayer les Autrichiens, un épouvantail à Allemands.
Voilà Mallet du Pan avec « son petit bamboche à

cheveux éparpillés, bâtard de Mandrin (1) », le marquis de la Seiglière, ce pyrrhonien à ailes de pigeon, et
l'introuvable Loriquet lui-même, ce nihiliste de petit
séminaire, déconcertés et dépassés. Victor Hugo, si
l'histoire s'était passée comme Tolstoï la raconte, aurait
été privé de sa plus célèbre antithèse et n'aurait jamais
pu écrire *Napoléon le Petit,* faute de Napoléon le Grand.

Les historiens, dit Tolstoï, même des historiens russes,
« chose étrange et terrible à dire », s'y sont mépris et
admirent. Il les réprouve. Quant aux Français et aux
Allemands, il les récuse : les Allemands ont vanté Napoléon pour expliquer leurs capitulations; les Français se
glorifient en lui. Napoléon a toujours été le même; il a
toujours été aussi nul, aussi inconscient, depuis le commencement de sa carrière jusqu'à la fin. Dans la grande
entreprise et la grande catastrophe de 1812, « son action
personnelle n'avait pas plus d'influence que l'action personnelle de chaque soldat, et elle se bornait à concorder
avec les lois dont le fait était le résultat ».

La loi de la coïncidence des causes et celle de la coïncidence des volontés, qui l'avaient poussé en avant et
soutenu pendant la première partie de sa carrière, le
poussent en arrière pendant la seconde. Son prétendu
génie s'évanouit, et l'on ne trouve plus qu'une « incapacité et une vilenie dont l'histoire jusqu'ici ne nous a
pas donné d'exemple ». Tel « est l'obscurcissement de
l'intelligence et de la conscience de cet homme »! il ne
comprend rien; il n'a jamais compris « la portée réelle
des actes qu'il commettait en opposition aux règles éternelles du vrai et du bien ». « Ce vil instrument de l'his-

(1) *Correspondance* publiée par M. André Michel, t. IV, p. 128.
Paris, Plon, 1884. Lettre du 11 août 1796. Il s'agit donc du vainqueur
de Montenotte, Mondovi, Lodi.

toire n'a jamais nulle part, pas même en exil, montré de la dignité humaine. » Il finit comme il devait finir, comme « un bandit hors la loi » : histrion démasqué par la Providence et qui ne mérite plus que la pitié et le dégoût.

Voilà l'abus du système et du procédé. Tolstoï a beau dire; la première partie de la carrière de Napoléon le gêne et l'embarrasse. Mais il est un artiste, il est un si grand artiste que l'imaginatif chez lui corrige le penseur, au contraire de la plupart des hommes d'imagination, qui ont besoin de la raison pour corriger leur fantaisie. Les grands motifs de l'épopée napoléonienne le tentent, il s'en empare au passage, et le poète écarte pour un moment le philosophe. Considérez son Napoléon au matin d'Austerlitz (II, p. 341), description digne d'être comparée à celle de Philippe de Ségur! Relisez surtout les pages sur Borodino (III, p. 61, 76), l'étonnement de l'Empereur devant cette bataille qui lui échappe, et la tragique mélancolie de ses réflexions du soir.

C'est que les faits restent nos maîtres en histoire. Les grands hommes sont de grands faits. Les critiques de la postérité contesteront peut-être la personnalité de Tolstoï. J'y crois, comme j'admire son ouvrage.

Les idées de Tolstoï sont recouvertes d'un vêtement très neuf, séduisant, exquis, très russe, très à la mode aussi, mais ce vêtement ne doit pas nous abuser sur l'originalité du fond. J'ai montré quels rapports étroits il y avait entre les idées de Tolstoï sur la guerre et celles de Joseph de Maistre. Les vues de Tolstoï sur les grands hommes et sur les causes en histoire ne sont en définitive que le développement, très hyperbolique, des maximes de Montesquieu. On est tenté de sourire à ce

rapprochement entre cet historien très français et ce
romancier très russe. Ils partent, j'en conviens, de points
très éloignés. Mais peu importe d'où l'on vient, pourvu
qu'on se rencontre. Montesquieu était en son temps très
admiré des Russes. S'il vivait aujourd'hui, je me plais
à croire qu'il serait ravi des romans de Tourguénef et
qu'il admirerait, avec un peu d'étonnement peut-être,
mais qu'il admirerait Tolstoï. Je ne crois pas, par
exemple, qu'il irait jusqu'à *Crime et châtiment.* Il était
avant tout homme de bon sens, citoyen et magistrat, et
.quelque chose là dedans l'aurait inquiété... Or il nous a
montré dans les grands hommes les grands instruments
de l'histoire; il a établi que, si César n'était pas venu,
un autre aurait pris la place de César. Il a écrit cette
phrase, qui résume toute sa philosophie : « Si le hasard
d'une bataille, c'est-à-dire une cause particulière, a ruiné
un État, il y avait une cause générale qui faisait que
cet État devait périr par une seule bataille. En un mot,
l'allure principale entraîne avec elle tous les accidents
particuliers. » Qu'est-ce que cette allure principale,
sinon ce que Tolstoï appelle, sous une forme plus abstraite
et plus abstruse, la « coïncidence des causes » et la
« coïncidence des volontés »?

L'humanité, dans l'histoire, se meut comme la mer
qui avance et recule par ondes successives et accumulées,
mais d'un seul flux et d'un seul reflux, toujours imper-
turbables, si bien que les tempêtes, même les plus violentes, ne l'avancent ou ne la retardent, ne l'élèvent ou
ne l'abaissent qu'à peine, ne la troublent qu'à la surface
et ne la contrarient que sur les bords. Mais ces bords,
s'ils sont des grèves plates, apaisent les eaux qui s'y
étalent; s'ils sont hérissés de récifs ou de falaises, ils
irritent les flots qui s'y heurtent. Le marin le sait et se

conduit en conséquence. Tolstoï a rajeuni, à sa manière, la comparaison classique du pilote :

« On comprend que, tant que dure le calme, le pilote qui, de son frêle esquif, indique au lourd vaisseau de l'État la route qu'il doit suivre, croit, en le voyant s'avancer, que ce sont ses efforts personnels qui poussent l'immense bâtiment. Mais qu'une tempête s'élève, que les vagues entraînent le vaisseau, l'illusion n'est plus possible : le bâtiment suit seul sa marche majestueuse, et le pilote, qui, tout à l'heure encore, était le représentant de la toute-puissance, devient un être faible et inutile. »

Au milieu même de la tempête, la construction du navire, la perfection de la machine, la solidité de la coque, sa docilité au gouvernail, l'art d'orienter les voiles, la connaissance des courants, le sang-froid du capitaine, l'obéissance et l'adresse de l'équipage, le coup de barre décisif qui fait traverser la passe ou jette sur l'écueil, toutes ces circonstances sont essentielles et elles dépendent toutes de l'intelligence, de la science et de la volonté humaines.

Dans l'infinie complexité des causes, ce sont des causes aussi, la volonté, le caractère, le génie. Si l'avènement de César résulte de toute l'histoire romaine, le caractère de César a influé, à son tour, sur cette histoire. La personne de l'homme que l'opinion publique, dans les crises graves des États, appelle à diriger les destinées des nations, n'est pas indifférente. Si cet homme est le désintéressement, le dévouement, la foi, la piété, il laisse le pays se sauver lui-même et s'appelle Koutousof; mais, s'il subordonne l'exécution de sa tâche à un calcul de politique égoïste, s'il est sceptique et ambitieux, il laisse tomber de ses mains l'arme qu'on lui avait confiée, il laisse le pays périr; il est la trahison, il est le désastre; il ne se nomme plus Koutousof, il se nomme Bazaine.

Laisser faire et laisser passer! laisser faire les intrigants et laisser passer les ennemis, ce sont des maximes funestes à la guerre (1).

Cela posé et ce tempérament apporté aux idées de Tolstoï, il reste après tout, ce qui est bien à lui et ce qui est incomparable, son génie, sa lumière, son grand cœur. Il reste les nobles conseils qu'il donne et qu'il n'a jamais été plus opportun de méditer qu'en nos temps. Il reste sa grande pitié de la misère humaine, de la pire des misères, de la guerre, qu'il veut, avec Bolkonsky, .féroce pour la rendre plus courte et épouvantable pour la rendre plus rare. Il y loue et il y relève la vertu la plus difficile et la plus nécessaire, la résignation dans le dévouement obscur : « Que sont, se dit le soldat, les souffrances et la mort d'un vermisseau tel que moi à côté de ces souffrances et de ces morts innombrables (2)? »

Et Tolstoï ajoute, nous montrant à l'œuvre les héros

____

(1) « ... Il ne possédait en aucune manière l'énergie du commandement ; il ne savait pas dire : *Je veux*, et se faire obéir. Donner un ordre net et précis était de sa part une chose impossible. Je crois aussi bien fermement que, quoi qu'il fît, il sentait dans son for intérieur que la situation et les événements étaient au-dessus de ses forces. N'ayant pas su arrêter un plan de conduite,... il tâtonnait, et voulait ne rien compromettre en attendant que les événements lui ouvrissent des horizons dont il espérait, au moyen d'expédients plus ou moins équivoques, parvenir à dégager, sinon son armée, au moins sa personnalité et ses intérêts... Faute de mieux, il s'est abandonné au hasard, dernière ressource de ceux qui ne comptent pas sur eux-mêmes. Mais que l'on suppose un instant le commandant en chef de l'armée du Rhin doué de l'énergie puissante et patriotique des grandes âmes,... il eût certainement enflammé de cette pensée si grande et si simple : marcher droit au but, son armée entière,... et fortement résolu à vaincre à tout prix, j'ai la conviction qu'il aurait vaincu. » *Souvenirs du général Jarras*, p. 132.

(2) *Scènes du siège de Sébastopol*, Hachette, 1886, à la suite de : *Les Cosaques*.

ignorés et opposant la simplicité de leur vertu à la gloriole, à l'ambition, à la passion même chevaleresque de
la gloire :

« Vous devinez que le sentiment qui les fait agir n'est pas celui
que vous avez éprouvé, mesquin, vaniteux, mais un autre, plus
puissant... Ce n'est pas pour une croix, pour un grade; ce n'est
pas forcé par des menaces qu'on se soumet à des conditions
d'existence aussi épouvantables : il faut qu'il y ait un autre
mobile plus élevé. Ce mobile gît dans un sentiment qui se manifeste rarement, qui se cache avec pudeur, mais qui est profondément enraciné dans le cœur de tout Russe... »

Ajoutons, sans crainte qu'il nous démente, dans le
cœur de tout homme digne d'être appelé citoyen d'une
grande cité — l'amour de la patrie.

C'est ici que paraît toute la grandeur de la théorie de
Tolstoï sur la force cachée qui gagne les batailles. Et
cette force-là, il n'y a aucun abaissement de raison ou
de cœur à la célébrer, c'est la force d'âme; elle ne prime
pas le droit, elle en procède. Il est bon de réhabiliter les
infiniment petits de la guerre, de réhabiliter la chair à
canon en un siècle de démocratie et de science où les
deux puissances du temps — les passions nationales et
le génie des machines — se préparent à en faire de si
épouvantables boucheries. Il serait réconfortant de penser que dans ces chocs formidables qui, réellement cette
fois, par l'étendue du champ de bataille, par l'éloignement des combattants, par la portée incommensurable
des armes, échapperont à toute direction personnelle,
dépasseront les limites de l'œil de l'homme et celles de
son intelligence, la victoire serait du côté où sera la foi
dans la justice. « Vaincre, c'est avancer », disait un
homme qui se connaissait en victoire. Mais qui avancera?

On aimerait à répondre avec l'inspirateur même de
la pensée de Tolstoï, Joseph de Maistre : « C'est
celui dont la conscience et la contenance feront reculer
l'autre. »

FIN.

TABLE DES MATIÈRES

		Pages.
UN PARTISAN : LOUIS DE FROTTÉ.		1
UN ÉMIGRÉ : ROCHECHOUART.		21
MÉMOIRES DE SOLDATS : SÉGUR, MARBOT, MACDONALD, CLERMONT-TONNERRE.		33
LE DRAME DE VINCENNES.		47
TALLEYRAND ET SES MÉMOIRES.		71
UNE AGENCE D'ESPIONNAGE SOUS LE CONSULAT.		113
LE CONSULAT DE STENDHAL.		153
NAPOLÉON ET ALEXANDRE.		169
DEUX PRÉCURSEURS DE L'ALLIANCE RUSSE : CASTELBAJAC ET MORNY.		197
THOUVENEL ET LA QUESTION ROMAINE.		215
LA RÉVOCATION DE L'ÉDIT DE NANTES.		229
BOSSUET HISTORIEN DE LA RÉFORME.		247
TOLSTOÏ HISTORIEN.		267

PARIS

TYPOGRAPHIE PLON-NOURRIT ET Cie

Rue Garancière, 8